人間コミュニケーションの語用論

相互作用パターン、病理とパラドックスの研究

ポール・ワツラヴィック
ジャネット・ベヴン・バヴェラス
ドン・D・ジャクソン 著

山本和郎 監訳
尾川丈一 訳

二瓶社

Pragmatics of Human Communication :
A Study of Interactional Patterns, Pathologies, and Paradoxes
by Paul Watzlawick, Ph.D.
　Janet Beavin Bavelas, Ph.D.
　Don D. Jackson, M.D.
Copyrigt © 1967 by W. W. Norton & Company, Inc.
Japanese translation/rights arranged with W. W. Norton & Company, Inc.
through Japan UNI Agency, Inc., Tokyo.

わが友、メンターである
グレゴリー・ベイトソンへ本書を捧ぐ

日本語版序文

　私は尾川丈一氏が、彼の指導教授である山本和郎氏の勧めによって1990年の夏、MRIでの我々の療法、特に短期問題解決法（問題志向ブリーフセラピー）を学びに来た時からの知り合いである。彼はとりわけ長く、1年以上も滞在し、多くのワークショップやシンポジウムに加えて秋期から春期にかけての短期療法集中コースと夏期集中コースの両方に参加した。私はこれらのコースの共同指導者だったので、彼はこの期間ずっと私の生徒だったことになる。

　尾川氏が短期療法に熱心で幅広い興味をお持ちであることはすぐに明らかになった。我々との広範にわたる勉学に加えて、彼はミルウォーキーのBFTCのスティーブ・ドゥ・シェイザー（解決志向ブリーフセラピー）、サンタ・フェのポシビリティーセラピーセンターのビル・オハンロン、アデレードのダルウィッチセンターのマイケル・ホワイト、ミラノのマテオ・セルビーニ、フェニックスのミルトン・エリクソン財団、デンバーのNLP、NYのアッカーマン研究所等、数々の研修に参加し、1990年のアナハイムにおける"21世紀の心理療法"や1991年のタルサにおける"治療的会話"といった国際会議にも重ねて参加している。

　彼は長谷川啓三氏によってMRIに学生として推薦されてきた。そして学を修めて帰国してから、彼らは協力して、日本における短期療法の知識を広め、応用化を促進してきた。その例として、尾川氏は1992年6月の日本家族療法学会の講演のために私を日本に招聘し、滞在中の私の世話をしてくれた中心人物であった。また、日本ブリーフセラピー学会や日本ミルトン・エリクソン・クラブの創設メンバーの一人でもある。

　最後に、彼や彼の指導教授は、多くの家族療法家が見失っている重要な点をしっかり会得したことは明らかである。それは問題解決に向かう短期療法アプローチはどのように問題が人間の相互作用に基づいているかという普遍的な概念を包含しているが故に、家族や臨床のみならず全ての種類の組織や

コミュニティーにおいて起こっている問題に関するコンサルテーションにも応用可能であるということだ。

　私は彼等の成功を祈ると共にこの翻訳がその礎となることを希望してやまない。

カリフォルニア州パロ・アルト郡

メンタル・リサーチ・インスティテュート(MRI)

ジョン H. ウィークランド

序　文

　本書は、行動障害に特に注意を払いながら、人間コミュニケーションの語用論的（プラグマティック）な効果（行動的な効果）を扱うものである。言語によるコミュニケーションの文法的、統語論的基準さえ体系化されていない上、人間コミュニケーションの意味論を包括的枠組みの中に組み入れることの可能性に懐疑が高まっている。こうした段階において人間コミュニケーションの語用論を体系化しようとすることは、すべて無知あるいはずうずうしさの証拠であると思われるにちがいない。現在の知識では、自然言語の獲得についての十分な説明さえ存在していない。果たしてコミュニケーションと行動との形式的（フォーマル）な関係を抽象化しようなどという望みは、いつになったら実現するのであろうか。

　一方、コミュニケーションが、人間生活と社会秩序にとって**絶対必要な条件**であることは明らかである。同様に、人間はその存在の最初から、コミュニケーションのルール獲得という複雑なプロセスにかかわっていることも明らかである。しかしそこでは、それら一連のルールや人間コミュニケーションの**微積分**が何から成立しているのかといったことは、ほんのわずかしか自覚されていない。

　本書でも、そのわずかな自覚を大きく越えることにはならないだろう。せいぜいできることは、モデルを組み立てる試みや、そうしたモデルを支持するような事実をいくつか提示するくらいであろう。人間コミュニケーションの語用論は幼児期の、やっと自分の名前が読み書きでるくらいの科学である。それ自身の一貫した語法の展開どころの話ではない。ことに、他の様々な科学的成果との統合などは、まだまだ先の話だ。しかし、そうした未来における統合を期待しながら、本書は、最も広い意味でのシステム論的相互作用の問題に遭遇するすべての領域の研究者に向けて書かれた。

　本書が、その主題に直接関連のある重要な研究を無視しているという批判もあろう。非言語的（ノンバーバル）コミュニケーションに明確に論及し

ている点が少ないのもそうした批判の一つであろうし、一般意味論に触れていないのもまた、批判の材料となろう。しかし、本書はこれまで、ほとんど注目されてこなかった分野である人間コミュニケーションの語用論への導入以上のことはできない。また、他領域の研究との既存の類似点にすべて触れることも、悪い意味で百科事典的になってしまうので不可能である。人間コミュニケーション理論について他に多数の研究があるが、それらに触れることも、同じ理由から制限しなければならない。特にそうした研究が、コミュニケーションの研究を一方通行の現象（話し手から聞き手）に限定しており、コミュニケーションを**相互作用**プロセスとして見る点が欠けている時はなおさらである。

　主題の学際的意味合いは、その提示の方法に反映されている。例や類推（アナロジー）の多くは精神病理学領域のものであるが、適用可能と思われるかぎり、広範囲の主題から選んである。特に、次のことははっきりと理解しておいていただきたい。類推のために**数学**が使われるが、それは、複雑な関係を表すのに極めて適している**言語**として用いられているにすぎない。そして数学を使うからといって、我々は自分たちのデータを数量化する準備が整ったなどと感じているわけではない。逆に、文学作品からかなり自由に例を引き出した点は、多くの読者にとって科学的に異議のあるところであろう。芸術的想像の作りごとに言及して何かを説明しようというのは、確かにおそまつな証明である。しかし、文学作品からのこうした引用は、理論点を証明するものではなく、よりわかりやすい言語による例の提示や説明を意図したものである。すなわち、引用が引用自体において、何かを説明しようとしているのではない。つまり、こうした例や類推は**定義**モデルであって、予測的（断定的）モデルではないのである。

　本書のいたるところで、様々な他の領域からの基本的概念について定義がなされているが、その領域の専門家にとっては必要のないものであろう。そこで専門家に前もって注意を促すとともに、一般の読者の便宜も考慮して、各章とそのセクションについてのアウトラインを簡単に述べておく。

　第1章では、準拠枠を作ることを試みている。関数（1..2節）[*1]、情報とフ

ィードバック（1.3節）、冗長性（1.4節）などの基本的概念を紹介し、まだ形式化されていないコード、つまり人間コミュニケーションの**微積分学**（1.5節）の存在を仮定している。微積分学のルールは、コミュニケーションがうまくいく時は観察されるが、コミュニケーションが乱されると壊れてしまうものである。

第2章では、この仮説的微積分学の公理の定義をいくつか試みている。一方、これらの原理が意味する潜在的病理に関しては、**第3章**で触れている。

第4章では、**システム**としての人間関係モデルを基にして、このコミュニケーション理論を組織的または構造的レベルにまで広げている。本章の多くは、一般システム理論の解説と応用を扱っている。

第5章は、システム論的題材を純粋に例示し、最終的には人間同士が直接与えあう効果に関係しているものである。この理論に生命を与え、詳細化することを試みている。

第6章は、パラドックスの持つ行動的効果を扱っている。これにはパラドックスという概念(6.1~6.3節)の定義が必要であるが、二律背反や特にラッセル的パラドックスを扱う文献に精通している読者は省略して読むこともできる。6.4節は、あまりよく知られていない語用論的パラドックスについて、特に二重拘束（ダブルバインド）理論と、精神分裂病者のコミュニケーションの理解に対するその貢献を中心に紹介している。

第7章は、パラドックスの治療的効果を扱っている。7.1節と7.2節での理論的な考察を除けば、本章は特にコミュニケーションの逆説的パターンの臨床的応用に向けた視点から書かれている。遊び、ユーモア、創造性におけるパラドックスの役割(7.6節) という方面に少しそれてこの章は終わる。

エピローグは、人間のより広い意味で現実とのコミュニケーションを扱っているが、見通しの域を出ていない。論理階梯のレベル構造に類似した秩序が人間の実在に対する意識に広くゆきわたっていて、世界の究極的な認識可

[*1] 各章を更に10進法的に分割して示したのは、読者を混乱させたり印象を強めたりするためではなく、各章の組織的構造を明確にし、本書の中での前後参照を容易にするためである。

能性を決定している、ということを仮定している。

　本稿を、精神科医や生物学者から電気エンジニアに至る様々な専門家によって批評してもらったところ、どの部分をとっても、ある者にとっては幼稚と考えられ、またある者にとってはあまりに専門的と考えられる、ということが明らかになった。同様に、本文中、あるいは脚注という形での定義を含めると、日常その言語を専門用語として用いている人にとっては、あまりに恩着せがましく感じられるであろう。一方、一般の読者は、定義が出ていないと、「その意味がわからなくても、わざと教えてあげないよ」と言われているような感想を持つであろう。故に、一般の辞書では扱っておらず、また本文中でも定義されていない用語だけをのせた用語解説を巻末に置くという形をとった（本文中に与えられた定義の箇所は巻末の索引を参照のこと）。

　著者らは、原稿の一部あるいは全部に目を通し、援助、励まし、助言を与えてくれた多くの方々、特にメンタル・リサーチ・インスティテュート(MRI)における我々の同僚であるポール S. アキレス(Ph.D.)、ジョン H. ウィークランド(M.A.)、カルロス E. スルツキ(M.D.)、ラッセル・リー(M.D.)、リチャード・フィッシュ(M.D.)、アーサー・ボーディン(Ph.D.)東ペンシルバニア精神病院及びテンプル大学医学部のアルバート E. シェフリン(M.D.)、スタンフォード大学医学部のカール H. プリブラム(M.D.)、ラルフ I. ジェイコブス(M.D.)とウィリアム C. デモント(M.D.)プロジェクト技師、㈱フィルコ・西部開発研究所のヘンリー・ロングリー(B.S.E.E.)、パロ・アルト医学研究財団のノエル P. トムソン医学技術分野チーフ(M.D., M.S.E.E.)、ハーバード大学人格研究センターのジョン P. シュピーゲル(M.D.)らの方々に感謝の意を表したい。ここでとられた見解、そして、おそらく存在するであろう間違いに対する責任はもちろんのことながら、全て我々著者にある。

　この研究は、米国立精神保健研究所（精神保健助成金07459–01号）、ロバート C. ウィラー財団、ジェイムス・マッキーン・キャッテル基金、米国立精神保健協会の支援をうけた。感謝の意を表わしたい。

　　　　　　　　1966年3月　カリフォルニア州パロ・アルト郡にて

目　次

日本語版序文　iv

序文　vi

第1章　知的枠組み　1

    1.1　はじめに　1
    1.2　関数と関係性の概念　5
    1.3　情報とフィードバック　10
    1.4　冗長性　14
    1.5　メタ・コミュニケーションと微積分の概念　21
    1.6　結論　25
        1.61　ブラックボックス概念　25
        1.62　意識と無意識　26
        1.63　現在対過去　27
        1.64　結果対原因　27
        1.65　コミュニケーション・パターンの循環性　28
        1.66　"正常"と"異常"の関連性　29

第2章　コミュニケーションにおけるいくつかの試案的公理　31

    2.1　はじめに　31
    2.2　コミュニケーションしないことの不可能性　31
        2.21　全ての行動はコミュニケーションである　31
        2.22　コミュニケーションの構成単位（メッセージ、相互作用、パターン）　33
        2.23　精神分裂病者によるコミュニケーションしないことへの試み　34
        2.24　公理の定義　34
    2.3　コミュニケーションの内容と関係のレベル　35
        2.31　"報告"と"命令"の側面　35
        2.32　コンピュータ作業におけるデータと指示　36
        2.33　コミュニケーションとメタ・コミュニケーション　36
        2.34　公理の定義　38

- 2.4 連続した事象のの分節化　38
  - 2.41 組織化された行動連鎖の分節化　38
  - 2.42 異なった分節化による違った"現実"　40
  - 2.43 ボルザノの無限振動級数　42
  - 2.44 公理の定義　43
- 2.5 デジタルおよびアナログ・コミュニケーション　44
  - 2.51 自然の生体と人工的有機体　44
  - 2.52 人間コミュニケーション　45
  - 2.53 二つの様式をもつ人間独自の特性　47
  - 2.54 一つの様式から他の様式への移行における問題　48
  - 2.55 公理の定義　51
- 2.6 シンメトリー的およびコンプリメンタリー的相互作用　51
  - 2.61 スキズモジェネシス　51
  - 2.62 シンメトリーとコンプリメンタリーの定義　53
  - 2.63 メタ・コンプリメンタリー　53
  - 2.64 公理の定義　54
- 2.7 まとめ　54

第3章 病理的コミュニケーション　57

- 3.1 はじめに　57
- 3.2 コミュニケーションしないことの不可能性　57
  - 3.21 精神分裂病におけるコミュニケーションの拒絶　58
  - 3.22 その反対　59
  - 3.23 より広い含意　60
    - 3.231 コミュニケーションの拒否　60
    - 3.232 コミュニケーションの受諾　61
    - 3.233 コミュニケーションの失格　61
    - 3.234 コミュニケーションとしての症状　64
- 3.3 コミュニケーションのレベル構造（内容と関係性）　66
  - 3.31 レベルの混乱　66
  - 3.32 不一致　68
  - 3.33 自己と他者の定義　69
    - 3.331 認定　71
    - 3.332 拒否　72
    - 3.333 否認　72

　　　　3.34　対人認知のレベル　76
　　　　3.35　理論の欠如　77
　3.4　連続した事象の分節化　80
　　　　3.41　くい違った分節化　80
　　　　3.42　分節化と現実　81
　　　　3.43　原因と結果　82
　　　　3.44　思い込み的予言　85
　3.5　アナログ的およびデジタル的構成要素間の"翻訳"における誤解　85
　　　　3.51　アナログ・コミュニケーションの不確実性　86
　　　　3.52　アナログ・コミュニケーションこそが関係を訴えている　87
　　　　3.53　アナログ・コミュニケーションにおける"否定"の不在　88
　　　　　　　3.531　実際には起こっていないことを通して"否定"の意味を表現すること　90
　　　　　　　3.532　儀式　91
　　　　3.54　アナログ・コミュニケーションにおける他の真理関数　92
　　　　3.55　アナログへの改訳としてのヒステリー症状　92
　3.6　シンメトリー的およびコンプリメンタリー的相互作用における潜在的病理　94
　　　　3.61　シンメトリー的エスカレーション　94
　　　　3.62　硬直したコンプリメンタリー　95
　　　　3.63　2つの様式に対する相互的スタビライジングの効果　97
　　　　3.64　例　97
　　　　3.65　結論　107

第4章　人間の相互作用の機構　109

　4.1　はじめに　109
　4.2　システムとしての相互作用　110
　　　　4.21　変数としての時間　111
　　　　4.22　システムの定義　111
　　　　4.23　環境とサブシステム　112
　4.3　開放システムの特性　115
　　　　4.31　全体性　115
　　　　　　　4.311　非総和性　116
　　　　　　　4.312　非一方向性　117
　　　　4.32　フィードバック　118

　　　　4.33　等結果性　118
4.4　進行中の相互作用システム　121
　　　4.41　進行中の関係　121
　　　　　　4.411　「何故、関係が存在するのか」という問いについて　122
　　　4.42　制限　123
　　　4.43　関係のルール　125
　　　4.44　システムとしての家族　126
　　　　　　4.441　全体性　127
　　　　　　4.442　非総和性　128
　　　　　　4.443　フィードバックとホメオスタシス　130
　　　　　　4.444　キャリブレーションとステップ・ファンクション　137
4.5　まとめ　139

第5章　劇「ヴァージニア・ウルフなんてこわくない」に対するコミュニケーション的アプローチ　141

5.1　はじめに　141
　　　5.11　あらすじ　141
5.2　システムとしての相互作用　144
　　　5.21　時間と配列、作用と反作用　144
　　　5.22　システムの定義　145
　　　5.23　システムとサブシステム　147
5.3　開放システムの特性　148
　　　5.31　全体性　148
　　　5.32　フィードバック　150
　　　5.33　等結果性　151
5.4　進行中の相互作用システム　153
　　　5.41　ジョージとマーサの"ゲーム"　153
　　　　　　5.411　二人の型　162
　　　5.42　息子　165
　　　5.43　ジョージとマーサ間のメタ・コミュニケーション　173
　　　5.44　コミュニケーションの制限　177
　　　5.45　まとめ　179
　　　　　　5.451　安定性　180
　　　　　　5.452　キャリブレーション　180
　　　　　　5.453　リ・キャリブレーション　181

第6章　パラドックス的コミュニケーション　183

- 6.1　パラドックスの性質　183
  - 6.11　定義　184
  - 6.12　パラドックスの3タイプ　185
- 6.2　論理・数学的パラドックス　187
- 6.3　パラドックス的定義　188
- 6.4　語用論的パラドックス　192
  - 6.41　パラドックス的命令　192
  - 6.42　語用論的パラドックスの例　193
  - 6.43　ダブルバインド理論　209
    - 6.431　ダブルバインドの要素　210
    - 6.432　ダブルバインドの病因性　212
    - 6.433　精神分裂病との関係　214
    - 6.434　矛盾対パラドックス的命令　214
    - 6.435　ダブルバインドの行動的効果　217
  - 6.44　パラドックス的予言　219
    - 6.441　校長先生の予告　219
    - 6.442　明晰な思考の弱み　221
    - 6.443　信用することの弱み　223
    - 6.444　決定不可能性　224
    - 6.445　実際例　224
    - 6.446　信用——囚人のジレンマ　226
- 6.5　まとめ　229

第7章　心理療法におけるパラドックス　231

- 7.1　二者択一の幻想　231
  - 7.11　バースの女房の物語　231
  - 7.12　定義　232
- 7.2　"終わりなきゲーム"　234
  - 7.21　三つの可能な解法　236
  - 7.22　心理療法的介入のパラダイム　237
- 7.3　症状の処方　238
  - 7.31　自発的行動としての症状　238

　　　　　7.32　症状の除去　240
　　　　　7.33　対人間の文脈における症状　241
　　　　　7.34　まとめ　241
　　7.4　治療的ダブルバインド　242
　　7.5　治療的ダブルバインドの例　245
　　7.6　遊び、ユーモア、創造性におけるパラドックス　257

エピローグ　実存主義と人間コミュニケーション理論：展望　261

　　8.1　実在的関係における人間　261
　　8.2　生物にとっての環境　262
　　8.3　自己定義する人生　263
　　8.4　知識の階梯、サード・オーダーの前提　264
　　　　　8.41　サード・オーダーの前提に対する類推　267
　　8.5　意味と無　268
　　8.6　サード・オーダーの前提における変化　270
　　　　　8.61　証明理論に関する類推　271
　　　　　8.62　ゲーデルの証明　273
　　　　　8.63　ヴィトゲンシュタインの**論考**と存在に対する究極のパラドックス
　　　　　　　　274

参考文献　227

用語解説　287

索　　引　291

監訳者あとがき　305

付録（ダブルバインド理論の成立とその歴史）　308

著者・訳者紹介　328

　　　　　　　　装丁・森本良成

第1章　知的枠組み

1.1　はじめに

次の様々な状況について考えてみよう。

　北部カナダのある地域にいるキツネの群は、その個体数の増減においてはっきりとした周期性を示す。4年の周期でピークに達し、ほとんど絶滅するくらいまで減り、再び増え始める。もし生物学者の注意がキツネにだけ向けられているとしたら、この周期は説明できないままだろう。なぜなら、その地域のキツネやキツネという種全体の属性には、このような変化を説明するものはないからである。しかし、ひとたびキツネがもっぱら野ウサギをえさとしていること、そして、そこでは野ウサギにはキツネ以外に天敵がいないことがわかったならば、この2種の生物の間にある関係がもう一つの不思議な現象に対しても満足のいく説明を与えることになる。野ウサギにも全く同じような周期があり、その増減がキツネと逆になっていることがわかるからである。キツネが多ければ、より多くの野ウサギはキツネに食われ、結局はキツネのえさがなくなってしまう。キツネの生息数が減少し、生き残った野ウサギが、天敵であるキツネの事実上いない間に、再び繁殖し繁栄する機会を与えられる。新たに野ウサギがあり余ると、キツネは生き残りやすくなり、生息数が増える……。

　一人の男が倒れ、病院に担ぎ込まれる。診察した医師は、意識不明、極端に低い血圧、そして概して急性アルコール中毒か薬物中毒に見られる臨床像を読みとる。しかし検査では、そのような物質の形跡は何も見つからない。患者の症状は、患者が意識を回復するまで説明がつかないままである。意識が回復した後、この患者は採鉱技師で、アンデスの標高4626メートルの高さにある銅山での2年間の勤めから帰ってきたばかりであることがわかる。ここで初めて、この患者の症状

は普通の意味での器官や組織の不全による疾病ではなく、臨床的にみて健康な生活体の、激しい環境の変化に対する適応の問題であることが明確になる。もし医師の注意が患者にだけ向けられ続けるとしたら、そして、もし医師が自身の置かれている考慮に入れるとしたら、患者の症状は訳のわからないままであろう。

歩道を歩く人からたやすく見える田舎の大邸宅の裏庭で、髭を生やした一人の男が足を引きずり、かがんで、草地を8の字形にのろのろ歩き、しょっちゅう自分の肩ごしに振り返りながら、ガアガアと絶え間なく叫んでいるのが見られた。これはアヒルの子を使ったインプリンティングの実験の一つであった。動物行動学者であるコンラート・ローレンツは、彼自身がアヒルの母親のかわりになった行動を、次のように記述している。「アヒルが私のあとを、おとなしく、ちゃんとよちよちついてきたのが実に嬉しかった。そのときふと顔を上げると、じっと動かない白い顔が庭の塀の上に並んでいるのが目に入った。旅行者の集団が塀のところに立って、私の方を恐ろしげにじっと見つめていたのである」。アヒルの子は背の高い草の中に隠れてしまっていたので旅行者には、ローレンツの様子は全く訳のわからない、気違いじみた行動にしか見えなかったのである。(96, p.43)

上に挙げた例は互いに関係がないように見えるけれども、一つの共通した特徴を持っている。つまり、観察する範囲がその現象の発生する文脈を含むくらい十分広くないと、現象が説明できない。ある事象とそれが起きた基盤との間や生物と環境との間の関係の複雑さがわからなければ、対象としている現象は、観察者に何か"訳のわからない"ものとして立ち塞がるか、研究対象に勝手な属性を付与させてしまう。この事実が生物学においては広く受け入れられているのに比べて、行動科学は個人というモナド的な視点や、独立した変数による由緒ある方法に、いまだにかなりの基礎を置いているようである。こういったことは研究の対象が問題行動であるときに特に顕著である。一人の、問題行動（精神病理）を示す人間が隔離された状態で研究されるとしたら、その調査は、患者の状態の**性質**や、広い意味でいえば、人間心理の**性質**といったものを考慮しなければならない。仮に調査の範囲を、患者の行動が他者に与える影響、その行動に対する他者の反応、そしてこのよう

な全ての現象が起こった文脈といったものまでを含む程度まで広げていったとしたら、研究の焦点は人為的に隔離されたモナドからより広いシステムの中の部分と部分の間の**関係**へと移っていく。そこで人間行動の観察者は心の推測的研究から、観察可能な関係の現われについての研究へと方向を変えるのである。

　そういった**現われ**の形式がコミュニケーションである。

　我々は、人間におけるコミュニケーションの研究も統語論（シンタクティクス）、意味論（セマンティクス）、そしてモリス（106）によって確立され、カルナップ（33, p.9）の記号学（記号と言語の一般理論）の研究によって引き継がれた語用論（プラグマティクス）という3つの分野に同じく細別できることを示したい。人間のコミュニケーションの枠組みに当てはめると、上に挙げた3つの分野のうちの第一は情報伝達の問題であり、それは情報理論学者の初期の領域である。そういった人々の関心は、符号化（コーディング）、チャネル、容量、雑音、冗長性そして言語のその他の統計的性質の問題にあった。このような問題は元来**統語論的**なもので、メッセージの象徴する意味には興味が向けられなかった。意味は**意味論**の主な関心事である。一連の象徴を統語論的正確さで伝えることは可能であるが、送り手と受け手が事前にその意味について合意していなければ無意味なままであろう。こういった点で、他者と分かちあう全ての情報は意味論的協約を前提としているのである。最後にコミュニケーションは行動に影響を与える。そしてこのことは**語用論的**な側面である。このようにこれらの3つの分野を概念的に明白に分離することが可能であるが、それにもかかわらず、それらはお互いに相互依存している。ジョージ（55, p.41）は、「統語論は数学的論理であり、意味論は哲学または科学哲学であり、そして語用論は心理学であるということは多くの点で正しい。しかしこれらの分野は実際には全く別個のものとは言えない」と指摘している。

　本書ではこれらの3分野全てに触れるが、主にコミュニケーションの語用論、つまり行動的効果を扱っていく。こういった関係で、コミュニケーションと行動という二つの言葉が、実質的に同じ意味で使われていることを最初

からはっきりさせておいたほうが良いであろう。なぜなら語用論のデータには言葉やその形態、意味などの統語論や意味論などのデータだけではなく、非言語的な付随状況やボディ・ランゲージなども含まれるからである。さらに、我々はコミュニケーションが起こった**文脈**に固有のコミュニケーション的手がかりを、個人の行動としての活動に加味する。したがって、この語用論の視点からすると、話すことだけではなく、全ての行動がコミュニケーションである。そして全てのコミュニケーションは――特定の個人に関しない文脈の中にあるコミュニケーション的手かがりさえも――行動に影響を与える。

さらに、我々は、語用論が概してそうであるように、受け手の側に与えるコミュニケーションの影響だけでなく、これときわめて関連の深い、受け手の反応が送り手に与える影響も問題としていく。よって送り手－記号、あるいは受け手－記号の関係よりも、**コミュニケーションによって媒介されるものとしての送り手－受け手の関係**により焦点を当てていきたい。

この人間行動の現象に対するコミュニケーション的アプローチは、その行動が正常であれ異常であれ、最も広い意味において、観察可能な**関係**の現われに基礎を置いている。したがってそれは概念的に、伝統的な心理学よりも数学のほうに近い。なぜなら数学は、存在物の性質、というよりは、その関係を直接扱う学問だからである。一方心理学は伝統的に人間をモナド（単体）として見る強い傾向があり、その結果、今では関係と相互作用の複雑なパターンとして見られるようになった現象を（個人の中に）具象化してしまう傾向がある。

我々の仮説と数学との類似性には、可能な限り言及する。これは、数学の専門的な知識を持たない読者をおじけづかせるものではない。なぜなら公式や他の専門的な記号体系が出てくるわけではないからである。いずれ、人間の行動が数学の記号体系によって十分に表現されることがあるかもしれないが、このような数量化は明らかに我々の意図するところではない。むしろ、数学のある分野における膨大な業績について、その結果が人間のコミュニケーションの現象を描写するのに便利な言語を導いてくれる限り、いつでも言及していくつもりである。

1.2 関数と関係の概念

　数学が類推（アナロジー）や説明原理に使われる主な理由は、**関数**という数学的概念の有用性による。このことを説明するために、数の理論についてちょっと寄り道をする必要がある。

　科学者は、デカルトから今日に至る現代数学的思考における最も重要な進歩は新しい数の概念が徐々に登場したことであるということにほぼ同意するであろう。なぜならギリシャの数学者は、数が有形で真実であり、知覚可能な量であり、実在の物体と等価であると理解していたからである。幾何学は計測について、代数学は数を数えることについて関わっていた。オズワルド・シュペングラー（146）は、彼の著作の中の特筆すべき一章"数の意味"の中で、数としてのゼロの概念がどうして思い到られなかったかを示すだけでなく、負の量というものが古典世界の真実の中では存在しなかったことにも触れている。「負の量は存在しない。$(-2) \times (-3) = +6$という表現は、知覚可能なものでも量を表現するものでもない」(p.66)。数は量を表わすものであるという観念は、2000年もの間支配的であった。シュペングラーは次のように述べている。

> 今日に至るまでの全ての歴史において、一文化が昔消え去った他の文化に敬意を表したり、服従したりする例、科学の面において、我々の文化の古典世界に対する例を除いてはない。我々の適切な考えを敢然と抱くまでにはかなりの時間がかかった。しかし古典的な学問に追いつこうとする願いはいつでも存在し、その試みの一歩一歩は、我々を想像上の理想からはかけ離れた現実へと運んでいった。西洋の知識の歴史は古典的思考様式からの**漸進的な解放**であり、決して意図されたものではないが、無意識の深みの中で行なわれた解放だったのだ。こういったことにより、**新しい数学**は、量の概念に対する、長く、人目につかない、そしてついには勝利をおさめた戦いにより成り立っているものである。(p.76)

　どのようにこの勝利がもたらされたか、細部にわたって説明する必要はない。ただ勝利を決定づける出来事が1591年に起きたことをいうのにとどめ

ておこう。その年にはヴィエタが数に代わって文字による表記法を紹介したのである。これに伴って、抽象的な量としての数の概念は2次的な地位に格下げされてしまい、**変数**という有力な概念が生まれた。その概念は、古代ギリシャの数学者たちならば幻覚のように架空のものであるとしたであろう。なぜなら、知覚可能な量として意味づけられた数とは対照的に、変数はそれ自身意味を持たない。変数はお互いの関係の中でのみ意味を持つ。情報の新しい次元が変数の導入によって明らかにされ、新しい数学が形成されたのである。変数間の関係（たいていの場合それは方程式で表わされるが、必ずしもその必要はない）は**関数**の概念を形作る。関数について、シュペングラーをもう一度引用する。

関数は従来の意味では、数といったものではない。それは量、形、そして特異で何の意味も示さないある種の関係を表わしている記号である。それは性格のように無限に可能な立場といったものであり、統合された全体である。**数としての存在をなしているものでもある。**方程式はすべて、多くの用語が相応しくない表記法で表わされているが、現実的に＋と＝同様、数ではない**単独の数**、X、Y、Zで成り立っている。(p.77)

したがって、例えば $y^2 = 4ax$ という方程式は x と y の特別な関係の上に成り立っていて、曲線を描くという特徴を備えている。*

---

*数が主として具体的な量を意味しようとしたときでさえ、量としての数の意味はなんとまぎらわしいことであろう。例えば、経済学における量としての数のまぎらわしさが、J. デヴィット・スターン (149) の最近の著作に説明されている。国債について論じているなかで、単独の状態で、つまり絶対的な量で調査すると、アメリカ合衆国における国債が1947年には2570億ドルであったものが、1962年には3040億ドルと驚くほど増加していることを示している。しかし、こういった事実を適切な背景の中において考えてみれば、つまり純可処分と個人所得との関係において表わしてみれば、この期間には151％から80％へと減少していることが明らかになる。大衆や政治家は特に、このような特有の経済学的に誤った概念を抱きやすいが、理論経済学者はずっと経済学的変数のシステムだけを尊び、単独あるいは絶対的な単位を問題にしなかったのである。

関数の数学的概念が現われたことと心理学が関係の概念に気づいたことの間には、ある種の示唆的な類似性がある。長い間——ある意味ではアリストテレス以来——精神というものは、痩せているとか太っているとか、赤毛であるとか金髪であるとかのように、個人に大なり小なり備わった性質や特徴の集まりのように考えられていた。前世紀末には、心理学において実験偏重の時代が始まり、それとともにより洗練された用語の導入も始まった。しかしこれは実験心理学以前の用語と本質的に異なっているものではなかった。未だに、単独の、そして多かれ少なかれ関係のない概念によって成り立っているものだった。これらの概念は心的関数と呼ばれた——ところが残念なことにそれらは関数の数学的概念とは全く関係がなく、関数的な関係は全く意図されなかったのである。既知のように、感覚、知覚、統覚、注意、記憶、そして他のいくつかの概念はそのような関数として定義されてはいるのだが、膨大な量の研究が過去においても、また現在でも依然人工的に、心理的な概念を一つだけ取り出しておこなわれている。だが例えばアシュビーは、**記憶**の仮定が与えられたシステムの観察可能性にどのように直接関係してくるかを示している。アシュビーは過去のすべての必要な情報を所持している観察者にとって、過去（つまり、そのシステム内の記憶の存在）を参照することは不必要であることを指摘した。アシュビーはシステム論的行動を**現在**の情勢で説明できるとした。そして次のような実際の例をあげている。

　……次のように考えてみよう。私は友人の家にいる。そして家の外を車が通った。すると犬が部屋の隅に駆けていって震え始めた。私にとってこの行動は原因がわからず、不可解なものだ。すると友人は「犬は6カ月前に車にひかれたんだ」という。ここで、この行動は6カ月前の出来事に照らし合わせて説明される。もし我々がこの犬には"記憶"があるというならば、我々は同様の事実、即ち犬の行動は現在の状態ではなく6カ月前の状態により説明されていることに言及していることになる。もう少し注意深くなければ、この犬は記憶を"もっている"といったり、黒いぶちをもっているというように、何か人間並みのもの、例えば人間のような黒い髪をもっていると見なしてしまうかもしれない。人間はこのような

ものを捜したくなる誘惑にかられやすいものかもしれない。また、この"もの"は何か非常に好奇心をそそる特性を持っていることを発見するかもしれない。

　明らかに、"記憶"とは観察できるものではなく、ある種のシステムが有するとか有しないとかいうものでもない。それは観察者が、システムの一部が観察不可能な場合に生じるギャップを埋めようとする概念である。観察可能な変数が少なければ少ないほど、観察者は過去の事実がこのようなシステムの行動の原因であると見なすよう強いられてしまう。したがって脳内での"記憶"というものは、ほんの一部しか実際には観察できない。このような特性が時として奇異に見えたり、逆説的にさえ思えたりするのは不思議ではない。明らかに被験体は、第一義から新たに全体を再検討する必要があるのである。(5, p.117)

我々が考えたように、この文章は脳内の情報貯蓄における神経生理学の輝かしい業績を否定するものでは毛頭ない。だが明らかに、この生き物（犬）の状態は、事故以前とは違っている。分子レベルでの変化がおきるか、新たに回路が構築されたにちがいない。つまりこの犬が現在"有する""何か"があるにちがいないのである。しかしアシュビーは、はっきりとこれを構成概念とその具体化によって解釈したのだった。ベイトソン (17) によって提供されたもう一つの類推は、進行中のチェスゲームに関することについてである。過去の動きに関するどんな記録や"記憶"がなくても、どの時点でも、ゲームの状態は盤上の駒のその時点での形勢からだけで理解できる（完全なルールでゲームが行なわれた場合）。この形勢がゲームの記憶であると考えたとしても、それは純粋に現在の観察可能な結果である。

　実験心理学の用語がついに対人的な文脈にまで拡張された時も、心理学の言語はいまだにモナド的なもののままだった。リーダーシップ、依存、外向性、内向性、保育、そして他の多くのそのような概念は詳細な研究の対象になる。これらの全ての用語は、充分に長い間考え、そして繰り返されてさえいれば、用語自体の偽真実性を仮定する危険性を当然はらんでいる。そして、ついには"リーダーシップ"という構造概念は一人歩きしてしまい、それ自体孤立した現象として考えられている人間社会において限定可能な量となっ

てしまう。ひとたびこの具体化がおこるや、用語は、単に進行中の関係の特有な形の速記で書かれたぞんざいな表現でしかないことすら、もはや認識されない。

　どの子どもも学校で、運動というものは関係した点の関係の中でのみ認識されうる何かしら相対的なものであると学習している。関係に関する同様の原理が、どの知覚にも事実上あてはまる。それ故に人間の現実の経験にもあてはまってしまうということは、必ずしもみんなに理解されているわけではない。感覚と脳の研究は、関係や関係のパターンのみが知覚されうること、それらが経験の本質であることを確実に証明した。だから巧妙な工夫によって眼球運動ができないようにして、同じイメージが同じ角膜の領域に知覚され続けるようにしたとき、明瞭な画像の知覚はもはや不可能となる。同様に、一定の変化しない音は知覚することが難しいし、気づくことさえできなくなるだろう。そしてもしものの表面の質感や手ざわりを探りたいなら、指を表面におくのみならず前後に動かさねばならない。なぜなら、指を動かさないままでいれば、たぶん対象と指の間の温度の相対差でしかない温度の感覚以外の役立つ情報は得られないであろうからだ。これらの例は他にも多く挙げることができ、種々の方法において、変化、運動ないしは走査に関するプロセスが全ての知覚に含まれているという事実を指し示すであろう（132, p.173）。換言すれば、関係が打ち立てられ、所与の随伴性が許す限りの広い範囲で検証が繰り返されると、関数の数学的概念によって同定し得ると思えるような抽象物が最終的に獲得される。かくして、"事物"ではなく関数が我々の知覚のもととなり、我々が見てきたような関数は孤立した量ではなく、"接続を代表している記号……キャラクターのような取り得る位置の無限な連続……"といったものになる。しかし、もしそうであるならば、結局自分自身に関する人間の認識でさえ、本質的には関数や巻き込まれている関係の認識でしかないことは驚くにあたらない。人間がこうした認識を直後に意味付けしようとしてもである。感覚中枢の妨害から自己認識問題に至るこれらの全ての事実は、偶然にも感覚遮断における広範囲な現在の文献によって生み出された。

1.3 情報とフィードバック

フロイトは、彼の人間の行動についての精神力動論を導入する際に、伝統的心理学における多くの具体化との関係を絶った。フロイトの業績をここで強調する必要はない。だが、そのうちの一つの側面が我々の話題に関連している。

精神分析学理論は、その創成期において一般的であった認識論を取り入れた概念モデルを基盤としていた。この理論によれば、行動とは根本的には物理学におけるエネルギー保存の法則と伝達の法則に厳密にあてはまると考えられる、精神と精神の間の力動の仮説的相互作用の表出である。ここで、その時代に関するノーバート・ウィーナーの発言を引用する。「唯物論における基本原理は、明らかに秩序づけられている。そしてこの基本原理はエネルギーの概念によって支配されている」(166, p.199)。全体的に見て、古典的精神分析は元来精神内界プロセスの理論であり、外界の力との相互作用が明らかである場合にも、例えば、"疾病利得"の概念のように2次的なものと見なされる。[*1] 概して、個体と環境の相互依存は精神分析学的研究においては見過ごされてきた分野である。だからこそここでは**情報交換**、即ちコミュニケーションの概念が欠かせないものとなる。一方の精神力動論的(精神分析的)なモデルと、他方の生物－環境間の相互関係の概念化との間には、大きな違いがある。そして、この違いは、以下の解釈によってより明確になる (12)。仮に、歩いている人間の足が小石をはね飛ばしたとする。エネルギーは足から石に伝わる。小石は動き、やがて再びある場所に止まる。これは、どれくらいのエネルギーが伝わったのか、小石の形と重さはどのくらいか、小石が転がっていく時に影響を与える石の表面の形はどうか、などの要因によって完全に決定される。一方、もしこの人が小石の代わりに犬を蹴ったとしたら、犬は飛びかかって噛み付くかもしれない。この場合、人間が蹴とばしたこと

[*1] いわゆる"ネオ・フロイディアン"は、もちろん個体と環境との相互作用をより強調する。

と犬が噛み付いたことの間の関係は、全く別の指令によるものである。犬は自分が蹴られたことへの反応のためのエネルギーを、蹴られたことからではなく、犬自身の新陳代謝によって得ているのは明らかである。したがって、伝わったものはエネルギーではなく、むしろ情報なのである。つまり、蹴るということは犬に何かを伝える行動の一つであり、そしてこの情報に対し、犬は他の情報を伝える行動によって反応する。これが人間の行動を説明する原理としてのフロイト派の精神力動論とコミュニケーション理論の間の本質的な違いである。これらのことからわかるように、この2つはそれぞれ違った複雑さの体系に属している。前者は後者に発展させることはできないし、後者は前者から何かを奪うことはできない。この2つは概念上明らかに不連続である。

　エネルギーから情報への概念上の変化は、第2次世界大戦末期以来の科学哲学におけるめざましい発展の本質であり、ある種特有な影響を我々の人間理解に与えてきた。効果に関する情報が適切に効果器にフィードバックされるならば、効果の安定性と環境変化への適応性を保証する。そのことが現実化されると、より高次元（誤差修正及び目標指向）の機械の製造への道を開き、新しい認識論としてのサイバネティクスの仮定につながる。そればかりか、生物学、心理学、社会学、経済学や他の分野で発見された、とても複雑に相互作用しているシステムの機能への新しい洞察を完全にもたらしてくれる。当分の間、サイバネティクスの重要性は仮にも査定を下せるものではないが、その基本的原理は驚くほど簡単であるので、ここで簡単に振り返ってみよう。

　科学が線形的、一方向的に進む原因－結果関係の研究に関わっている限り、数々のとても重要な現象が、過去4世紀にわたって科学に征服された膨大な領域の外に置かれてきた。こういった現象には**成長**と**変化**といった概念に関連する共通した特徴があると指摘するのは有用であり、かつ又過度の単純化であるかもしれない。統一的な世界観がこのような現象を含むために、科学は古代ギリシャの時代から、様々に定義されてはいるが、常に曖昧でぎこちない概念に頼らなければならなかった。そしてこの概念は、事象経過には目

的があり、その最終的な結果がそこに至るまでのステップを"何等かの型で"決定づけるというようなもの物の見方に基づいている。つまり、このような現象はある種の"生気論"的な特徴を持ち、それゆえ科学から除かれていた。このように約2,500年前一つの認識論的論争のための舞台が設定され、我々の時代まで続いている。それは決定論と目的論の間の論争である。もう一度人間の研究に話を戻すと、精神分析学は明らかに決定論の側に属するものだが、例えばユングの分析心理学は、かなりの度合、人間に内在する"エンテレキー"の仮定に基づいている。

サイバネティクスの到来は、この二つの原理がより包括的な枠組みの中で統合できることを示し、それによって上記の全てを変化させてしまった。この視点はフィードバックの発見により可能となった。事象aが事象bに影響を与え、事象bが事象cに影響を与え、次には事象cが事象dをもたらすといったような連鎖は、決定論的な線形的システムの特徴を有している。がしかし、仮に事象dが事象aに戻っていくとしたら、そのシステムは循環し、全く異なった方法で働く。それは、厳密な線形的決定論による分析を頑として受け付けない行動のシステムと本質的に類似している。

フィードバックにはポジティブなものとネガティブなものがあることが知られている。後者はこの本の中で度々言及される。これはホメオスタシスを特徴づけるもので、関係の安定を得、保つ上で重要な役割を果たすのである。一方、ポジティブ・フィードバックは、変化つまり安定性や平衡状態を失うことを導くのである。いずれの場合も、システムの出力が、出力に関する情報としてシステムの中へ再びもたらされる。両者の違いは、ネガティブ・フィードバックの場合、情報によって定められた基準や傾向から逸脱する出力が減らされる。だから"ネガティブ"という形容詞なのである。反対にポジティブ・フィードバックは、同じ情報によって逸脱を起こさせるような出力が増大され、よって停止や崩壊に向かう既に現存する流れに順向的であるという意味においてポジティブなのである。

人間関係におけるホメオスタシスの概念を細部にわたって4.4節で取り上げるので、ここではネガティブ・フィードバックが望ましく、ポジティブ

・フィードバックが崩壊に向かうようなものであると簡単に結論づけることは、時期尚早で不正確であることをはっきりさせておかねばならない。人間相互間のシステム——見知らぬ人のグループ、夫婦、家族、精神療法的な関係、そして、国際関係でさえ——をフィードバック・ループとして見ることができるかもしれないというのが我々の主要な論点である。そこでは個人の行動が他の一人ひとりの行動に影響を与え、かつ影響を与えられているからである。そのようなシステムへの入力は増幅されて変化を導くか、あるいは反対に安定性を保つように働く。これは、その場でのフィードバックの機構がポジティブなのかネガティブなのかによって決まるのである。精神分裂病患者のいる家族の研究によれば、患者の存在が家族のシステムの安定性には不可欠のもので、そのシステムは家族の中でも外でもその構成を変えるような試みに対して素早く効果的に反応するといったことにはほとんど疑いの余地はない。明らかに、これは望ましいタイプの安定性ではない。そもそも生活の様相というものは、安定と変化の両方により区別され、ネガティブとポジティブのフィードバック機構は、その中に特殊な形の相互依存とコンプリメンタリー性をもつことで出現しなければならないからである。プリブラム (117) が最近示したところによると、安定の獲得は、新たな感受性の形式とそういったことに立ち向かう新たな機構の識別に役立つ。よって、安定は比較的恒常的な環境においてさえ不毛な終着点ではなく、むしろ、クロード・ベルナールの馴染みのある言葉で述べれば、「内的環境における安定は自由な生活が存在するための条件である」。

　フィードバックは自然活動の秘密であるといわれてきた。フィードバックを備えたシステムは量的に複雑であるという点だけが他と異なっているのではない。質的にもいかなる古典的な機械とも異なっている。このようにフィードバックを含んだシステムの研究には、新しい概念的枠組みが必要である。この論理と認識論はある種の科学的分析の伝統的教義とはつながっていない。この教義とは、例えば"1つだけ取り出した変数"による問題への接近とか、ある時点での全ての事実の完全な理解があれば、人間はあらゆる未来の事象を予言できるというラプラス信念とかである。自己制御システム——つまり

フィードバックがあるシステム——では、**パターン**と**情報**の概念がちょうど今世紀初めの物質とエネルギーの概念と同じように本質的なものであるというそれ自身の哲学を必要とする。こういったシステムに関する研究は、少なくとも暫くの間は、これらを説明するための十分に洗練された科学的言語が存在しないという事実により、大いに防げられることになる。そしてウィザー（167, p.33）によれば、こうした最も単純なシステムの説明はシステム自身なのである。

1.4 冗長性

システム理論と伝統的なモナディックあるいは線形的理論の間の不連続において我々が強調したことは、絶望の声明と解釈されるべきではない。概念的困難がここでいかに強調されるとしても、アプローチの**新しい**手段が発見されなければならないと指摘されるべきだ。それは伝統的な準拠枠が、明らかにに不十分だからである。このような探求において、我々は、人間のコミュニケーションの研究に直接関係しているような他の領域で進歩してきたことを発見していくだろうし、これらの同形性がこの章の調査の主な焦点である。アシュビーのホメオスタット（4, pp.93以下）は適切で優れた例であるので、ここでは少なくとも簡単に述べるつもりである。この装置は四つの同一の自己規定的サブシステムから成り、各々のサブシステムは十分相互につながっているので、どのサブシステムに混乱が起こっても、次々に反応し、他の残りのサブシステムに影響を及ぼす。このことは、どのサブシステムも他のサブシステムから隔離しては、それ自身の平衡を達成できないことを意味する。そしてアシュビーは、この機械の最も顕著な"行動"特性を多く立証することができた。ホメオスタットの回路は、人間の脳はもとより人間の作った装置とさえ比べれば大変単純であるけれども、39万625通りのパラメーター値の組み合わせが可能である。同じことをもっと擬人的な言葉でいえば、回路内又は外の条件のどんな変化に対しても多くの適切な振る舞いをとることが可能なのである。ホメオスタットは、回路の組み合わせのランダム

な探求を遂行し、適切な内部の配置に到達するまでそれを続けることによって安定を得る。これはストレス下での多くの器官の試行錯誤学習と同一である。ホメオスタットの場合、この探求に必要とされる時間は秒単位から時間単位にまで及ぶ。生きている器官にとってはこの時間のズレはかなり過度であるか、あるいは生き残りに深刻なハンディとなることはたやすく理解できる。アシュビーは執筆する際に、この考察を極めて理論的なものへともっていった。

> もし我々がホメオスタットのようなものであり、一つの領域が一挙に我々に与えられるまで待っているのであれば、全ての大人の適応を我々は永遠に待たねばならないであろう。しかし、幼児は永遠には待たない。それどころか、幼児が大人のような適応を 20 年以内の間に発達させていくであろうという確率はほとんど一貫している。(4, p.136)

アシュビーは次に、自然のシステムにおいて適応様式の保存が達成されることがあるということを示す。このことは、古い適応は新しい適応が発見されたときに破壊されずに残り、以前に解決が全くなされていなかったかのような探求は、ゼロから繰り返される必要のないことを意味している。

　こうしたことすべてが人間コミュニケーションの語用論に関係しなければならないかどうかは、以下の考察の後でより明確になってくるであろう。ホメオスタットにおいて、39 万 625 通りの内部配置の組み合わせは、どれでも、どんな時でも、四つのサブシステムの相互作用によって引き起こされる確率が等しいのである。このように所与の配置の生起は、絶対に次の配置ないしは以後に起きる一連の配置に何の影響も与えない。どの要素もあらゆる場合に同じ生起の機会をもっているような出来事の連なりのことを、ランダム性を示すというのである。ランダム性からは何等の結論も導かれ得ないし、未来の連続について何等の予測もなし得ない。他の言い方をすれば、ランダム性は何等の情報ももたらさない。とはいえ、もしホメオスタットのようなシステムが将来の使用に備えて以前の適応を貯える能力を供給されたなら、配置のある集合の組み合わせが反復的となり、それゆえ他の配置の組み合わ

せより確率を増すという意味において、一連の内部配置に固有の確率は強烈な変化を経験するであろう。この際これらの組み合わせにどんな意味も帰する必要はないということに言及するべきである。即ち組み合わせの存在がそれ自身の最もよい説明である。ここで記述されたタイプの連鎖は、情報理論における最も基本的概念の一つであり、**ストカスティックな過程**と呼ばれる。このように、ストカスティックな過程は、象徴や出来事の連続性、つまりその連続性が壺から白と黒のおはじきを取り出す結果のように単純なものであれ、ある作曲家に用いられる音色とオーケストラの要素の特殊なパターン、ないしは所与の作家のスタイルにおける言語要素の特異体質的使用、ないしは脳波の記録に含まれる診断的にたいへん重要なパターンのように複雑なものであれ、その連続性の固有の法則性を指し示す。情報理論によれば、ストカスティックな過程は**冗長性**と**制限**を示し、この2つの用語はこれまで自由に用いられてきた**パターン**の概念と交替可能である。過度の冗長性という危険を冒すかもしれないが、これらのパターンはいかなる説明的ないしは象徴的意味も持たないし、又必要としないということを、我々は再び強調する。もちろんこうしたことは、これらのパターンが、例えば脳波やある医学的状態のような他の事態と相関するかもしれないという可能性を除外するものではない。

　冗長性は人間のコミュニケーションの3つの領域の内の2つ、つまり統語論や意味論といった領域において広く研究されてきた。こういった関連でシャノン、カルナップそしてバー・ヒレルの開拓者的仕事に言及する必要がある。これらの研究から導かれ得る結論の一つは、我々は人間コミュニケーションの統語論と意味論の両方に固有な法則性と統計的信頼性に関して、各々莫大な量の知識を所有しているということである。心理学的にはこの知識はたいへん興味深いものである。何故なら、そうした知識は全般的に人間の認識外にあるからである。多分情報の専門家を除いては、だれも所与の言語における連続性の確率、ないしは文字と単語の順序の階梯を打ち立てることはできないだろう。しかしながら我々は皆、誤植を見分け、修正することができるし、間違った単語を替えることもできる。吃りの人に対して吃りの文章

で締め括ることによって吃りの人を怒らせることもできる。しかし、言語を知ることと、言語についていくばくかのことを知ることは、全く異なった知識の階梯であるといえよう。人は母国語を正確に、また流暢に用いることができるかもしれないが、文法とか統語論などの知識、即ち話しているときに観察するルールの知識を所有していないかもしれない。母国語と同じように経験的に習得する以外の場合、もしもう一つの言語を学習したいと思うならば、言語について系統だって学習しなければならないであろう。[*2]

　人間コミュニケーションの語用論における冗長性ないしは制限に関する問題に返れば、研究のレヴューは、特に語用論が**相互作用**の現象に関連するものではほとんど出版されていないということを示している。このために、我々はたいていの現存する研究は研究自体、いかに B さんが A さんの次の動きに影響するかを斟酌することなく、主に A さんから B さんへの影響に限定しているように思われるが、そうした研究は主に A さんと B さんの相互作用がおこっている文脈によって影響されているし、又逆にそうした研究自体も文脈に影響していると我々は考えている。

　語用論の冗長性が基本的に統語論や意味論の冗長性に似ていることを理解することはそう難しくない。ここでは又、我々は膨大な量の知識を所有している。それによって、我々は行動を評価し、それに影響を与え、又行動を予測することができる。実際、この領域において、我々は特に非一貫性に影響されやすい。つまり、文脈外である、あるいは他のあるランダム性ないしは強制の欠如を示すような行動は、コミュニケーションにおける単に統語論的あるいは意味論的なエラーよりもはるかに不適当なものとして、我々に急激

[*2] ベンジャミン・ウォルフは、偉大な言語学者であり、この現象を繰り返し指摘してきた。例えば、『科学と言語学』という章においては、

　科学的言語学者は、長らく以下のように理解してきた。言語を流暢に話す能力のために必ずしも言語についての言語学的知識、即ち言語の背景の現象についてとか、言語の体系上のプロセスと構造について理解する必要はない。それは、うまくビリヤードをする能力のためにはビリヤードの盤上での力学的法則に関する知識が必要とはされないのと同様である。(165, p.213)

な衝撃を与える。そして、成功裏のコミュニケーションで守られ、妨害されたコミュニケーションでは破壊されるルールを未だに我々が認識していないのが、特にこの領域においてなのである。我々は常にコミュニケーションによって影響され続ける。即ち、最初に示唆したように、我々の自己認識さえコミュニケーションに依存しているのである。こうしたことは、ホーラによって適切に述べられている。「自分自身を理解するために、もう一人の人から理解される必要がある。もう一人の人によって理解されるためには、残りの他の人を理解する必要がある」(65, p.237)。しかし、言語的理解が、文法、意味論……etc。のルール上に基礎づけられているのなら、ホーラによって意味づけられたある種の理解に対するルールとは何なのだろうか？　ここでも、我々は自分がそれら規則を知っていることを知らずに、それらを理解しているように思われる。我々は不断のコミュニケーションの中にいる。しかしながら、**コミュニケーションに関するコミュニケーションをすること**がほぼ完全にできない。この問題は、この本の主題であろう。

　パターンに対する調査は全ての科学の研究の基礎である。パターンがあるところには意味がある。この認識論的格言は人間の相互作用の研究にもあてはまる。人間の研究が、単にその相互作用に従事している人々に質問をして、その人々から彼らがどんなパターンに慣習的に従っているかを学ぶこと、あるいは換言すれば、彼らが自分自身の間にどんな行動の規則を打ち立てているのかを学ぶことにあるのなら、この研究は比較的単純である。慣習的なこのアイディアの応用は、質問紙法である。とはいえ、いつもアンケートが額面通りにとられるとは限らない。とりわけ精神病理学では、人々はとてもうまく何かを**言い**、しかも何か他のことを**意味する**ということがわかる。そして、我々がここで見てきたように、それに対する答えが人々の認識に全くないような質問があることがわかり、そこで異なったアプローチの必要性が明白になる。ぞんざいに言えば、人間の行動と相互作用のルールは、フロイトが言い間違いや失敗に対して仮定したものと同じ程度の意識を表わすだろう。(1) そうしたルールは、明らかに個人の認識のもとにあるかもしれない、そうした場合には、質問紙と他の簡単な質問－回答法が用いられ得る。(2) 個

人は、そうしたルールを認識していないかもしれない。しかし、そうしたルールが個人に対して指し示された時、そうしたルールを認識することができる。又は（3）そうしたルールは、個人の認識からはたいそう離れているので、それらが正確に定義され、個人の注意を引き起こしたとしても、未だにそれを理解することができない。ベイトソンは、意識のレベルを用いてこの類推を磨いていった。そして、我々の現在の概念上の枠組みの用語でその問題を明示した。

　……学習の階梯の尺度を登っていくように、我々は次第に抽象的パターンの領域に入ってくる。そのパターンは、ますます意識的な検閲に支配されなくなる。我々が自分のパターンを構成する際に基づく前提はより理論的に、即ちより一時的かつ定型的になればなるほど、パターンは神経学的、あるいは心理学的段階にますます深く沈んでいき、そしてますます、意識的にコントロールしにくくなる。
　依存の**習慣**というのは、ある所与の機会に助けを手に入れるという事実よりも個人にとって知覚しにくいものである。このことを認識することができるかもしれないが、次のより複雑なパターン、即ち助けを捜しながら、自分を養ってくれる手に噛み付いていることを認識するということを、自身が意識的に詳しく調べることは大変難しい。(16)

我々の人間の相互作用についての理解のためには幸運なことに、外部の観察者に対して光景は別のものに映る。ルールはおろか、いま眺めているゲームがチェスであることもわからないような人と同じである。実生活において"競技者"を知らないことは、観察者が競技者の言葉を話すことあるいは理解することができず、それゆえ説明を求めることができないという単純化された仮定によるこの概念モデルに代表されよう。競技者の行動は反復性や冗長性に関する種々の程度を示していることが、観察者にはほどなく明らかになるであろう。そしてそうした反復性や冗長性から試案的な結論が導かれるであろう。例えば、いつも決まって一人の競技者の動きが、もう一人の動きに従っているのに気づくだろう。それゆえに、この行動から競技者が、動きの交換の規則に従っているということを推論することはたやすいであろう。

個々の駒の動きを支配する規則は、簡単には推論され得ない。それは一つには動きの複雑さのためであり、一つには駒が動かされる頻度が大きく異なっているためである。そして、ある1回のゲームの中では一度も起こらないかもしれないキャスリング（入城）のような珍しい動きよりは、ビショップの動きのもととなる規則を推論するほうがたやすいであろう。キャスリングでは、同じ競技者が2度連続して駒を動かし、それゆえ駒の動きは交互であるというルールを無効にするようにみえることに注意してほしい。しかしまだ、駒の交互の動きの冗長性が増えれば増えるほど、減っていくキャスリングの冗長性を度外視して観察者の論理構築がなされるであろう。そして明白な矛盾が解けぬままであったにせよ、必ずしもそれまでに立てられた仮説を観察者が捨てる必要はない。上述のことより、一連のゲームを見た後で、観察者はあらゆる可能性の中からかなりの正確度をもって、チェックメイト（王手詰み）というゲームの終点も含めてチェスのルールを定型化することができるということがわかる。観察者が情報を求めるという可能性なしにこの結果にたどりつくことができるということが強調されなければならない。

　これらの全てのことは、観察者が競技者の行動を"説明した"ということを意味しているのであろうか？　彼は複雑な冗長性のパターンを同定したのだと我々は言いたい。[*3] もちろん、もし彼がたいそう傾注したら、各々の一手一手に、又はゲームの各々のルールに**意味**を見つけることができるだろう。彼は、実際なされたかのようなゲームの起源に関する空想的な話を含めてゲームについての熟考した神話を、そして、神話の"より深い"又は"真の"意味を創造するだろう。しかし、こうしたことの全ては、ゲーム自体の研究にとっては不必要なことである。そして、そのような説明や神話はチェスに対して星占いが天文学に対してもつのと同じような関係をもつであろう。[*4]

　最後の実例は、人間コミュニケーションの語用論における冗長性について

[*3] そのような複雑なパターンと対人関係の段階でのパターンの中のパターン（心理療法の質問の中におけるような）は、シェフリン（139）によって広く研究されている。彼の開拓者的業績によってこれらのパターンが存在することが示唆されたのみならず、それらのパターンは、信じられないほど反復的で構造化された性質をもつものであることが示唆された。

の我々の論議を統合するかもしれない。読者は既知であるかもしれないが、コンピュータのプログラムは特定の比較的小さな数のルールを順序（プログラム）正しく配置することで構成されている。そしてこれらのルールは、その次にはコンピュータを非常に制御しやすくパターン化された、おびただしい数のオペレーション（命令）へと導く。以上で述べたように、もしある人が冗長性に対する人間の相互作用に注目するならば、まさに反対のことがおこるだろう。実行中の特定のシステムを観察することから、次に、我々のコンピュータからの類推をもとにしてシステムの機能やシステムの"プログラム"の底にあるルールを仮定するように努力する。

1.5 メタ・コミュニケーションと微積分の概念

"チェスのプレイ"という行動現象の語用論の冗長性を学習した我々の仮想上の観察者によって得られた知識の主要部は、**微積分**という数学的概念による示唆的な類推によって明らかにされる。ブール (31, p.4) によれば、微積分は「記号の使用に基づく方法であり、記号の組み合わせの法則は知られていて、且つ一般的であり、そして記号の結果は一貫した解釈を許すものである」。我々は既に、そうした定型的な説明は人間のコミュニケーションにお

[*4] 事実と説明の間に必要な関係がないということは、バヴェラス (20) の最近の実験に描写されている。各々の被験者は"概念形成"の実験的調査に参加していると教示され、同じ石目の灰色のカードが与えられ、それについて"概念形成"をしなければならない。どの被験者の対（離れているが協力できるように座らせる）のうちの一人は、カードについて回答したことが正しいと 10 回中 8 回ランダムに言われるが、もう一人は 10 回中 5 回ランダムに言われる。80% の頻度で"正答"とされた被験者の概念は単純なレベルにとどまるが、他方 50% のみの頻度で"正答"とされた被験者はカードについて複雑で捕らえ難く難解な理論を展開し、カードの構成に関する大変細かな詳細なことを考えてしまう。二人の被験者がともに連れてこられて、彼らの発見について討論するように求められた時、単純な概念をもった方の被験者は、すぐさまもう一人の方の概念の"ひらめき"に屈服し、後者が正確にカードを分析したということに同意する。

いてもあり得るということを示してきた。しかしこの微積分に関する記述の困難さのいくつかも明らかになってきた。数学者はもはや計算する道具として数学を用いることがない。しかしこの道具自体が数学者の研究の対象とされている時——例えばシステムとしての算術の一貫性を数学者が問う時に数学者がしているように——数学者は部分としてではなく、数学全体に関する言語を用いる。ディビット・ヒルベルト (64) によれば、この言語はメタ数学と呼ばれる。数学の形式的な構造は微積分である。そしてメタ数学はこの微積分が表現されたものである。ナーゲルとニューマンは、この二つの概念の間の違いを賞賛すべき明確さでもって定義した。

　数学とメタ数学の間の区別を認識するという我々の主題の重要性は、強調して、しすぎることはない。**この区別を顧慮することに失敗したために、パラドックスと混乱が生み出されてきた**。その区別の重要性を認識することによって、数学的推論の論理的構造を明確に示すことができる。区別することの利点は、隠された**仮定**と**無関係な意味の連合**を解放する形式的微積分を作り出すようになる種々の記号の注意深い成文化を引き起こす点にある。さらに、区別は数学的構成と演繹の操作と論理則の正確な定義を必要とする。こうした多くの定義を数学者は、**自分たちが何を用いているか充分に知ることなしに応用してきた**。(108, p.32、ゴシック筆者)

コミュニケーションの調査において避けられないように、我々がもはやコミュニケーションするためにではなく、コミュニケーションに関してコミュニケーションするためにコミュニケーションを用いる時、コミュニケーションの一部ではなく全体に関しての概念化を用いる。メタ数学にならって、これはメタ・コミュニケーションと呼ばれる。メタ数学と比べると、メタ・コミュニケーションにおける調査には2つの重大な不利な点がある。まず第1に、人間のコミュニケーションの領域においては微積分の定形的システムに比較し得るようなものが未だないということである。しかし、やがて示されるように、この困難さによって概念の有用性の見込みが失われるということはない。第2の困難さは、第1のそれに緊密に関係している。メタ数学者が

2つの言語（数学を表現するのに数字と代数的記号、そしてメタ数学を表現するのに自然言語）を所有しているのに対し、我々はコミュニケーションとメタ・コミュニケーションの両方の伝達手段として、主に自然言語のみに拘束されている。この問題は、我々の考察の中で繰り返し現れるであろう。

　そのような微積分の特性が誰もが認めるように遠い未来のものであるとしたら、人間コミュニケーションにおいて微積分の概念にあたる有用性というのは何なのであろうか？　我々の意見では、概念自体が、我々が同定したいと思っている現象の抽象度や性質の説得力のあるモデルを供給するかどうかという事実にそうした直接の有用性はかかっている。統括してみよう。我々は実際の冗長性を調べていて、冗長性はけっして単純で静止した量や質といったものではなく、関数の数学的概念に似た相互作用のパターンであることを知っている。そして最後に我々はこれらのパターンが、一般的に誤りが制御され目標志向したシステムにおいて発見されるような特性を持つであろうことを予期している。そのため、これらの前提を抱いて、2人ないしはそれ以上のコミュニケーション参加者間のコミュニケーションの連鎖を精査するならば、我々はある結論に到達するであろう。その結論は、確かにまだ形式的なシステムであるとは主張できないけれども、微積分の定理と公理の性質におけるものである。

　ナーゲルとニューマンの既に引用された著述において、二人はチェスのようなゲームと定形化された数学的微積分の間の類似を記述する。二人はどのように説明しているであろうか？

> 駒と盤目は、微積分の要素記号に相応する。盤の上の合法な駒の位置が微積分の公式に相応する。盤の上の初めの位置が微積分の公理ないし初期値に相応する。盤の上の次の位置が公理から（すなわち定理へ）引き出される公式に相応する。そして、ゲームのルールが微積分に対する推論（ないしは展開）の法則に相応する。(108, p.35)

　ナーゲルとニューマンは盤の上の配置がいかに"無意味"であるか、そして一方でこれらの配置に関する言明がきわめて意味のあるものであるかを示す。

このレベルの抽象度をもつ言明は、上述の著者によりこう記述される。
……その証拠が盤の上の多くの有限な、許され得る配置のみを含む、一般的な"メタ・チェス"の定理が打ち立てられ得る。白にとって可能な初手の動きの数に関する"メタ・チェス"の定理はこのようにして打ち立てられることが可能である。したがって、白が2つのナイトとキングしか持っておらず、黒がキングしかもっていない場合、白が黒に対してチェックメイトをかけることは不可能であるという"メタ・チェス"の定理が打ち立てられることができるのである。(108, p.35)

　我々は、この類推を長く引用した。なぜならばこの類推はメタ数学にのみならず、メタ・コミュニケーションにおける微積分の概念をも例証するからである。というのは、我々がその数値を2人の競技者を含むところまで拡大していくならば、もはや抽象的なゲームを学習するのではなく、むしろ複雑なルール群によって厳密に支配された一連の人間の相互作用を学習しているからである。唯一の違いは、(ゲームの類推における"一手"のような)たった一つの行動に言及したときには、我々は"意味がない"という言葉よりは"定型的に決定不可能である"という言葉を用いることを好むであろうということである。そのような一つの行動 a は、賃上げあるいはエディプス葛藤あるいはアルコールあるいは雹(ひょう)の嵐といったことが原因であるかもしれないのだが、どんな理由が"真に"適用されるにせよ、どの議論も「天使の性別はなんであるか？」といったスコラ哲学の議論のような性質を持ちやすいだろう。人間の心が外部の調査に対して開かれていないのなら、あるいは開かれている限り、推測や自己報告といったものは我々が持っているものの全てに限られ、そしてそうした全てのものは周知のごとく信頼性が薄い。とはいえ、ある伝達者による行動 a が——その行動の"理由"がなんであれ——一方で行動 b、c、d もしくは e を引き出すということに注意するならば、他方で行動 a が明白に行動 x、y そして z を除外したら、その時メタ・コミュニケーション的定理は公理と見なされ得る。そこで示されていることは、すべての相互作用はゲームを類推する言葉、即ち厳密にルールによって支配されている"指し手"の連続として定義可能であるということである。そしてそうしたルールについては、それが伝達者の意識下にあるか意識外にある

かということは重要ではない。しかしそのルールに関して、意味のある**メタ・コミュニケーション的**定石が作られ得るのである。こうしたことは、1.4節で示されたように、人間のコミュニケーションの語用論について、いまだ解釈されていない微積分が存在することを意味し、そしてそうしたコミュニケーションのルールは成功裏のコミュニケーションにおいて観察され、妨害されたコミュニケーションにおいては破壊される。そのような微積分の存在は、我々の現在の知識の状態においては、存在と位置が理論天文学では明白とされているが、未だ観測によって発見されていない星の存在に例えられよう。

1.6　結論

人間コミュニケーションに上述の精神の規準でアプローチするならば、それ自体はいくつかの概念的変化を負わされる。これらのことは精神病理学の文脈の中で簡単に観察されるであろう。この精神病理学への言及は、これらの観点がそこでのみ有効であるという意味ではなく、精神病理学がこの領域において特に適切であり、明白であると我々が考えていることを意味している。

1.61　ブラックボックス概念

人間の心の実在というものを否定するのは特に過激な思想家のみであるが、精神の現象への調査は、この領域で働いている全ての人に痛みをもって知られているように、外側からのアルキメデス的観点がないために極めて困難である。他のどんな学問にもまして心理学と精神医学は究極的に自己再帰的である。観察者と対象は同一であり、心は心自体を学び、そしてどんな仮定も自己批准へ向くという不可避な傾向をもつ。"活動中"の心を観察することの不可能性によって、近年、遠隔通信の領域からブラックボックスという概念が導入された。もとは内部の破壊の危険性があるために研究上こじあけられない、敵から獲得した特定のタイプの電子部品に応用されたものであるが、

その概念は、電子のハードウェアの部品が今やたいそう複雑となってしまったので、装置の内部構造を無視し、特定の人がその装置の入出力関係の研究に集中するのが、ある場合にはより好都合であるという事態に、さらに一般的に応用されるにいたっている。これらの関係は、箱の中で"本当に"起こっていることに対する推測を許容するかもしれないが、この知識は、**その装置自体が一部分であるような、より大きなシステムの中でのその装置の機能**を研究するのには必須ではない。以上の概念が心理学や精神分析に導入されるならば、その概念は、結局は立証できない精神内界の仮定の必要をなくし、そして観察者が自分自身を観察可能な入出力関係、すなわち**コミュニケーション**に限定するという探索的利点を持つ。我々が信ずるに、そのようなアプローチは、症状を精神内界の葛藤の現われとしてより、むしろ家族システムに対するある種の入力とみなす精神医学における重要な最近の傾向を特徴づけている。

1.62 意識と無意識

　もし人がブラックボックスの仮定の見地から、人間の行動を観察することに興味をおぼえたなら、彼は一つのブラックボックスの出力をもう一つのブラックボックスへの入力として理解する。そのような情報の交換が意識的か無意識的であるかという問いは、精神力動的枠組みの中にある最も重要なものを失わせることになる。こうしたことは、ある特殊な行動に対する反作用に関連する限り、この行動が意識的か無意識的か、自発的か不本意的か症候によるものであると取られるかどうかに何ら違いはないということを意味していると解釈されるべきではない。もし誰かがもう一人の人に足を踏まれたら、相手の行動が熟慮の上か故意ではないかということは彼にとっては大きな違いである。とはいえこの調査は、**彼の相手の動機に対する評価に基づい**ており、そのために相手の内部で何か起こっているという仮定に基づいている。そして、彼が相手の動機について相手に尋ねたならば、もちろん彼の疑いは晴れないままであろう。何故なら、相手の人は自分の行動が熟慮の上のものであると思ったときに自分の行動は無意識的であったと主張するかもし

れない。実際に自分の行動が偶然であったときさえ、自分の行動が熟慮されたものであったのだと主張するかもしれないからである。全てのこうしたことは、我々を"意味"を帰することに立ちかえらせる。それは、他人とのコミュニケーションの主観的な経験にとって必須であるが、人間コミュニケーションにおける調査の目的のためには客観的に決定することができないことはわかっている。

1.63 現在対過去

行動というものは、少なくとも部分的には以前の経験から決定されるということには何の疑いもないが、過去における原因の調査はまぎれもなく信頼できないものである。構成概念に関する"記憶"の特殊性についてのアシュビーのコメントは、以前に言及した (1.2 節)。記憶というものは、主に主観的な痕跡に基づいている。それ故、調査から除かれるべく思われているのと同様の歪みを受けがちである。さらに A さんが B さんに対する過去について何を報告したかということも、これらの二人の間の進行中の関係に分かち難くつながっており、その関係によって決定されるのである。一方で、個人とその人の生活での重要な他者との間のコミュニケーションが直接に観察されるのなら——チェスにおける類推に示されたように、そして夫婦又は家族全体の合同家族療法においてなされたように——ついには診断的に重要であるコミュニケーションのパターンが同定され、治療介入の最も適当な段階の計画がなされるだろう。そのとき、このアプローチは象徴的意味、過去の原因、動機に対してよりは、むしろ今ここにおけるパターンに対する調査となる。

1.64 結果対原因

このような見地から見ると、行動の可能な、ないしは仮説的な原因は 2 番目に重要なものだと思われる。代わりに行動の結果が、個人に緊密に関係した相互作用における最も重要なものの基準として現われる。例えば、症状の発生に関する集中的分析にもかかわらず、心理療法にとっては手に負えない

ままであったような症状が、個人とその配偶者における進行中の夫婦の相互作用の文脈の中で見ると、症状の意味が明らかになるということは何度も見られることである。仮説化された精神内界の力動間の解決し得ぬ葛藤の結果としてよりはむしろ、彼らの特有な相互作用的"ゲーム"[*5]のルールとしての制限として、症状は現われる。一般的に、我々は症状というものを患者の環境に影響を与える深遠な効果を持つ一つの行動であると感じる。この関連において、一つの行動の**理由**が不明瞭であるところでも、**何のために？**という問いはなお妥当な答えを供給し得る、ということが大雑把にいえる。

1.65 コミュニケーション・パターンの循環性

> 器官の全ての部分は円をなしている。それ故どの部分も始まりであり、終わりである。
> ──ヒポクラテス

線形的で前進的な因果関係の連鎖について連鎖の始まりと終わりを話すことは意味があるが、これらの言葉もフィードバック・ループに関するシステムの中では意味がない。円においては始まりも終わりもない。そのようなシステムという見地で考えるならば、いわば事象 a が最初にきて事象 b が a の生起によって決定される概念を捨てることになる。何故ならば円の連続性をどこで打ち破るかを気まぐれに選ぶことによって、同じように不完全な論理によって事象 b が a に先行したとも主張し得るからである。しかし、次の章で示されるように、この不完全な論理は、A さんと B さんが共に互いの反応によって相手に影響を与えていることを認識しないで、相手の行動に反応してしまっていると主張するときの人間の相互作用に、個人的に参加した人が一貫して利用している。同様な推論が、この希望のない論争に適用される。つまり家族の成員の内の一人が精神病なので、家族のコミュニケーシ

[*5] この本において"ゲーム"という言葉は、何も遊びの意味内容をもたせているわけではなく、数学的ゲーム理論より引き出され、そしてルールによって統制された行動の連続に言及するものである。

ョンが病理であるとされるのであろうか。あるいはそのコミュニケーションが病理であるので家族の成員の一人は精神病なのであろうか。

1.66 "正常"と"異常"の関連性

　初期の精神病理学的研究は精神病院でなされ、患者の分類にしぼられていた。このアプローチは、一般不全麻痺のような特定の器官の状態の発見には少なからぬ実用的価値をもってはいた。次の実用的な段階は、法律用語、したがって"正気"と"狂気"という言葉の中への正常と異常の概念的差異の併合であった。しかしコミュニケーションの見地から一つの行動がそれが起こった文脈の中でのみ学習されるということがひとたび受け入れられると、"正気"と"狂気"という言葉は、個人の属性としての意味を失う。同様に"異常"に対する全体的考えも疑問となる。何故なら、患者の状態は静止的なものではなく、観察者の偏見と同様に患者の個人内の状態も変動するものだと、今や一般的に認められているのだから。さらに精神医学的症状が進行中の相互作用に固有の行動として調査されると、古典的な精神医学研究と正反対な準拠枠が現われる。この移動の重要性は強調しても、し過ぎるということはない。そこで、不治で進行性の個人の心の病理として見なされた"精神分裂病"と、矛盾したないしは筋道のたたないコミュニケーションの文脈に対する**唯一**の可能な反応（このような文脈のルールに従う、そしてそれ故永続する反応）と見なされた"精神分裂病"とは、全く異なったものである。——しかもなお二つの概念上の枠組みの両立しがたさに違いがある。その一方で、その枠組みが応用されている臨床像は、二つのケースとも全く同じである。しかもこれらの異なった見地から導き出される病因論と療法に対する密接な関係は非常に矛盾する。それ故にコミュニケーションの見地を検討し強調していくという我々の興味は、単なる机上の空論的な問題ではないのである。

第2章　コミュニケーションにおける
　　　いくつかの試案的公理

2.1　はじめに

　第1章において達した結論は、概して多くの伝統的な精神医学的概念が我々の提案している枠組みへ適用できないことを強調している。それゆえ、そうした概念は人間コミュニケーションにおける語用論の研究の基盤にはほとんどならないと思われるかもしれない。我々は次にこのことを明確にしたいのである。このことを示すためには、まず基本的な対人関係において、包含しているコミュニケーションの単純な特性分析から始めなければならない。我々の仮説的な人間コミュニケーションの微積分での公理の性質の中に、このような特性が含まれていることがわかるであろう。本章でこのような公理を定義づけた上で、第3章では人間コミュニケーションにおいて考え得る病理学について事例をもとに話を進めたい。

2.2　コミュニケーションしないことの不可能性

2.21　全ての行動はコミュニケーションである

　まず始めに、余りにも基本的過ぎて、見過ごされがちな行動の特性がある。行動にはその反対というものはない、ということである。つまり、行動をおこさないということはない、より簡単に言えば、行動しない、ということはできないのである。相互作用している状況[*1]においてすべての行動がメッセージとしての価値を持つ、つまりコミュニケーションであるとするならば、どのようにしてもコミュニケーションしないことはできないということになる。活動することも活動しないことも、言葉も静寂も、すべてがメッセージ

としての価値を持っている。すべてが他に影響を与え、影響を与えられた側はそのコミュニケーションに反応しないことはできず、コミュニケーションしていることになる。話をしなかったり、お互いに気づかないといったことは、いま言ったことの例外にはならないことをきちんと理解しておくべきである。混んだ店で昼食をとりながら真っ直ぐ前を見ている人や、目を閉じて座っている飛行機の乗客は二人とも、「誰とも話したくない、話しかけられたくもない」という情報を送っているのである。そしてたいていの場合、そばにいる人はそのメッセージを受け、その人たちをひとりにさせておくという適切な反応をしているのである。これはこれは明らかに活発な討論と同じく、情報の交換なのである。[*2]

　"コミュニケーション"はただ意図的で意識していて、うまく、つまりお互いに理解し合った時だけに成立するのではない。送られるメッセージと受けるメッセージが同じものかどうかということは重要であるが、異なる分析の階梯である。何故なら、究極的に、特殊で内省的な被験者の報告に基づいたデータに頼らなければならず、そのデータはコミュニケーションの行動理論的説明のためには無意味なものである。誤解という問題をとってみても、それがコミュニケーションのある種形式的な特性を与えるものとして、我々の関心は、コミュニケーションを交わしている当事者の動機や意図とは別に誤解に関連する病理の発達に向かうのである。

[*1] 空想、幻覚 (15) の中でも実際の生活の中での会話（情報のやりとり）が成立すると付け加えることができるかもしれない (8.3節)。おそらく、そのような内的な"コミュニケーション"は対人関係のコミュニケーションを支配しているのと同じルールのいくつかに従うのであろう。しかし、そのような目に見えない現象は、我々の言葉が意味するところではない。

[*2] この分野における興味深い研究が、ルフト (98) によって行なわれている。ルフトは"社会的刺激の遮断"について研究を進めている。お互いに見ず知らずの二人の被験者を部屋に入れて、向かい合わせに座らせて、「いかなる方法でも、話をしたりコミュニケーションをとったりしてはいけない」と指示する。実験後の面接で、こういった状況が当事者にとって大きなストレスを与えることがわかった。ルフトの著作を引用すると、（次ページの脚注へ続く）

2.22 コミュニケーションの構成単位（メッセージ、相互作用、パターン）

　先に、"コミュニケーション"という言葉は２つの意味で使われていた。一つは我々の研究の一般的な題目としてであり、そしてもう一つは大雑把に定義づけた行動単位としてであった。ここでは、その意味をより正確なものとしておこう。もちろん、これから人間コミュニケーション理論の語用論的な側面について言及するときにも、それを単に"コミュニケーション"と呼び続けていく。我々はコミュニケーション（行動）の様々な単位に対する一般に理解されやすい術語を探してきた。単一のコミュニケーションの単位は**メッセージ**と呼び、誤解が生じる可能性のない場合には**単一の**コミュニケーションと呼ぶことにする。個人の間でやりとりされるメッセージのつながりのことを、**相互作用**と呼ぶことにする（より厳密な量的定義を求める方には、我々が"相互作用"という術語で言及しているつながりとは１つのメッセージよりは大きいが、無限ではないと言っておく）。最後に第４章から第７章で、**相互作用のパターン**についてふれる。これは、一段と高い階層の人間コミュニケーションの単位である。

　さらに、考え得る中で最も単純な単位に関してさえ、明らかに、一度コミュニケーションであると認めた行動ならば、それを単一のメッセージ単位として取り扱わず、むしろ変わりやすく多様相なたくさんの行動様式の合成物——言語、音声、態度、文脈など——として取り扱うのであり、それらが他

　　（前ページ脚注からの続き）
　……彼の前には自分とは違う一人の人間がいて、黙ってはいるがずっとある行動を続けている。この時点で、お互いに自分と向かいあっている人間がどのような人かと探っていることは自明である。このうち、意識的に行なわれている部分はほんのわずかである。例えば、一方の被験者がもう一方の被験者に、あるいは自分が送ったちょっとした非言語的メッセージにどのように反応するのであろうか。探りを入れるようなまなざしの意味を理解しようとするのであろうか。あるいはそれを冷たく無視するのであろうか。一方の被験者は、もう一方の被験者と対面していることに不快さを示すような緊張しているというメッセージを顔に出すのであろうか。だんだん落ち着いてきて、相手を受け入れる素振りを見せるのであろうか。あるいは相手を物とみなし、存在していないかのように扱うのであろうか。こうして上記の他の多くの識別可能な行動が起こり始める……

のすべてのものの意味を限定する。この合成物（一つの全体として考える）の様々な要素を、高度に変化に富んだ複雑な順列にすることができ、その順列は適合するものから不適合的で逆説的なものまでもある。対人関係の立場におけるこのような組み合わせの語用論的効果は、ここでの我々の興味の対象である。

2.23 精神分裂病者によるコミュニケーションしないことへの試み

　コミュニケーションをしないことは不可能であるということは、理論的な興味にとどまらない現象である。例えば、それは精神分裂病的"ジレンマ"の一部分でもあり全体でもある。精神分裂病的行動が仮に病因論的な考察から観察することを一時的にやめると、精神分裂病とは**コミュニケーションをしないようにすることの**ように見える。しかし、ナンセンス、沈黙、撤退、不動（態度における沈黙）あるいはその他どのような否定の形態をとってもそれ自身がコミュニケーションであり、精神分裂病患者は、コミュニケーションをしていることを否定しながらも、自分のこのような否定自体コミュニケーションであるということも否定するという実現不可能な作業に直面しているのである。精神分裂病におけるこの根本的なジレンマを理解することが、精神分裂病的コミュニケーションが持つとても多くの側面を知る鍵なのである。それなしではそうしたコミュニケーションは不明瞭なもので終わってしまうであろう。これから見ていくように、どのコミュニケーションも関わり合い伴い、それゆえ情報の送り手が受け手との関係をどのように見ているかを決めてしまう。精神分裂病患者はまるで、コミュニケーションをしないことにより関わり合いを回避しているかのように振る舞うと仮定し得る。因果関係的な意味で、これが患者の目的かどうかはもちろん証明不可能である。これが精神分裂病的行動であるということは 3.2 節で詳細に取り上げる。

2.24 公理の定義

　かいつまんで言うと、コミュニケーションの語用論におけるメタコミュニケーション的公理は次のことを前提とし得る。人は**コミュニケーションしな**

いことはできない。

2.3 コミュニケーションの内容と関係のレベル

2.31 "報告"と"命令"の側面

　もうひとつの公理は、前述において暗示されている。前述では、どのコミュニケーションも関わり合いを伴い、それゆえコミュニケーションは関係を定義するということが示唆された。これは別の言い方をすれば、コミュニケーションは情報を伝達すると同時に行動を押し付けるということでもある。ベイトソンによると (132, pp.179–81)、これらの二つの作用は、個々のコミュニケーションに関する"報告"と"命令"の側面として知られるようになってきた。ベイトソンは、これらの二つの側面を生理学的類推の手段を用いて例証している。A、B、C をニューロンの線型連鎖としよう。その時ニューロン B の発火はニューロン A が発火したという"報告"であり、またニューロン C にとっては発火せよという"命令"でもある。

　メッセージの報告の側面は情報を伝達することにあり、それは人間のコミュニケーションにおけるメッセージの**内容**と同義である。それは、特定の情報が真か偽か、有効か無効か決定不可能かどうかに関わらず伝達できる何物かについてのものであるかもしれない。一方"命令"の側面では、命令をどんな種類のメッセージとしてとらえるのかということに言及し、それゆえ、究極的にはコミュニケーション当事者間の**関係**に言及される。すべてのそうした関係に関する発言は次のような主張の1つないしはいくつかから成り立っている。「これは私が自分自身を見る方法です……これは私があなたを見る方法です……これは私を見ているあなたを見る方法です……」。理論的には同様の回帰が永遠に続く。したがって、例えば「クラッチを徐々にゆるやかに離すことは大切である」と「クラッチを離せ。さもないと変速機がすぐ壊れてしまう」という2つのメッセージは、("報告"の側面においては) ほぼ同じ情報内容を持っているが、全く異なった関係を明確に示している。前述に関してのどんな誤解をも防ぐために、我々は、熟慮の上あるいは十分意

識的に関係の意味を明確化されていることはめったにないということを明らかにしたい。実際、自発的で"健康的な"関係になればなるほど、コミュニケーションの関係の側面は後ろに退く。反対に"病的な"関係はその関係の性質に恒常的に取り組むことによって特性化され、そこではコミュニケーションの内容的な側面はどんどん重要性を失っていく。

2.32　コンピュータ作業におけるデータと指示

　行動科学者が人間のコミュニケーションにおける上記の2側面に注目する前に、大変面白いことにコンピュータ技師は自分たちの仕事において既に同じ問題に気がついていた。技師はコンピュータとコミュニケーションする場合に、"報告"と"命令"の両方の側面が必要である。例えばコンピュータが2つの数字を掛ける場合、知っていた情報（2つの数字というデータ）に**加え**、その情報に関する情報、即ち"2つの数字を掛けろ"という命令を与えねばならない。

　今や、我々の考察にとって重要なのは内容（報告）と関係（命令）というコミュニケーションの側面の間に存在する関係である。本質的には、その関係は既に前段落において明らかにされた。そのときコンピュータが**情報**（**データ**）とこうした**情報に関する情報**（**命令**）を必要とするということが言及された。その際明らかに、命令はデータより高い論理階梯にあり、情報に**関する情報**であるから、命令は**メタ情報**である。そして、そうした二つの間の混同は無意味な結果を導くだろう。

2.33　コミュニケーションとメタ・コミュニケーション

　我々が人間コミュニケーションに立ち返るならば、報告の側面と命令の側面の間に関係が生起しているのがわかる。つまり、前者はコミュニケーションの"データ"を伝達し、後者はこうしたコミュニケーションがどのように受け取られるかを伝達する。「これは、命令だ」または「私は冗談を言っているだけだ」というのは、そのようなコミュニケーションに関するコミュニケーションの言語的例である。関係は怒鳴ったり、笑ったり、または他の多

くの方法で非言語的に表現され得る。また関係は、制服を着た軍人の間あるいはサーカスの演技場のようなコミュニケーションが起きる場所の文脈から明白に理解される。

　読者は、コミュニケーションの関係の側面が、コミュニケーションに関するコミュニケーションであり、もちろん前章で熟考されたメタ・コミュニケーションの概念に等しいことに気づいたであろう。前章ではメタ・コミュニケーションは概念的枠組みに加え、コミュニケーションに関してコミュニケーションする時、コミュニケーションの分析者が用いねばならない言語に限定されていた。今や分析者のみならず、誰もがこの問題に直面しているということがわかる。メタ・コミュニケーションを適当に行う能力は成功裏のコミュニケーションの**必要条件**であるのみならず、自己と他者とを認識する莫大な問題に深く関わっている。この点は 3.3 節で詳細に説明しよう。少しの間実例を用いて、我々は以下のことを示したい。メッセージは特に記述されたコミュニケーションにおいて構成することができ、そうしたメッセージは曖昧なメタ・コミュニケーションの手掛かりを提供している。チェリーが指摘しているように (34, p.120)、"Do you think that one will do?" という文章は、どの語が強調されているかにより——即ち、記述された言語がいつもは供給し得ない表示により——種々の意味を持つ〔Do you think óne will do？（疑いを示しつつ、……すると思うかい？）Do you think one will dó？（同意を示しつつ、……すると思うだろう？）〕。もう一つの例は、"Customers who think our waiters are rude should see the manager." というレストランの標示であるが、それは少なくとも理論上、二つの全く異なった意味に解釈される〔疑った調子（Cústomers who think our waiters……）……店の側は悪いと思っていない場合。普通の調子（Customers who think óur waiters）……単なるルールを示している場合〕。全てのコミュニケーションにおける階層的構造によって生起する複雑な問題は、上記のようなあいまいさばかりではない。即ち、例えば「この信号を無視せよ」と読める注意書きを考えてみよう。パラドックス的コミュニケーションの章で我々が見ていくように、これらの階層——コミュニケーションとメタ・コミュニケーション——の間での混乱と混同が、論

理学上の有名なパラドックスと全く同じ構図で袋小路へと人々を導くだろう。

2.34 公理の定義

さしあたり前述したことを、もう一つの我々の試案的微積分の公理に要約してみよう。全てのコミュニケーションは内容と関係の側面を持ち、後者は前者を分類するので、メタ・コミュニケーションである。[*3]

2.4 連続した事象の分節化

2.41 組織化された行動連鎖の分節化

我々が探索したいと思っている以下のコミュニケーションの基本的特性は、コミュニケーションの当事者の間の相互作用——メッセージの交換——に関連している。外部の観察者に対しては、**一連のコミュニケーションのつながりは絶え間ない交換の連続として見られる**。とはいえ、相互作用の参与者は、ウォルフ (165)、ベイトソン、そしてジャクソンが"連続した事象の分節化"と呼んだものを常にもたらす。彼らは次のように言う。

> 刺激－反応主義の心理学者は、典型的には交換の連続に少ししか注意をむけないので、入力の一つの項目を"刺激"と呼び、もう一つの項目を"強化"と呼び、これらの二つの項目の間で被験者がしたことを"反応"と呼ぶことができるのである。短い連続に切断しているので、被験者の"心理学"について語ることが可能なのである。それに対して、我々がここで論議している交換の連続は大変長く、それゆえ、連続しているどの項目も同時に刺激であり、反応であり、強化であるという特性を持っている。Aの行動という一つの所与の項目は、そのあとにBに

[*3] 我々は、何やら独断的に、関係が内容の側面を分類あるいは包含していると決めてしまっているが、論理的分析においては、以下のことも同様に正しい。即ち集合が要素によって定義されるように、内容の側面は関係の側面を定義するとも言い得る。とはいえ、我々の一番の興味が、情報の交換ではなく、コミュニケーションの語用論であるという事にあるので、我々は前者の定義に基づくアプローチを活用している。

よって与えられる項目およびAによって与えられるもう一つの項目が続いている限りにおいては一つの刺激である（A–B–A）。しかし、Aの項目がBによって与えられる二つの項目の間に挟まれる限りにおいては、Aは反応である（B–A–B）。同様にAの項目は、Bによって与えられる項目に続く限りにおいては随伴性である（B–A）。我々がここで論議しているような進行中の相互作用は、重複している3つ一組の一連の輪からできており、その輪の一つひとつは（弁別）刺激–反応–強化（3項強化随伴性）に比すべきものである。我々は、我々の交換の3組のどれをも取り得るし、またそうした3組を刺激–反応学習実験における1試行と見ることもできる。

　この見地から伝統的学習実験を見るならば、繰り返される試行が、関連する2つの生体、つまり実験者と被験者の間の関係の差異を意味していることがただちに見てとれる。試行の連続はこのように、"刺激"と"強化"を与えるのは何時でも実験者で一方、被験者は"反応"を提供するという分節化を行なう。これらの単語は、ここでは慎重に引用符を挿入されている。というのは、役割の定義というものは、実際分節化システムを受け入れる生体の自発的意志によってのみ創造されるものだからである。役割の定義の"真実性"というものは、ロールシャッハ・カード上のコウモリ、それは多少とも無理に決定された知覚過程の創造物であるが、その真実性と同じ階梯にあるものである。「私は、自分の実験者を訓練しました。毎回私がレバーを押すごとに実験者は食べ物をくれる」といったラットは実験者が押し付けたがっている行動連鎖の分節化を受け入れることを拒否している。

　とはいえ、長い連鎖の交換においては、関係している生体は——特に生体が人間である場合——実際にその系列を分節化するだろう。その結果、どちらかが指導的、支配的、依存的、あるいはそれらに似たような状態にあるように見える、ということは依然として正しい。即ち、（そうしたパターンについて賛成であろうとなかろうと）人々は自分たちの間で交換のパターンを組み立てるだろうし、こうしたパターンは実際、強化の交換と見なされる随伴性の法則であろう。ラットはあまりにいい奴すぎて、ラベルを張り替えることはないが、精神病患者の中にはそうでない者もいて、セラピストに対して心的外傷を与えたりする！　(19, pp.273–4)

コミュニケーションの連鎖の分節化が一般に良いか悪いかはここでは問題ではないが、分節化が行動的事象を**組織化**し、それゆえ進行中の相互作用にとっても重大なものであるということは明らかである。我々は文化的に、多くの分節化の因習を共有していて、そうした分節化は、他の同様の事象に対する見方よりも正確であろうとなかろうと、一般的で、しかも重要な相互作用の連続を組織化することを助けている。例えば、我々はグループの中で、ある面で立派にふるまう人を"リーダー"と呼び、他の人を"フォロアー"と呼ぶが、よく考えてみると、どちらが先にそうなったのかとか、一方の人なしに他方の人がどちらであるのかということは難しい。

2.42　異なった分節化による違った"現実"

　事象の系列をどのように分節化するかということについての不一致は、無数の人間関係上の争いの根本である。夫婦間の問題を持っているひと組のカップルを想像してみよう。その問題に対して、夫は受け身的引っ込みという形で関与し、一方、妻の側の50％は小言という批判により関与している。二人の欲求不満を説明すれば、夫は引っ込みを妻の小言に**対する**唯一の**防衛**だと説明するだろうし、一方、妻は夫の説明を二人の結婚において"真に"起こっていることのひどい故意の歪曲と呼ぶだろう。即ち妻の夫に対する批判は、夫の受動性の**ゆえ**からきている。全ての束の間の、そして偶然の要素を剥がせば、二人の喧嘩は「私はお前が小言をいうから引っ込むのだ」と「私はあなたが引っ込むから小言をいうのだ」という単調なメッセージの交換から成り立っている。この相互作用の型は既に1.65節で簡単に言及された。気紛れな喧嘩の始まりの点を図（右ページ）に示せば、この夫婦の相互作用は幾らかこのようなものに見える。

　夫は 2-3-4、4-5-6、6-7-8 等の3組しか知覚していない。ここでは夫の行動（実線）は"単に"妻の行動（破線）に対する反応であるということが見て取れる。妻の方では確実に別の感覚があり、即ち妻は事象の連続を 1-2-3、3-4-5、5-6-7 等の3組へ分節化していて、妻自身を夫の行動に単に反応しているだけで、決定はしていない存在と見なしている。伝統的に心理療

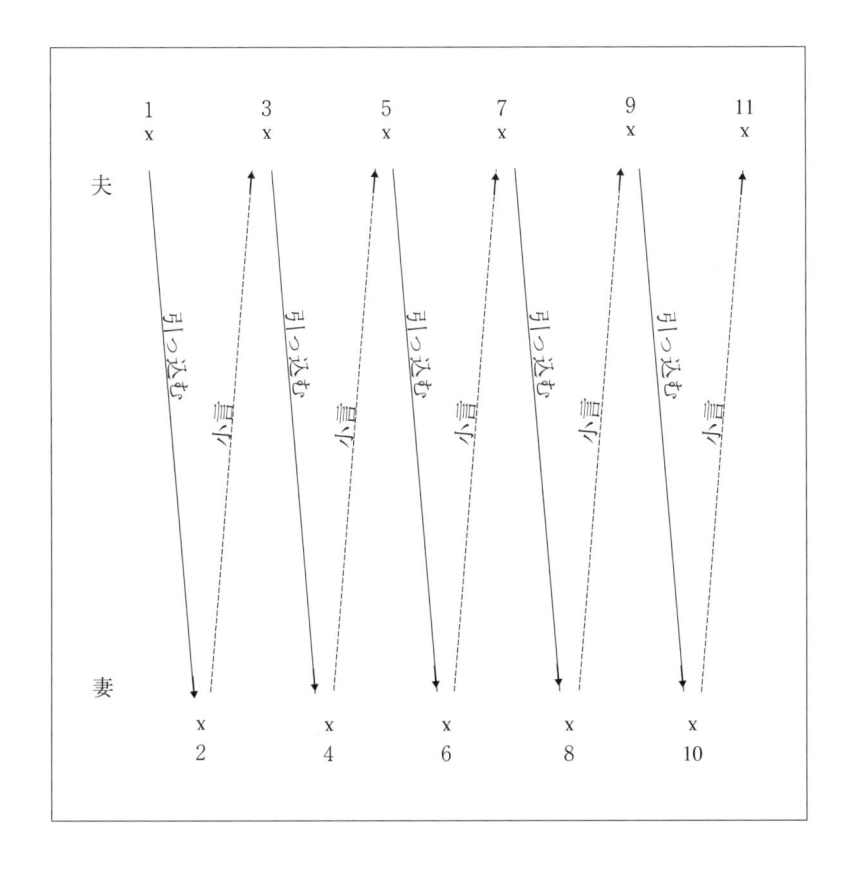

```
    1       3       5       7       9      11
    x       x       x       x       x       x
夫

    引っ込む  引っ込む  引っ込む  引っ込む  引っ込む
        小言    小言    小言    小言    小言

妻
        x       x       x       x       x
        2       4       6       8       10
```

法において"事実の曲解"とよばれるものが双方の陣営において起こり、合同家族療法において、その強さにはしばしば衝撃を受けることがある。二人の人間が合同の経験の多くの要素において、そのような異なった見解を持ち得るということは、しばしば信じ難い。しかもなお、問題は主として、しばしばすでに述べられた領域にある。即ち、その領域は夫婦の相互作用の個々のパターンに関してメタ・コミュニケーションすることを夫婦ができないということである。この相互作用は、はい－いいえ－はい－いいえ－はい、といった揺れ動く性質のものであり、理論的には無限に続き、そして後に見ていくように、ほとんど例外なくごたごたや狂気の典型的な変化に伴われるような、揺れ動く、はい－いいえ－はい－いいえ－はい、といった性質のもの

である。

　国際的な関係もまた、相互作用のアナログ的パターンばかりである。例えばC. E. M.ジョードの軍拡競争の分析をとってみよう。

　……もし軍部が主張したように、平和を維持する最良の方法が戦争に備えることなのであれば、「何故全ての国が他国の軍備を平和に対する威しと考えるのか？」ということは必ずしも明白でなくなる。とはいえ、彼らは実際にそう考えているのであり、従って他国の軍備によって自分自身が脅かされていると考えているので、それを越えるべく自己の軍備の拡張を励行するのである。……このように拡張された軍備は、A国の防衛軍備が自分たちを刺激していると伝えられているので、今度はA国による脅しと考えられ、脅しに対して自国を防衛するために大きな軍備を堆積するという口実として用いられる。しかしながら、これらのより大きな軍備は、今度は隣国に隣国を脅かそうとしているのだと解釈され、そして……（79, p.69）

2.43　ボルザノの無限振動級数

　再び数学が記述的類推を供給する。つまり"無限振動級数"という概念である。用語自身はずっと後になって紹介されたものだが、この種の級数は最初オーストリアの司祭バーナード・ボルザノによって彼の死の直前、即ち1848年に論理的に一貫した手法で研究された。その時、ボルザノがその意味に深く引き付けられた無限が現われた。ボルザノの考えは、彼の死後、『無限のパラドックス *The Paradoxes of Infinite*』（30）という題名で小さな本として刊行され、数学に関する文献の古典となった。その本の中でボルザノは、種々の級数の和（S）を研究した。そうした級数の和の中でおそらく最も簡単なものが以下のものであろう。

　　$S = a - a + a - a + a - a + a - a + a - a + a - \cdots\cdots$

我々の目的のために、この級数はメッセージaの主張と否定というコミュニケーションの連鎖を表わしているととることもできる。さて、ボルザノが示

したように、この連鎖はいくつかの違ったグループに分けることができる――あるいは我々が言ってきたように分節化できる――しかも数学理論的な正しい方法によって。[*4] 結局は、級数の要素の連鎖をどう分節化するかによって、級数の極限値は違ってくる。そしてその結果は、ライプニッツを含めて多くの数学者を驚かせた。不幸にも我々が見る限り、ボルザノによって偶然に提供されたパラドックスの解法は、アナログ・コミュニケーション的ジレンマには何の助けにもなっていない。ベイトソン（17）が示したように、ここではジレンマが級数の偽の分節化から発生している。即ち級数が始まりを持っているというみせかけである。そしてまた、これはまさにそうした状況にある同類のエラーである。

2.44 公理の定義

こうして、我々は3番目のメタ・コミュニケーション的公理を加える。関係という性質はコミュニケーションの当事者の間のコミュニケーション的連鎖の分節化に随伴する。

[*4] 3つの可能なグループ分け（"分節化"）は：
$S = (a-a)+(a-a)+(a-a)+(a-a)+\cdots\cdots$
$= 0+0+0+0+\cdots\cdots$
$= 0$
連鎖の要素をグループ分けするもう一つの方法は：
$S = a-(a-a)-(a-a)-(a-a)-(a-a)-\cdots\cdots$
$= a-0-0-0-\cdots\cdots$
$= a$
尚、もう一つの方法は：
$S = a-(a-a+a-a+a-a+a-\cdots\cdots)$
そして括弧に括られた要素は単に級数自身に過ぎないので、当然以下のようになる。
$S = a-S$
それゆえ $2S = a$、だから $S = a/2$　　　(30, pp.49-50)

2.5 デジタルおよびアナログ・コミュニケーション

2.51 自然の生体と人工的有機体

　中枢神経においては、機能単位（ニューロン）は接合部（シナプス）を通していわゆる量的な情報の束を受け取る。シナプスに着き次第、これらの"束"は、ニューロンによって加重され、ニューロンの発火の原因となる興奮性、または発火を抑制する抑制性シナプス後電位を生み出す。それゆえニューロンの発火の生起ないしは不生起により構成されるこの神経活動の特殊な側面は、2進法デジタル情報を伝達する。一方でホルモンのシステムは、情報のデジタル化に基づいていない。このシステムは、血中に特別な物質を不連続な量で分泌することによってコミュニケーションしている。さらに、生体内コミュニケーションの神経系とホルモンの様式が共に存在していることだけでなく、それらは相捕い、そしてしばしば大変複雑な方法でお互いに随伴していることが知られている。

　同様の2つの基本的コミュニケーションの様式は、人工的有機体の領域にも見られる。[*5] 真空管かトランジスタの＜ある＞か＜ない＞かの原理を利用したコンピュータがあり、それは**デジタル**と呼ばれる。何故ならそうしたコンピュータは基本的に数字を用いる計算機だからである。そして連続な正の量——つまりアナログ・データ——を扱うするもう一つの種類の機械があり、

[*5] 大変に興味深いことに、心理学者がその当時すでに知っていたことから全く独立して、コンピュータ技師はこの結果にたどり着いたということを信じるに足る証拠がある。その事実とは、種々のシステムレベル、つまり原子、分子、細胞、個人、社会等を通じてあてはまる、システム自身にとって固有の法則を複雑なシステムが持っているというフォン・ベルタランフィ (25) が公理と見なした美しい説明を実際に与えるものであった。話はさらに進み、フィードバックという現象に興味をもって、科学者が学際的に集まることを通じて（多分ジョシア・マーシー基金の会合の一つであろう）、偉大な生理組織学者であるフォン・ボーニンは、精度の高い書見器に書かれた図を示されて即座に言った。「しかし、これは視覚皮質の第三層の図……」と。我々は、この話の信憑性を保証できないが、この話をイタリアの諺で締め括ろう。"se non è vero, è ben trovato"（その話が本当でなかったとしても、それはとても良くできた話だ）。

このためにアナログと呼ばれている。デジタル・コンピュータにおいては、データも命令も数字の形で処理され、その結果、命令を行なう場合、情報の個々の部分とそのデジタル表現との間にはしばしば任意の一致しかない。換言すれば、これらの数字は、電話加入者にあてがわれた電話番号と同じように、実際の量にはほとんど類似点のないコードネームとして任意にあてがわれる。一方、我々が既に見てきたように、類推計算の原則が全てのアナログ・コンピュータの本質である。自然の生体ホルモンのシステムにおいて、情報を伝達するものが血中におけるある物質とその濃度であるのと同様に、アナログ・コンピュータにおいてはデータは連続な形をとり、それゆえ何時も正の量をとる。例えば電流の強度、循環周期数、成分の置換度のようにいわゆる潮の高さの計算機（任意に与えられる時間に潮度を計算するのに以前に用いられた尺度と歯車とレバーで構成されている器具）は、単純なアナログ・コンピュータと考えられ、そしてもちろん1章で言及したアシュビーのホメオスタットは、それが何も計算しないとはいえ、アナログ機械の典型である。

2.52　人間コミュニケーション

　人間コミュニケーションにおいて、対象は——最も広い意味において——二つの全く異なった方法で言及することができる。それらは、図形のような類似によって代表され得るか、あるいは名前（言語）によって言及され得る。「猫は鼠を捕らえた」と書かれた文章において名詞は絵によって置き換えられ得る。もしその文章が話されるとしたら、実際の猫や鼠が指し示されているのかもしれない。言うまでもなく、こうしたことは、普通ではないコミュニケーションの方法であろう。そして通常は書かれたり読まれたりする"名前"つまり言葉が用いられる。これらの二つのコミュニケーションのタイプ——一つは説明を要しない類似により、もう一つは言葉による——は、もちろんアナログとデジタルの概念に個々に相当している。言葉が**名前**のようなものとして用いられている時は何時でも、名付けられたものと名前との間の関係は、任意に打ち立てられた関係であることは明白である。言葉は、言

語の論理的統語論によって操作された任意の記号である。何故3つの文字"cat"が特定の動物を意味するのかということに格別な理由はない。最終的分析においては、こういったことは単に英語の意味論的ルールに他ならず、このルールの外では言葉と言葉が意味しているものとの間には、擬声語という可能ではあるが、あまり重要ではない例外を除いては、何の関係も存在しない。ベイトソンとジャクソンは以下のように指摘している。「数字の"5"の中に"5"らしいものが特にあるわけではなく、"テーブル"という言葉の中に"テーブル"らしいものが特にあるわけではない」(19, p.271)

一方、アナログ・コミュニケーションにおいては、そのもの自体として表現されてきたような事柄について特有の"のようなもの"が存在する。アナログ・コミュニケーションはすぐにアナログ・コミュニケーションが意味しているものへ関係づけることができる。例えば、外国語をラジオでいくら聞いてもその言語を理解することになかなかつながらないのに対して、たとえ文化的に全く異なった人間によって用いられた時でさえ、基本的な情報がかなりたやすく身振りやいわゆる意図的な動きから引き出され得るということが理解されれば、このようなコミュニケーションの二つの様式間の差はいくぶん明快になるであろう。我々が示唆しているようにアナログ・コミュニケーションはその起源が古代の発達段階以前にあり、それゆえ言語コミュニケーションにおける比較的最近の、より抽象的なデジタル様式よりも一般的に妥当なのである。

それでは、アナログ・コミュニケーションとは何なのであろうか？ 答えは比較的簡単である。つまりアナログ・コミュニケーションとは事実上、言葉を用いない全てのコミュニケーションのことである。とはいえ、この記述は当てにならない。というのはアナログ・コミュニケーションがしばしば体の運動、つまりキネシックス（伝達手段としての身振りや表情などの研究）として知られる行動だけに限定されるからだ。その記述は、相互作用が生起するどんな文脈においても必ず存在するコミュニケーションの手掛かりと同様に、姿勢、身振り、顔の表情、声の抑揚、言葉自体の順序、リズム、言葉の抑揚および有機体がなし得る他の全ての非言語的表現を含まなければなら

2.53 二つの様式をもつ人間独自の特性

　人間はコミュニケーションのアナログ及びデジタルという両様式を用いる唯一の生物である。[*7] こうしたことの重要性は、今のところ充分理解されていないが、過大評価されることもまずない。人間がデジタル的にコミュニケーションすることには何の疑いもないであろう。実際、全てではないにしろ、人間の文明のたいていのものは、人間がデジタル言語を進化させることなしに達成されるとは考えられないであろう。このことは**対象**に関する情報の共有と知識の伝達機能を考える上では特に重要である。そしてさらに他方では、我々が専らアナログ・コミュニケーションにのみ頼っている広大な領域が存在し、そこでは、哺乳類の祖先から我々に伝えられてきたアナログ的遺産というものはほとんど変わっていない。これが**関係**の領域である。ベイトソン自身の調査並びにティンバーゲン (153) とローレンツ (96) の調査に基づいて、ベイトソン (8) は動物の発声、意図的な動き、気分のサインがアナログ・コミュニケーションであることを示した。動物は、アナログ・コミュニケーションによって対象に関する指示的記述をするのではなく、むしろ彼らの関係の性格を定義するのである。では、ベイトソンの示した一例をここで取り上げてみよう。冷蔵庫を開けると猫が来て、足を擦りつけてニャ〜と鳴く。これは「ミルクが欲しい」ということを——人間がそうした仕種を示すように——意味しているのではなく、「私の母親になって」というように特殊な関係を求めている。というのはそうした行動は大人の猫に関わる子猫に

[*6] 人間のコミュニケーションを分析することで、文脈というものの、コミュニケーション上の最重要性にとてもたやすく目を通すことができる。洗面所ではなく街頭で歯を磨いている人がいたら、彼はすぐに警察へ連行されるか精神病院へ入院させられる。こうしたことはちょうど言語を用いないコミュニケーションの語用論的効果の一例である。

[*7] 鯨とイルカもデジタル・コミュニケーションを用いるということを信じるに足る証拠はあるが、この領域での研究はいまだに結論が出ていない。

おいてのみ観察されるもので、成長した2匹の動物間に見られるものではないからである。逆にペットの愛好家たちは、しばしば自分たちのペットが自分たちの言葉を"理解した"と確信している。言うまでもなく、動物が理解したことは言葉の意味ではなく、言葉と共に行なわれたたくさんのアナログ・コミュニケーションなのである。確かに関係がコミュニケーションの中心的問題であるとき、デジタル言語はほとんど意味がない。こうしたことは、動物の間や動物と人間の間に成立するのみならず、人間生活における多くの他の随伴性、即ち求婚、愛、援助、闘争などにもまた成立する。そしてもちろん、乳幼児ないし重度精神障害者に接する際にも。子どもや精神病者そして動物は、何時でも特有の直感でもって人間の態度の誠実、または不誠実を見ると信じられてきた。何故なら何かを言語的に言明することはたやすいが、アナログの領域で嘘をつくのは難しいからである。

　要するに、どんなコミュニケーションも内容と関係の側面を持っていることを思えば、コミュニケーションの二つの様式は共に存在するのみならず、いずれのメッセージにおいても、相補っているということができる。さらに内容の側面はデジタル的に伝達されやすいのに対し、関係の側面というものは本来アナログが優位を占めているということができよう。

2.54　一つの様式から他の様式への移行における問題

　このような対応関係において、今までに考えてきたデジタルとアナログというコミュニケーションの二つの様式の間には、語用論的に重要な差異がある。これらの差異を明確にするために人工的なコミュニケーション・システムにおいて表示されているデジタルならびにアナログ様式に立ち返ってみることにしよう。

　デジタルとアナログというコンピュータの二つのタイプにおける実行度、正確度、そして融通性は非常に異なっている。実際の量の代わりにアナログ・コンピュータにおいて用いられるアナログ言語は、実際の数値の近似値にすぎない。そして、この既存の資料の不正確度はコンピュータ自身の演算のプロセス中で更に増加する。歯車、ギア、そしてトランスミッションは、決

して完全に組み立てられることはない。それどころかアナログ・コンピュータが電流、電気抵抗、加減抵抗といったような連続に完全に依拠する時でさえ、これらのアナログ・コンピュータは事実上操作不可能な変動に未だに左右される。一方でデジタル・コンピュータは、数値を記憶するための空間が制限されていないなら、完全な正確さで作動するといえよう。だからコンピュータが処理できる以上の数値を必要とする結果については、演算を締め括ることが必要なのである。計算尺（アナログ・コンピュータの優れた一例であるが）を使ったことのある人なら誰もが、近似値しか得られないことを知っている。一方どんな卓上コンピュータも、要求される数量がコンピュータで処理できる最大量を越えない限り、正確な結果を算出し得るのである。

　その完全な正確さを別にしても、デジタル・コンピュータは算術計算においてのみならず、**論理**演算においても、卓越した優位性を持つ。マッカロッチとピッツ（101）は、論理演算の16の真理関数は＜ある＞か＜ない＞かの組み合わせで表現できることを示した。その結果、例えば二つのパルスの和は"連語"という論理子を表わし、二つのパルスの相互排除は"選言"という論理子を表わし、要素の発火を禁止するパルスは"否定"という論理子を表わし……ということになる。アナログ・コンピュータにおいて、これに比すべきものは全く見当たらない。何故ならアナログ・コンピュータは連続した正の量しか扱えず、"否定"自身を含む負の数やその他のどの真理関数も表現できないからだ。

　コンピュータの特徴は、人間コミュニケーションに適用することもできる。デジタル・メッセージのデータはアナログ・メッセージのデータに比べてより高度に複雑で、多能で、抽象的である。特にアナログ・コミュニケーションがデジタル言語の論理的統語に比すべきものを持っていないことがわかる。このことは、アナログ言語において"if–then"、"either–or"といった議論にとって必須の重要な要素に相当するものが存在しないことを意味する。そして抽象的概念の表現は、どの概念も身体の形で表現しなければならなかった原始時代の絵文字と同様、不可能ではないにしても困難であることも意味する。さらにアナログ言語は、単純な否定表現、例えば"not"というような表現す

ら欠いている。

　例えば、涙には悲しみの涙と喜びの涙がある。握りしめた拳には怒りの意味と感情の抑制の意味がある。微笑は同情あるいは軽蔑を伝えるかもしれない。無口は如才のなさあるいは無関心と取られる。そしてすべてのアナログ・メッセージがこの奇妙な両義性を持つのではないだろうか。そしてそれはフロイトの言った"Gegensinn der Urworte（原始の言葉の正反対の意味）"を思い出させる。アナログ・コミュニケーションには二つの矛盾する意味のどちらかを表示する限定条件がないし、過去、現在、未来の違いを表示する指針もない。[*8] これらの限定条件と標識は、もちろんデジタル・コミュニケーションに存在している。しかしながら、デジタル・コミュニケーションには、関係に関する随伴性についての適当な言葉が欠けている。

　人間は、コミュニケーションの送り手としても受け手としてもデジタルとアナログの2つの言語を組み合わせる必要があり、常に一方を他方に翻訳しなくてはならない。しかもそうすることで、大変奇妙なジレンマに出会う。このことは病理的コミュニケーションについての章で詳細に取り上げたい（3.5節）。人間コミュニケーションにおいては、どちらの側からにせよ翻訳の困難さがつきまとうからだ。多くの情報を失うことなしにデジタル様式からアナログ様式への翻訳することはできない（3.55節参照）。アナログ様式からデジタル様式への翻訳もまた非常に困難である。つまり、関係について**語る**

　[*8] すでに読者諸氏は、コミュニケーションにおけるアナログ及デジタル様式と、精神分析における**一次過程**と**二次過程**の概念のそれぞれの間に、大変示唆的な類似が存在することがおわかりいただけたであろう。もし精神力動的関係から対人的関係へと準拠枠を変えていくならば、フロイトが記述したイドとはまさにアナログ・コミュニケーションの定義となる。

　　論理学の法則——とりわけ矛盾律——はイドにおける過程には適用できない。矛盾した衝動というものは互いに中立であることなくして、あるいは引き離されることなくして共に存在する……。**否定になぞらえることのできるようなものは、イドの中には何もない。**そして、我々は驚くべきことに、そうしたコミュニケーションのなかに、時間と空間は我々の心的活動にとって必要な形式であるという哲学者の主張に対する一つの例外を見いだす。(49, p.104、ゴシック筆者)

ことは、コミュニケーションの様式をアナログからデジタルに変えて充分に翻訳することが必要とされるからである。最後に我々は、この2つの様式が共存しなければならない時のことを想像してみたい。ヘイリーは「夫婦療法」という優れた章の中で述べている。

　　男と女が、結婚式で承認されるような契約を決定しなければならない時、二人は結婚してからずっと継続していくような問題を自らに提示している。即ち今や二人は結婚したために、一緒に暮らさなければならない。二人がそれを望んだからか、あるいはそうしなければならないからか？（60, p.119）

前述の見地によれば、我々は以下のことがわかる。男と女の関係の主としてアナログ的な部分（求愛行動）にデジタル化（結婚契約）が添加される時には、この二人の関係の明白な定義は大変な問題となる。[*9]

2.55　公理の定義

要約する。人類はデジタルとアナログの両方の様式でコミュニケーションする。デジタル言語は高度な複雑さが強い論理的統語を持つが、関係の領域では適当な意味論を欠く。一方アナログ言語は意味論を持つが、関係の明白な定義のための適当な統語を欠く。

2.6　シンメトリー的およびコンプリメンタリー的相互作用

2.61　スキズモジェネシス

ベイトソン(6)は、1935年にニューギニアのイアトムル族の相互作用現象の観察の報告をし、公刊した『ナーベン *Naven*』の中で、詳細に扱った。彼は、その相互作用をスキズモジェネシス（分裂生成）と呼び、個人と個人

[*9] 同じ理由で離婚も、最終判決を獲得するというういつも無味乾燥で感激のない法的行為が、何らかの形での最終的な離別のアナログ的儀式によって履行されて、より明確なものとして経験されるであろうことを示唆することができる。

の間の累積的な相互作用から生じる個人の行動の規範の分化のプロセスと定義した。リチャードソン (125) は、1939 年にこのスキズモジェネシスの概念を戦争、外交政策の分析に適用した。そして 1952 年からベイトソンとその同僚は、スキズモジェネシスの有用性を精神医学的研究の領域でも示した (157, pp.7-17, 143)。この概念は、周知の如く、一つの学の枠を越える探索的な価値を持ったものであり、『ナーベン』のなかでベイトソンによって以下の如くに推敲されている。

　我々の学問分野を他の個人の反応に対する個人の反応と定義すると、直ぐさま明白になることは、二人の関係は、外部からの影響なくしても刻々変化しやすいものであるということを認めずにはいられないということである。B の行動に対する A の反応だけでなく、A の反応が B の行動にどんな影響を及ぼし、そして B の反応が A にどんな影響を及ぼすかを考え続ける必要がある。

　個人間や集団の間の関係のシステムは、漸進的変化の傾向を持つということも直ちに明白になる。例えば、個人 A にとっては適当と考えられた文化的行動の一つのパターンは、文化的に支配型と分類される。一方、B は文化的に服従型と見なされる行動でもって、これに応えることが期待される。この服従はますます支配を促し、またこの支配が一層の服従を要求するであろうことは想像に難くない。だから、他の要因が支配型と服従型の行動の生起を制限することを考慮しなければ、A は必然的に益々支配的になり、B もより服従的になる。そして、この漸進的変化は、A と B が分離するか、あるいは双方がコンプリメンタリー（相補）集団のメンバーになるということを引き起こすだろう。

　この種の漸進的変化を、我々はコンプリメンタリー・スキズモジェネシスと記述することにしよう。しかし、個人間ないしは集団間には、同等な漸進的変化の起源を内包するもう一つの関係のパターンが存在する。例えば、一つのグループの中の文化的行動のパターンとして自慢を発見し、もう一つのグループも自慢でもってこれに応えることを発見したとすれば、競合的状況は、自慢が益々自慢を助長していく中で進展していくだろう。この種の漸進的変化を我々はシンメトリー（対称的）・スキズモジェネシスと呼ぼう。(10, pp.176-7)

2.62 シンメトリーとコンプリメンタリーの定義

今までに記述してきた2つのパターンは、スキズモジェネシス・プロセスを参照することなくしても用いられるようになり、現在シンメトリー的相互作用ならびにコンプリメンタリー的相互作用として通用するようになった。それらは同一性もしくは差異に基づく関係として記述される。前者は、パートナーがお互いの行動を反射する傾向を持ち、だからその相互作用は**シンメトリー**と記述される。弱さや強さ、良さや悪さといったものは、ここでは適切ではないけれども、同一性はこれらのどんな領域においても保持され得る性質のものである。後者は、一方のパートナーの行動が他方の行動を補い合いながら、お互い異なった行動の型（ゲシュタルト）を形成するので、**コンプリメンタリー**と呼ばれる。だから、シンメトリー的関係は、同一性と差異の最小化の現象で特徴づけられる相互作用であり、他方コンプリメンタリー的関係は、差異の最大化に基づく相互作用である。

コンプリメンタリー的関係は、2つの異なる位置がある。一方が優れた、第1次的"ワンアップ"ポジションとして様々に記述され、他方は、劣った、第2次的"ワンダウン"ポジションとして対応する。これらの用語は二人が"良さ""悪さ"、"強さ""弱さ"に関して同一ではない限り、極めて有効である。コンプリメンタリー的関係は、社会的あるいは文化的文脈（母－幼児、医者－患者、教師－生徒などの場合のように）に設定されているか、または特定の二者の特異な関係の型であろう。いずれにせよ、そこにおいて異なっているが、適合している行動が互いに喚起されるような関係のからみ合った性質を強調することが重要である。一方がコンプリメンタリー的関係を他方に強要することはない。しかし、むしろ他方の行動を前提とした様式でお互いが行動し、それが同時に他方の行動の理由となっている。つまり、両者による関係の定義（2.3節）は一致しているのである。

2.63 メタ・コンプリメンタリー

第3の型の関係が示唆されるようになった。それが"メタ・コンプリメンタリー"であり、A が B を A の管理下に入るようにしむけるというもので

ある。同様な理由で、我々は"疑似的シンメトリー"も付け加えてみよう。それは、A が B をシンメトリーになるようにしむけるというものである。とはいえ、このような無限の逆戻りは、神話の形式における行動の冗長性の観察と、そこから推定される説明との間に既に（1.4節）設けられた区分を思い出すことによって避けることができる。つまり、我々は、いかに二人が振る舞うのかということに興味があるのであり、何故振る舞う（と二人は信じている）のかという理由によって悩まされることはない。とはいえ、当事者が異なったレベルにおいて異なったパターンを表現するために、コミュニケーションの複合したレベル（2.22節）自体を利用すると、意義深い語用論的重要性に関するパラドックス的な結果が浮かび上がってくる。(5.41 節、6.42 節 [例3]、7.5 節 [例2 d])

2.64　公理の定義

コミュニケーションのこれらの様式の潜在的病理（シンメトリーにおけるエスカレーションおよびコンプリメンタリーにおける硬直性）は、次章で取り扱う。当面のところ、我々は最後の試案的公理を簡潔に述べるにとどめよう。全てのコミュニケーションの相互作用はシンメトリーかコンプリメンタリーのどちらかであり、前者は同一性、後者は差異に基づいている。

2.7　まとめ

一般的に以上の公理に関して、いくつかの限定条件が再度強調されるべきである。まず第1に、それらは試案的にたてられたものであり、それは余すところのないというよりむしろ非公式に定義された、予備的なものである。第2に、それらはコミュニケーション現象を広く観察したものから記述されたために、それらの間で相互に異質なものである。それらは起源からではなく、個人の特質ではなく、むしろ**対人関係**（モナデックなものよりは）に基づく**語用論的重要性**から統合されている。バードホィッスルは、すでに以下のように極言している。

個人はコミュニケーションをしない。即ち、個人はコミュニケーションの一部に従事するか、または一部になるかである。個人は移動するかもしれないし、意見や感想を述べるかもしれない……　がしかし、個人はコミュニケーションしない。同等な意味で、個人は見、聞き、嗅ぎ、味わい、ないしは感じるかもしれない……　がしかし、個人はコミュニケーションしない。換言すれば、個人はコミュニケーションを起こさない。つまりコミュニケーションは参加するものなのだ。システムとしてのコミュニケーションは、つまり行為や反応の単純なモデルによって理解されるべきものではなく、複雑に言及、記述すべきものだ。一つのシステムとして、コミュニケーションは処理のレベルにおいて理解されるべきものだ。(28, p.104)

だから、コミュニケーションしないことの不可能性によって、二人以上の全ての状況が**対人関係的**コミュニケーションの状態になる。つまり、そのようなコミュニケーションの関係の側面が、さらにこの点を特殊化する。デジタルならびにアナログ様式の語用論的、対人関係的重要性は、内容と関係に関するコミュニケーションの仮説的同形性のみならず、一つの様式から他の様式への処理の問題において送り手と受け手が共に直面する、避け難い、しかも重要な両義性の中にも存在している。分節化の問題の記述は、正確にいえば古典的な行動－反応モデルの変形に基づいている。最後に、シンメトリーーコンプリメンタリーの例は、おそらく数学の**関数**の概念に最も近く、個人の位置は、とり得る値を無限にもっている変数であるにすぎない。そして、その値は相対的なもので、相互の関係の中においてのみ姿を現わすのである。

第3章　病理的コミュニケーション

3.1　はじめに

　今までに記述してきた各々の公理は、系として固有の病理を含んでいる。これから、そうした病理を精密に考察していこう。我々の見解では、こうした公理の効果は、実際に公理を人間コミュニケーションにおいて発現しうる障害に関連づけることによって、最も明らかになりうる。そこで、コミュニケーションの原理が与えられると、これらの原理がどんな方法で、どんな成り行きでもって、曲解され得るかを説明していこう。そのような現象の行動的成り行きは、しばしば種々の個人的精神病理に対応すると思われる。その結果、我々の理論を例証することに加えて、心的病理の徴候として通常見なされている行動そのものが見渡せるような、もうひとつの準拠枠を示唆しよう。（各々の公理の病理は、2章と同じような順序で考察されるだろう。しかし例外として、我々の論拠を急激により複雑にするような、いくつかの不可避な重複がある[*1]）

3.2　コミュニケーションしないことの不可能性

　精神分裂病者がコミュニケーションしていることを否定しようとするかの

[*1] 言語の交換の記述は、構成要素をかなり単純化するがまさにその理由によって、たいへん不満足なものとなっている。というのは、それらは辞書的内容以上のものを、ほとんど伝えていないし、たいていのアナログ的構成要素、つまり声の抑揚の変化とか、会話速度、休止そして笑いや溜め息を含んだ情緒的な言葉の含み etc.……を欠いているからである。記述と録音の両形式により行なわれた交互作用の例に関する同様の分析のためには、ワツラビック（157）を参照されたい。

ように振る舞い、さらに、この否定自体がコミュニケーションであるということを否定する必要があると気づくときの、患者のジレンマに関しては前述(2.23節)において既に言及した。しかし、同時に患者がすべてのコミュニケーションにつきものの関わり会いを受け入れることなく、コミュニケーションしたがっているように思われることもありうる。例えば、若い分裂病の女性が初めて診察を受けるために精神科の医院に飛び込み、元気に次のように告げた。「私の母は、結婚しなければならなかった。そして、今、私はここにいます」。彼女がこの言葉に要約した、たくさんの意味の中のいくつかを明らかにするのに数週間を要した。そして、それらの隠された形式と、彼女が見かけ上のユーモアと熱心さを示したことによって、そうした意味は同時に不明にされた。彼女の、チェスでいうところの指し始めの手が明らかになるにつれて、セラピストに以下のことを伝えているように思われた。

1) 彼女は、非合法的妊娠の結果である（私生児）。
2) この事実は、いくらかは彼女の病理の原因となっている。
3) 「結婚しなければならない」は、子どもができたので結婚しなければならない（ショットガン・ウエディング）ことを示し、その社会的圧力によって母親は結婚せざるをえなかったので、彼女が責められるべきでないことを意味しているか、あるいは母親がその状況の強制的性質に憤っており、そのためにこの患者の存在を責めていることを意味している。
4) "ここ"は、精神科医の診察室と、患者のこの世での存在の両方を意味している。一方では母親が彼女を狂わせたことを示すが、もう一方では、彼女がこの世に生まれてきたために母親は道徳上の罪を受け苦しんでいるという負い目を、彼女は永久に持ち続けなければならないことを示している。

3.21 精神分裂病におけるコミュニケーションの拒絶

"分裂病の諸症状"は、多くの可能な意味の選択を、聞き手にまかせてしまう言語である。その意味はお互いに異なっているのみならず、矛盾してさえいるかもしれない。そういうわけで、メッセージのある局面ないしはすべ

ての局面を否定してしまうことが可能となる。前述の患者に、彼女の言葉が何を意味したのかということに対する答えを求めたら、おそらく「えー、わかりません。私は、狂っているに違いないと思う」と言ったはずだ。彼女の言葉に対して、どんな局面についての説明を求めたとしても、彼女は答えただろう。「えー、ちがうの。そういう意味では全然なくて」。しかし、即座になされた認識以上に要約したとしても、彼女の言葉は、気がつくとおちいっているパラドックス的状況の適切な記述であり、そして、「私は狂っているに**違いない**」という彼女の言葉は、彼女自身をこのパラドックス的状況に適応させるために必要な自己欺瞞の見地から捉えるならば、きわめて妥当なものであろう。分裂病者のコミュニケーションの否定に関して広範囲な論議がなされているヘイリーの著述 (60, pp.89–99) を参照していただきたい。そこには、分裂病者の治療を受けているグループにおける示唆に富む類似の例がある。

3.22 その反対

正反対の状況は、『鏡の国のアリス *Through the Looking Glass*』の中で、アリスの率直なコミュニケーションが赤と白の女王の"洗脳"によって損なわれたときに見られる。女王たちは、アリスが何かを否定しようとすると、それはアリスの心の状態のせいだと断言する。

　「わたしは決してそんな意味ではなく——」とアリスがいいかけますと、赤の女王がさえぎりました。
　「それ、それがいけないのじゃ！　お前は意味がなくてはいけなかったのじゃ！　なんの意味も持たぬ子どもが役に立つと思うか？　冗談一つでも、何かの意味がなくてはならぬ——しかも、子どもは冗談一つよりも、もっとたいせつなものじゃろう。そのことは、たとえ両手で打ち消そうとしても、できることではないぞよ」
　「わたしは何も、両手で打ち消したりなどしませんわ」とアリスは反論した。
　「だれもお前がやるとはいっておらぬ」と赤の女王。「たとえ、しようとしても

できぬといったまでじゃ」

「この子の心の状態は」と白の女王、「何かを打ち消したいと欲するようじゃ――ただ、何を打ち消してよいものやらわからないのじゃ」

「さても、いやな、意地わるい性質じゃ」と赤の女王が言いましたので、しばらく気まずい沈黙が続きました。*訳注1

この種の非論理的コミュニケーションの実際的効果に対する、作者の直観的洞察には驚く他はない。もう少しこの種の洗脳を続けさせ、作者はアリスを失神させる。

3.23 より広い含意

とはいえ、いま問題にしている現象はおとぎ話や分裂病に限らない。それらは、人間の相互作用に対してより広い含意をもっている。おそらく、コミュニケーションしないという試みは、すべてのコミュニケーションにつきものの関わり合いを避けたいとするような文脈においてよく見られることだろう。この種の典型的な状況は、2人の見知らぬ人が会い、そのうちの一人が会話をしようと望み、他の一人は望まない状況――例えば2人の飛行機の乗客が横に並んで座っているというようなものである。*2 乗客 A は話したくないとしよう。彼にできないことが2つある。彼は肉体的にその場を離れることができない。そして、コミュニケーションしないことができない。それゆえ、このコミュニケーションの文脈で実行可能なことがらは、ごくわずかな反応に限られる。

3.231 コミュニケーションの拒否

乗客 A は愛想よく、あるいはぶっきらぼうに、乗客 B に対して、会話には興味がないことをはっきりさせることができる。模範的な行動のルールか

---

*訳注1 訳は主に新潮文庫版、角川文庫版を参考にした。

*2 我々のコミュニケーションの分析の目的のためには、2人の人の各々の**動機**は全く関係がないということをもう一度強調したい。

らすれば、このことは非難に値するので、そうしたことをするためには勇気が必要である。そして、それは、緊張し当惑した沈黙を作り出すだろう。そこで、B との関係は、実際には避けられなかったことになる。

3.232　コミュニケーションの受諾

　乗客 A は折れて会話をする。まちがいなく、彼は自分の弱さのために自分自身と相手を憎むことだろう。しかし、このことは、我々には関係ない。重要なことは、「捕えられた時は名前、階級、軍人番号だけを言う」という陸軍の規則の知恵を、彼がすぐに実行するだろうということだ。なぜなら、乗客 B は、途中で話を止めることを喜ばないだろうから。B は、最近の考えや感情、そして信条も含めて、A に関するすべてのことを知ろうと決意するかもしれない。そして、一度 A が反応し始めるや、会話を止めることはますます難しくなっているとわかるだろう。これは"洗脳者"によく知られている事実である。

3.233　コミュニケーションの失格

　A は失格という重要な技法によって、自分自身を防衛するかもしれない。言いかえれば、彼自身ないしは、他者のコミュニケーションを無効にするというやり方で、彼はコミュニケーションするかもしれない。失格はコミュニケーションの現象の広い範囲をカバーする。例えば、自己矛盾、不一致、主語の切り換え、脇道に逸れる、不完全な文章、誤解、話の曖昧なスタイルやマナー、隠喩の文字通りの解釈、文字通りの意見の隠喩的解釈などのような。[*3] この種のコミュニケーションの見事な例は、映画『ロリータ』の冒頭の場面において見られる。クワイトリィは、ピストルを振り回すハンバートにおどされていて、訳のわからないおしゃべりやちんぷんかんぷんな言葉の

[*3] イタリア人は、厳密に言えば「しかし」を意味する「マ〜」という独特の反応でもって国際的状況に望む。とはいえ、それは、疑い、賛成、反対、狼狽、無関心、批判、軽蔑、怒り、断念、皮肉、否定、そしてそれ以上のものを表わし、それゆえ内容が続く限りついには何もないことを表現する間投詞のように用いられるだろう。

発作を起こす。一方、彼のライバルは、いたずらに自分のメッセージの意味を明らかにしようとする。「おい。俺はおまえを撃つぞ」(動機という概念は、これがほんとうのパニックかずるがしこい防衛かどうかを決定する際、ほとんど役に立たない)。もうひとつの例は、ルイス・キャロルによる論理的ナンセンスのすばらしい一編であり、その詩は白ウサギによって読まれる。

  彼等は、あなたが彼女のところへいって
  私のことを彼に話したといった
  彼女は、私のことを良くいったが、
  でも、あなた泳げないわ、といった。

  彼は、彼等に、私が行かなかったといった
  (私たちは、それが本当だということをしっている)
  もし彼女が、このことをせきたてるなら
  あなたは、いったいどうなるでしょう。

  私は彼女に一つやり、彼等は彼に二つやり
  あなたは私たちに三つか、もっとくれたが
  それらはみんな彼のところからあなたに戻った
  もともとは、みんな私のものだったのだが。

これが、あと3連続く。もし我々が、これと健常なボランティアの被験者——彼は明らかに、質問者が彼に向けた質問に答えることには不快なのであるが、それに答えねばならないと感じている——に関する質問からの抜粋とを比べるなら、彼のコミュニケーションは型においても内容の不足においても暗示的に似ていることを発見する。

 質問者 Rさん、ご両親があなたやご家族と同じ町に住んでおられて、どうやってるんですか。
 R氏 ええ。我々は、やってみました。ウーン、私は個人的に言うのですが……ウ

ーン、私はマリー（R氏の妻）が両親を引っ張っていく方が好きですね。私が引っ張ったりなんだりというのよりも。両親に会うのは好きですが、忘れずに立ち寄ろうとかはあまりしません……両親は、そのことを確実に知っているのです……ええ、それはマリーと私が出会う前から変わっていません。そして、それはただ単に容認された事実に過ぎなかった——私はひとりっ子だった——そして、両親は、できる限り私の邪魔をしないようにしていました。私はそれがあるなんて思いません……どんな場合でも、私はそれがいつもあると思う。そこには、どんな家族にも——底に流れる雰囲気があると思うのです。私はそれが我々の家族だろうと、どんな家族だろうと構いません。それはマリーと私でさえ感じていた何かなのです。我々は——二人ともむしろ完全主義者なのですが。そして、あー、それにも関わらずまた、我々はとても……我々は……我々は強…いえ、厳格で……我々は、子どものそういうところを期待する。もしあなたが気を付けてくれなければ、私たちは感じる——私が言いたいのは、もし、あー……義理の親子の間で、ゴタゴタが起きたりするなら、我々はそんな間柄における他のことも他の人たちを見てきたし、だから、ちょうど……私自身の家族がそうならないように用心しようとしてきたことだと感じています。しかし、あー……そして、うー、ここのように——なぜ、我々は……我々が家族に対してよそよそしいなんて私は言ってませんよ。(157, pp.20-1)

コミュニケーションしなければならないと感じ、しかし同時に、全てのコミュニケーションにつきものの関わり合いを避けたいと思う状況に捕われている人は誰でも概して、この種のコミュニケーションに頼るということは驚くにあたらない。それゆえ、コミュニケーションの見地からすれば、老練な質問者の手におちたいわゆる正常な人の行動と、同一のジレンマの中に自分自身を見いだすいわゆる精神障害者との行動間に、根本的違いはない。どちらもその場を離れることができず、またどちらもコミュニケーションできないのではなく、多分彼等自身の理由のためにコミュニケーションするのを恐れているか好まないのである。どちらのケースも、結果はちんぷんかんぷんのようである。ただし、心因性患者の場合で、質問者が——もし彼等が、精神分析家であったなら——無意識の現われに関してのみ結果をみる傾向があ

るだろう。一方患者にとっては、これらのコミュニケーションは、何か言うことによって何も言わないという紳士的技術の手法で質問者を満足させておくという良い方法かもしれない。同様に、"認知的損傷"ないし"不合理"の用語でする分析は、そうしたコミュニケーションの評価における**文脈**に対する不可欠な配慮を無視する。[*4] もう一度、行動の連続体の臨床においては、"狂った"コミュニケーション（行動）は必ずしも心の病気の現われではなく、不合理あるいは筋道の立たないコミュニケーションの文脈に対する唯一可能な反応なのかもしれないという事実を指摘しておこう。

3.234　コミュニケーションとしての症状

　最後に、B の多弁に対して乗客 A が自分自身を守るために使うことのできる4つめの反応がある。それは、眠いとか、耳が聞こえないとか、酔っているとか、英語がわからないとか、その他のコミュニケーションを正当に不可能にするような欠陥があるまたは能力がないふりをすることである。これらのすべての場合において、メッセージは同じである。つまり、「私はあなたと話しても構わないんですが、私よりも強力な何かが私を邪魔するんです。私のせいではないのですが」。この自分のコントロールを超えた力または理由による呪文も、依然として摩擦をもつ。つまり、A は自分が本当は相手をだましていることを知っている。しかし、そのコミュニケーションの"手"は、ひとたびその人が、**自分**は自分のコントロールを超えた力のなすがままになっていると確信すれば完全なものとなり、それによって、**自分自身の良心の呵責と重要な他者による非難**との両方から解放される。とはいえ、これは、彼が（精神神経症的、精神身体的、あるいは精神症的）症状をもっていることの、より複雑な言い方にすぎない。マーガレット・ミードは、アメリカ人とロシア人の性格の違いを記述する際に、アメリカ人はパーティに行く

[*4] この点については、読者は"感情転移"——これははなはだ普通ではない状態に対する唯一可能な反応として見られるのであるが——という精神分析的概念のコミュニケーション的分析を見ていただきたい。また、7.5 節の例 2 において論議されるジャクソンとヘイリー (76) も参照されたい。

ことから逃れるために頭痛がするという弁解を用いるだろうが、ロシア人は実際に頭痛が**する**と述べた。精神医学においては、フロム・ライヒマンがそのほとんど知られていない論文の中で、コミュニケーションとしての緊張型症状の利用を指摘している (51)。そして、1954 年にジャクソンは、患者が家族とのコミュニケーションにおいて、てんかんを用いることの効用を指し示している (67)。コミュニケーションに関する症状のより進んだ研究については、読者はサズ (151) とアーチス (3) を参照されたい。

このコミュニケーションにおける症状の定義は、議論の余地のある仮定を含んでいるように思われる。すなわち、人間は自分自身をこのように確信させ得るということである。毎日の治療的経験が十分にこの仮定を保障しているという、いささか確信し難い主張の代わりに、我々は、マックギニーの"知覚的防衛"の実験に言及したい (102)。被験者は、タキストスコープ（ごく短い時間、小さな窓から刺激語を見ることのできる装置）の前に座らされる。被験者の閾値は数回の刺激提示で決定され、それから彼は刺激提示直後に、見ないしは見たと思ったことは何でも実験者に報告するように教示を受ける。刺激語のリストは情緒的な調子の中性な語と、例えばレイプとか汚物とか売春婦といったような嫌悪的な語の双方によって構成される。被験者の中性語と嫌悪語に対する反応の比較によると、後者の文字認識の方が有意に高い閾値を示す。つまり、被験者は、嫌悪語を"見る"方が難しい。しかし、このことは、社会的にタブーな言葉ほど認識がうまくいかないということは、被験者がまず嫌悪語をそのようなものとして認識し、嫌悪語を読むことはできないとどのようにかの方法で確認しなければならないということを意味する。同様に、被験者は、実験者に嫌悪刺激を声を出して読まなければならないというきまり悪い行為を避ける（この点に関して、我々は、一般的に心理学的テストにおいては、これらのテストのコミュニケーション上の文脈を考慮しなければならないということに言及するべきである。例えば、被験者がコミュニケーションしなければならない相手がしわだらけの老人の教授かロボットかあるいは金髪美人かということによって、被験者及びその行動に違いが生じるだろうということに関しては、まず疑いの余地はない。実際、ロ

ーゼンタールの実験者効果に対する最近の注意深い研究（例えば130）によれば、たいそう厳密に統制された実験においてさえ、特定し得ないが、複雑で、大変効果的なコミュニケーションが生じるということを確認した）

　要約してみよう。コミュニケーション理論は、症状を非言語的メッセージだと考えている。これをしたくなかった（またはしたかった）のは私ではない。それをしたのは私のコントロールを超えた何かであり、例えば、私の神経、私の病気、私の不安、私の悪い目、アルコール、私の育ち、共産主義者、または私の妻といったものなのだと。

3.3　コミュニケーションのレベル構造（内容と関係）

　合同夫婦療法のあるカップルは、以下の事件に関係した。一人で家にいた夫は、友人からの長距離電話を受けた。友人は彼に当地に何日か滞在する旨を告げた。夫はすぐに我が家に滞在するよう友人を招待し、妻もまた友人の来ることを歓迎するだろう、したがって、妻も同じように対応するだろうと考えた。しかし、妻が帰宅すると、友人の招待をめぐってひどい夫婦喧嘩が起こった。治療セッションでその問題を調査したが、夫婦ともに、その友人を招くことは適当であり、当然すべきことであると同意した。彼等は、一方では同意しているのだが、それと同一の問題であると思われることについて"どういうわけか"同意していないことを発見して途方にくれた。

3.31　レベルの混乱

　実際、その論争に巻き込まれた2つの問題が存在する。一つは、実際の事柄における行動の適当な方針、つまりこの場合"招待"のことである。そして、これはデジタル的にコミュニケーションされ得る。もう一つは、コミュニケーションの当事者間の関係——他の人に相談することなしに、招待に関する主導権をもっているのは誰かという問題——に関わっている。これはデジタル的には、簡単に解決し得ない。それというのも、そうしたことは夫と妻が彼等の関係について**話しあう**可能性を前提条件としているからである。

彼等の不一致を解決する試みにおいて、このカップルは、彼等のコミュニケーションにおいて、ある失敗をおかしてしまった。つまり、彼等はメタ・コミュニケーション（関係）のレベルで同意してもいないのに、内容のレベルで不一致を解決しようと努力してしまったのだ。しかし、そこには不一致は存在せず、それゆえ、彼等は疑似的不一致へと導かれてしまう。もう一組の夫婦（このカップルも合同療法において見られた）の夫は、内容レベルと関係レベルの違いを独力で発見し、自分の言葉で述べようとする。二人とも、ささいな内容に関してどちらが正しいか、という問題に根差した、多くの激しいシンメトリー的エスカレーションを経験した。ある日、妻は夫が実際に間違っていることを証明することができた。それで、夫は「そうだね、君は正しいかもしれない。けれども、**私と議論しているのだから君は間違っている**」と答えた。ある問題、とりわけ夫婦間のコミュニケーションの問題では、どんな心理療法家も内容と関係の局面の混乱に熟知している。さらに、その混乱を少なくするのに多大な労力を費している。セラピストによって、夫婦間の疑似的不一致がもつ単調なパターンの冗長性がはっきりとしてくると、たいてい当事者たちはお互いそれらを分離して、全体として新しく、見れるようになる。何故ならば、単に、そこに含まれている実際的で客観的な問題が、広範囲の活動つまり TV 番組からコーンフレーク、性にいたるまでのものから引き出されているかもしれないから。この状況は、ケストラーによって見事に記述されている。

　家族関係は、判断と行為についてのいつも通りの規則が当てはまらない、ある平面に属している。それらの関係は、緊張、口論、和解の迷路であり、論理は自己矛盾していて、道徳は馴れ合いの溜まり場から生まれ、価値と基準は自己抑制した宇宙の、曲がった空間のように歪んでいる。それは記憶が染み込んだ宇宙であるが、しかし、**教訓をなにも引き出さない記憶**であり、**過去が染み込んでいるので未来への手引きをなにも与えない**。それというのも、この宇宙ではすべての**危機と和解の後に、時はいつも新たに始まり、歴史はいつも紀元 0 年のままだ**からである。(86, p.218、ゴシック筆者)

3.32 不一致

不一致の現象は、内容と関係との混同によるコミュニケーションの障害の研究のために優れた準拠枠を与える。不一致は、内容レベルと関係レベルとの間で起こる。そして2つの型は、互いに随伴している。例えば、「ウラニウムは92の電子を持つ」という記述が真実であるかいなかをめぐる不一致は、明白に、客観的な証拠、例えば化学の教科書を用いることによってのみ解決し得る。それゆえこの証拠は、ウラニウムの原子が実際92の電子を持っていることを証明するのみならず、一方の論者が正しく、他者が間違っているということも証明する。これら2つの結果に関しては、最初の方は、内容レベルにおける不一致を解決したが、他方は関係の問題を作り出すことになる。さて、今やきわめて明確なことに、この新しい問題を解決するためには、原子の問題について話し続けるだけでは不可能である。すなわち、彼等は、自分たち自身と自分たちの関係について話し始めねばならない。これを行なうことによって、彼等は、自分たちの関係がシンメトリーかコンプリメンタリーかという定義を成し遂げなければならない。例えば間違っていた人が、相手の優越した知識に対して相手に敬服したり、相手の優越性を恨んだり、平等性[*5]を、再び作り出すために、次の可能な機会に相手よりワンアップ（一段優位）な状態になることで解決しようとしたりする。もちろん、もし彼が次の機会を待てなかった場合には、「論理なんか知ったことか」というアプローチを用いることができる。そして、92という数字は誤植にちがいないとか、電子の数は本当は全く意味がないと示してくれた科学者の友達がいる……云々という文句を言うことによって、ワンアップな状態でいるべくつとめることができる。この手のとても良い例は、ソ連と中国の共産党のやりとりの中に見られる。互いの党は、相手がいかに悪いマルキストであるかということを示すために、マルクスが"真に"意味したものは何かという細事にこだわる解釈を繰り返す。このような闘争において、言葉はついに内容の意味の最後のなごりを失い、そしてハンプティ・ダンプティの見事で明

[*5] これらの可能性の中のどの一つも、巻き込まれた関係に左右されるかぎり、適当でも不適当でもあり、"良く"も"悪く"もありうる。

快な発言のように、"ワンアップマンシップ（一枚うわ手意識）*6"の道具となってしまうかもしれない。

> 「『名誉』って、なんのことですか」とアリスはいいました。
> ハンプティ・ダンプティは軽べつするように笑っていいました、「むろん、わかりっこないよ——おれが教えてやるまではな。おれのいう意味は、『うまい、力強い議論だ』ということさ」
> 「でも、『名誉』は『うまい、力強い議論』という意味ではありませんわ」とアリスは反対しました。
> 「おれがある言葉を使うと」とハンプティ・ダンプティはいくらかせせら笑うような調子でいいました。「おれが持たせたいと思う意味をぴったり表わすのだ——それ以上でも、それ以下でもない」
> 「問題は、言葉に色々な違う意味を持たせることができるかどうか、ということだわ」とアリス。
> 「問題は、**どっちが主人か**、ということなんだ——それだけだ」とハンプティ・ダンプティ。（ゴシック筆者）

これは単に、互いの意見が不一致にも関わらず、二人の関係をコンプリメンタリーかシンメトリーかに決定しなければならないという一つの言い方である。

3.33 自己と他者の定義

一人の物理学者がもう一人の物理学者に、ウラニウムについて全く同じ報告をしたと考えてみなさい。かなり異なったある相互関係が、このような状況から現われるかもしれない。なぜなら、おそらく報告を受けた物理学者は、怒りや苦痛や皮肉——「私のことをどうしようもないバカだと思っているんだろうが、私だって、少しばかり教育を受けたんだ……」このような反応を示すであろう。この相互関係の中で特異な点は、報告の内容レベルの上では、

---

*6 S．ポーター（116）はその言葉を導入したとされているが、この点に関する多くの洞察に満ちた、そして面白い例を与えてくれる。

意見の相違はなかったという事実である。報告が真実であるかということは言い争われない。実際、報告は現実には何も情報を伝えはしない。なぜなら内容のレベルでその報告がもっているものは、両方の学者にはとにかくわかっていることなのだから。この事実は――内容レベルでは同意しているものの――明らかに不一致は関係の面に向けられていると思わせる。メタ・コミュニケーションの領域に向けられるのである。しかし、その意見の相違は、内容のレベルでの不一致よりも語用論的にはるかに重要なものになる。今までに見たように、関係のレベルでは、人間は関係の外にある事実をコミュニケーションすることはないが、お互いにその関係の定義を示し、そして、暗に自分たち自身の定義を示す。[*7] すでに 2.3 節でいったように、こういった定義は、それ自身の複雑な階梯をもっている。したがって、思いついたところから始めるとすれば、P はもう一人の O に自身の定義を示すかもしれない。P は思い付く限り様々な方法で、自身の定義を押し付けるかもしれない。しかし、内容のレベルで、何をどのようにコミュニケーションしようとしても、P のメタ・コミュニケーションの原型は、"私はこのように自分を見ている"[*8] となるであろう。人間コミュニケーションの本質の中に、P の自己定義に対する O の反応には 3 つのものが考えられる。そして、その 3 つすべてが、人間コミュニケーションの語用論にとってとても重要なのである。

[*7] カミングの著作を参照していただきたい。

私は以前、ランガーが"思考の単なる表現"つまり象徴的活動そのもののための象徴的活動と述べたもののほとんどは、正常な人においては、絶え間なく自己の概念を再構築し、この自己の概念を実証のために他者に示し、他者の自己の概念の呈示を受け入れたり拒否したりする機能のことであると示した。

私はさらに、我々が物としてではなく人間として存在しなければならないのなら、自己の概念は常に再構築されなければならず、自己の概念は主にコミュニケーション活動において再構築されると想定した (35, p.113)。

[*8] 実際ここは、"この状況の中で、あなたとの関係において私は自分のことをこのように見なしている"と読むべきであるが、単純にするために、ゴシック部を取り除いた。

3.331　認定

　O は、P の自己の定義を受け入れる（認定する）ことができる。我々の見るかぎりでは、P がどのように自分のことを見ているかということを O が認めるということはおそらく、現在までに我々のコミュニケーションの研究から明らかになった、心の発達と安定にとって、最も重要な一つの要因であろう。驚くべきことに、この自己承認の効果がなければ、人間コミュニケーションは、保護と生存のために欠くことのできないやりとりのごく限られた範囲の中でしか発達しなかっただろう。コミュニケーションのためだけのコミュニケーションには根拠などはないに違いない。だが、毎日の経験は、我々のコミュニケーションの大部分がこういった目的にあてられていることに、何の疑いも残さない。そして、そのことがなければ、個人がお互いに手探りで探す情緒の広大な領域は――愛情から憎悪まで――おそらく、ほとんど存在しなかったであろう。そして、我々は、最も功利的な努めだけの世界、即ち美も詩作も演劇もユーモアも存在しない世界の中で生きることになる。人間は、単なる情報の交換と関係なく、自分について知るために他者とコミュニケーションをしなければならないように思える。そして、この直観的な仮説の実験的証明は、感覚遮断に関する研究によって、ますます立証されつつあり、人間は自分の情緒的安定を、自分自身だけとのコミュニケーションの中では長期間保つことができないように思える。他者との関係に苦心した結果として広がった自己認識のあらゆる様相と同様、実存主義者が**出会い**と呼ぶものがここにあると感じる。

マルチン・ブーバーは、『人間社会の中で *In human society*』の中で書いている。

> すべてのレベルで人間はお互いに、実際的な方法でその素質や能力をある程度まで認定する。そしてある社会は、成員が互いに認めあう基準でもって、人間と名づけられるかもしれない……
>
> 　人間と共に暮らす人間の生活の基盤には2つの要素がある。一つめは、どの人も自分のあるがままの姿、あるいは自分がなりうるものの姿さえも認められたい

という願いである。そして、二つめは、このように仲間を認定することができるという人間の生まれつきの能力である。この能力が際限なく眠っているということは、人類の真の弱さと疑わしさを形作っている。つまり、実際の人間性は、この能力が現われているところにのみ存在する。(32, pp.101–2)

3.332 拒否

P の自己の定義に対する O の次に考えうる反応は、それを拒否することである。しかし、拒否とは、それがどんなにか苦痛を与えるものであっても、少なくとも拒否されているものへの一定の認識ということを前提としている。したがって、必ずしも P の自己の見方の正しさといったものを否定しているのではない。実際、拒否のある種の形態とは建設的であることさえあるのだ。例えば、心理療法家が、典型的に患者が自分の"関係のゲーム"を押しつけようとする感情転移的な状況において患者の自己の定義を受け入れることを拒否するようなことである。読者はここで、彼ら自身の概念的枠組みの中でこの主題を広く取り扱った二人の著者バーン（23、24）とヘイリー（60）を参照されたい。

3.333 否認

3番目の可能性は、語用論的そして精神病理学的な視点から見て、最も重要なことであろう。それは否認という現象であり、これから見ていくように、他人の自己の定義に対するあからさまな拒否とは明らかに異なるものである。我々は、ここで、ロンドンにあるタヴィストック人間関係研究所のレイン（88）の著作を部分的に引用して、我々自身の精神分裂症的コミュニケーションの分野での発見に付け加える。レインはウィリアム・ジェイムスを引用し、その中で、「どんな身体的罰よりもある人が人前に放りだされて、全くそこの人たちに顧みられないこと以上に残酷な罰を作り出すことはできない」(88, p.89)。そのような状況が、"疎外"の訳語である"自己の喪失"を招くことはほとんど疑いようもない。否認は病理的コミュニケーションにお

いて見られるが、もはや自己の定義の正しさとか間違い——基準といったものがあったとしても——とかはどうでもいいことだ。それはむしろ、そのような定義を生み出す源としての P の実在といったものを否定している。つまり、拒否においては「君は間違っている」といったメッセージがなされるのに対し、否認では、要するに「君は存在しない」というあつかいがなされる。もしくは、より厳密な言葉に置き換えると、仮に他人の自己を認定することと拒否することがそれぞれ、形式的論理において正しさと過誤に等しいとすれば、否認とは決定不可能性の概念にあたり、それは知られているように異なった論理階梯の概念にあたる。[*9]

レインの著作を引用しよう。

分裂病の家族の研究より得られた特徴的な家族のパターンは、あからさまな否定ないしは明白な精神的外傷の対象にさえなりがちな子どもをそれほど含んではいない。むしろ、アイデンティティーが微妙に、しかし絶え間なく、しばしば全く無意識のうちに傷つけられている子どもを含んでいる (p.91)。

[*9] ときおり——まれであると見なされているが——言葉の上での決定不可能性が、人との関係において、重要な部分を占めていることがある。これは、合同家族療法からの抜粋の中にも見ることができる。この夫婦は、自分たちが時々激しい言い争いをして、夫婦として自分たちが成熟していないのではないかと、とても心配になって訪れた。この夫婦は結婚生活 21 年、夫は有能で、成功をおさめた実業家である。この話し合いのはじめに、妻はここ数年来、夫とうまくいっていないと述べた。

精神科医 つまり、あなたのおっしゃっていることは、あなたは知る必要があると思っているのに、旦那さんの反応から自分がよくやっているかどうかを判断できないということですね。

妻 そうです。

精神科医 旦那さんは、あなたが批難されるべき時に叱りますか——つまり、明白にせよ。控え目であるにしろ……

夫 私は、ほとんど妻を叱らないのです。

妻（夫の話が終わらないうちに）滅多に叱らないわ。　　（次ページ脚注へ続く）

このことの最終段階は……人がどのように感じ、行動しようと、そして、自分のいる状況を、どのように意味付けしようと、その人の感情は妥当性を剥ぎ取られ、行動からは動機、意図、結果が奪われる。そして、状況はその人にとっての意味を剥奪されて、その結果その人は全く不可解とされ、疎外される (pp.135-6)。

次はかなり細部にわたって発表されている他の特殊な例 (78) である。ある合同家族療法からのもので、その家族は両親、25歳の息子デイブ（彼は、20歳の兵役の時に初めて、はっきり精神分裂症と診断され、その後この面接の1年前まで自宅にいて、それ以来入院している）と、18歳の息子チャールズである。話し合いが、患者が週末病院から自宅に帰ってくることがいかに家庭をくつろぎのないものにするかということに及んだときに、精神科医は、家族皆の心遣いがデイブにとっては、堪え難い重荷になっているように思えることを指摘した。そうして、デイブによって週末がうまくいくか惨めなものになるかが決まってしまうかのようであった。驚くべきことに、両

（前ページ脚注からの続き）

精神科医　え〜っと、どのように……

妻　（さえぎるように）主人はあなたでも誉めますわ。（短く笑って）いいですか、本当に困ったことなんです……　私が何か料理を作ろうとして、それを焦がしちゃったとしますよね。それでも、主人はこう言います。「とっても旨いよ」。それで、本当にまれにみる出来映えのときにも「とっても旨いよ」ですもの。私「あなたがけなしているんだか誉めてるんだかわからないわ」って主人に言ったんです。主人ったら誉めてさえいれば、私がもっと上手にできると思っているんですもの。本当に誉められてもいいようなときでも、主人は——主人はいつも誉めてばっかり——そうなんです。だから、私には、誉められても有難みなんてなくなっちゃったんです。

精神科医　つまり、いつも誉めてばかりの人とうまくやっていけるかどうかということで……

妻　（さえぎるように）そうです。叱られているのか、心から誉められているのかわからないんです。

この例がとても面白いのは、夫婦双方が自分たちがおちいっているパターンについてよくわかっているのだが、そのことは全く事態の打開に役立っていないことである。

親はすぐにこの指摘を支持した。

1 デイブ　え～っと、ときどき両親やチャールズは、私がどう思っているかをとても気にして……　たぶん過敏になっていると思います。だから、家に帰ると、大騒ぎする気にならないのです。つまり……
2 母　デイブ、車をもってからはそんなことしないじゃない——それは、車を持つ前よ。
3 デイブ　うん、車を……
4 母　（さえぎるように）そうよ、でも——そう、最近では、車を持ってからは2回ね。
5 デイブ　そうだね。いいよ。あ～（溜息）つまり——あ～、そうならなきゃいいのに。そうならなきゃ、自分自身も楽しめると思うし、他のことも……（溜息、間）
6 精神科医　いいですか、あなたは、お母さんがあなたにやさしくした時に、真ん中の辺りで話を変えてしまったのです。それは——よくわかりますが、あなたの立場であったら、そのような余裕はないでしょう。
7 デイブ　（さえぎるように）う～ん。
8 精神科医　それで、おかしくなっちゃうんですよ。それで、自分が何を考えているかさえわからないのです。
9 母　どうして、こうなってしまったのでしょう。
10 精神科医　そうですね、彼の気持ちを読むことはできないので、何をいおうとしているのか正確にはわかりません。経験からの一般的な考え方はありますが……
11 デイブ　（話が終わらないうちに）まあ、つまり家族の中で僕が病気だから、他のみんなにいい子になって、僕を元気づけてあげようとする機会が与えられるんだよ。**僕の気分が落ち込んでいる必要があるにせよ、ないにせよ、ね。**それは、僕がときどき感じていることなんだ。つまり僕は僕以外の何者でもあり得ないのに、もし周りの人が僕が彼等自身でいや、僕自身であることがいやなら、いやなことをはっきりいってくれるのがいいということさ。(78, p.89)

患者の言い間違いが、彼のジレンマを明らかにしている。患者は次のようにいう。「僕は、僕以外の何者でもあり得ない」。しかし、ここでも疑問は残る。私自身（myself）とは "私（I）" なのか "彼等（they）" なのか。単純にこれを "ぜい弱な自我境界" の証拠のようなものと呼ぶことは、否認の相互作用的な事実を見落とすことになる。それは、デイブの週末の帰宅に関しての報告だけでなく、母親が上記の例で、デイブが述べた印象に対しての即座に示した否認（発言 1–5）にも見受けられる。この否認、報告された自己の否認の両方に照らして見ると、患者の言い間違いは新しい側面を見せる。

3.34 対人認知のレベル

ついに我々は、関係のレベルでコミュニケーションを分析する際に発見されるメッセージの論理階梯へ戻る準備ができた。我々は、P の自分自身の定義（「私はこのように自分を見ている……」）が、O による3つの可能な反応すなわち承認、拒否、否認のうちの一つを被りうるということを見てきた。（この3つの分類は、もちろん実際に 3.231 節〜3.233 節で用いられたものと同一である）。さて、これらの3つの反応は、共通の性質を持つ。つまり、この反応のうちの一つを通して、「私はこのようにあなたを見ている」と O はコミュニケートする。[*10]

そのとき「私はこのように自分を見ている」というメタ・コミュニケーションのレベルにおいて、P から O へのメッセージが存在する。それは、「私はこのようにあなたを見ている」という O から P へのメッセージによって続けられる。このメッセージに対して、P は「私は、このように、私のことを見ているあなたのことを見ている」ということを他の話の間に挿入した

[*10] 一見しただけでは、この形式は記述されてきたような不承認の概念に当てはまるようには見えないかもしれない。とはいえ、究極の分析において「私にとっては、あなたはあなた自身の存在のように存在していない」というメッセージでさえ「私はこのようにあなたを見ている、即ちあなたは存在していない」ということに相当する。6章において詳細に示されるように、これがパラドックスであるという事実は、それが起こらないということを意味しない。

メッセージで反応するだろう。そして、それに対して O は「私はこのように、あなたのことを見ている私のことを見ているあなたのことを見ている」というメッセージで反応するだろう。すでに示されているように、この回帰は理論的に無限である。一方で、実用的な目的のためにはその受け手によって、最後に意味されたことよりも、より抽象度の高いレベルのメッセージを扱うことができないと仮定しなければならない。さて、これらのメッセージのどれもが上述と同様の承認、拒否、否認の標的にもなり、そして、もちろん同じことが、O の自分自身の定義と続いて起きる P とのメタ・コミュニケーションにも起きるということに注目すべきである。このことが、その複雑性がいともたやすく想像力をよろめかせ、しかもたいへん特殊な語用論的な結果を持つようなコミュニケーションの文脈を導き出す。

3.35 理解の欠如

これらの結果に関しては、そう多くはまだ知られていないけれども、この領域における有望な調査がレイン、フィリップソン、リーによって行なわれ続けていて、彼等の成果のいくつかを未刊行の論文 (93) からここに引用する許可を得ることができた。[*11] 他人による自己に関しての否認は、おもに対人知覚の特異な無認識の結果であり、理解の欠如と呼ばれ、以下のようにリーによって定義されている。

> 我々が関心を持っていることは、認識と無認識の側面である。スムーズで十分な相互作用が起こるためには、各々の人々は他人の見解を登録しなければならない。対人知覚が多くのレベルで続くように、また理解の欠如も多くのレベルで続くことがあり得る。なぜなら、各々の知覚のレベルに対して比較、類推し得る知覚力の欠如あるいは理解の欠如のレベルが存在するからである。正確な認識が欠け理

[*11] つい最近のことなので、この発表に含めることができないが、上述の著者たちは、『対人認知；調査の理論と方法 Interpersonal Perception ; A Theory and Method of Research』(Springer. 1966) という本で、この主題についての彼等の発見を世に示した。全く理論的な枠組みと抽象的な計量化の方法が、この独自性の高い本の中で詳しく述べられている。

解の欠如があるところでは、疑似的な問題に関する二者関係にいる人々が存在する。……彼等は、存在し得ぬ仮定された調和を得る。または、同時には存在し得ぬ仮定された不一致を論議する。私が精神分裂病の家族の中の特徴的状況であるとしたのは、このことである。つまり、彼等は常に砂上の楼閣のような疑似的一致の調和的関係を作りつづけているか、または疑似的不一致の元に激しい議論をする。

次にリーは、論理階梯の最初のレベルで理解の欠如が存在し得るということを示す。すなわち、「私は、このように、私を見ている」というPのメッセージに、OはPの自己定義と一致しない方法で「私はこのようにあなたを見ている」と反応する。そこで、Pは、OがPを理解（評価あるいは愛）していないと結論を下し、一方、Oは、PがOによって理解（評価あるいは愛）されていると思うだろう。この場合、OはPに賛成するが、Pのメッセージを無視あるいは誤解する。そのため、我々の理解の欠如の定義と一致する。次のレベルの理解の欠如は、PがPのメッセージがOに通じていないということを登録していないときに存在するように見えるものといえる。すなわち、Pは、「私は（このケースでは誤解であるのだが）このように私を見ているあなたを見ている」ということを正確に伝えていない。このレベルに至れば、理解の欠如に対する理解の欠如が起こる。

精神分裂病者の家族の研究から、リーはこの種のコミュニケーションの語用論に関する重要な結論を述べている。

典型的なパターンは両親の理解の欠如が第1のレベルに存在し、一方、精神分裂病の患者の理解の欠如は第2のレベルに存在しているというものである。つまり、典型的に、両親はその子どもの見方を登録するのに失敗し、一方、子どもは自分の意見が登録されていなかった（たぶんされ得ない）ということを登録しない。

しばしば、親は子どもの意見に理解の欠如のままでいるように思える。なぜならば、子どもの意見は親にはコンプリメンタリーでないと思われるからである。または、子どもの意見が親の価値観に当てはまらないからである。すなわち親は、子どもが信じる"べきである"と親が感じていることを子どもが実際に信じてい

ると主張する。ところが、子どもはこれを認識するのに失敗する。親は、彼のメッセージが通じ、理解され、それに従って行動するということを信じている。このような状況では、子どもは継続的な交互作用によって混乱することを強いられる。子どもは、あたかも自分が常に見えないガラスの壁に突っ込んでいるかのように感じる。こうしたことは、狼狽や、ついには絶望にまでつながるような不可解さの感覚を子どもに経験させつづける結果を生む。究極的に、子どもは生きるということは何の意味もなさないと感じる。

こうして、分裂病の子どもは治療を通して、ついにはこの事件の状況を認識し、以下のように彼のジレンマを表現する。「母と意見が合わない時はいつでも、母は『あ〜、お前が、大声を出して言っていることはわかっているけど、それは心の中で**本当**に考えていることではないって知ってるわ』と独り言をいっているようですが、そのうちに母は、もう私が今言ったことを忘れかけているのです」

今まで記述されてきたような関係のレベルでの理解の欠如のさまざまな臨床的描写はレインとエスターソンに見られる (90)。一つの例が表 3-1 である。

表 3-1 精神分裂病の家族における"理解の欠如"[*12]

親によってなされた患者に関する帰属	患者の自己帰属
*いつも幸せ	*いつもひどくふさぎ、びくびくしている
*彼女の本当の自己は、陽気で元気である	*うまくいっているように見せかける
*家族の中で不調和ではない	*あまりにも家族と調和がとれず、両親に、何も言うことができない
*子どもを自分たちの干渉下においていない	*皮肉、嘆願、嘲りによって、患者の生活をすべての重要な点で支配しようとする
*患者は、自分の心を持っている	*ある意味では真実なのだが、父親をあまりにも恐れているので、自分の本当の気持ちを告げることができず、父親に操られていると感じている

[*12] レインとエスターソンから採用 (90, p.188)。

3.4 連続した事象の分節化

彼は笑った。彼らが彼を殴ることはできないと思ったからである——彼は
彼らが殴りそこなう方法を練習しているということを想像できなかった。
——ブレヒト

　この現象に固有の潜在的な複雑化の例は、既に、前章においていくつか示されてきた。それらは、ミュニケーションの連続の分節化における未解決の不一致によって、相互作用の行き詰まりに（そこでは、結局、精神錯乱かごたごたのもとが相互に装填され提供される）直接導かれ得るということを示している。

3.41　くい違った分節化
　連続した事象の分節化における不一致は、もちろん、少なくともコミュニケーションの当事者のうちの一人が相手と同じくらいの情報量を所有していないで、しかもそのことに気づいていないという条件を満たすあらゆる場合に起こる。そういう連続の単純な例は以下のようなものであろう。即ち、P は O に共同の投機を申し出、O の参加を誘う手紙を書く。O は承知の返事を出すが、その手紙は郵送中に紛失する。しばらくして P は O が自分の誘いを無視していると決め、こちらも O を無視することに決める。他方、O は自分の答えが無視されたことで感情を害され、O もまた、もう二度と P と接触しまいと決める。ここまでくると、彼らの無言の反目は、彼らが、二人のコミュニケーションに何が起こったのかを吟味しようとしない限り、即ち、彼らが、メタ・コミュニケーションし始めない限り、永遠に続くだろう。そのとき初めて、P は O が返事を出した事を知らず、他方 O は自分の返事が P に届いていなかったことを知らなかったことに気づくであろう。この例に見られるように、偶発的な外部の出来事は、分節化の適合を妨害する。
　著者のうちの一人は、かつて精神医学研究所の助手に応募した時、この一

致しない分節化の現象を経験した。彼は約束した時間に、所長の事務室に面接のために出頭した。そして以下のような会話が受付で起こった。

訪問者 こんにちは。私はH博士にアポを取りました。私の名前は、ワツラビック〔バット・スラビック〕です。

受付嬢 私はそうは〔スラビックとは〕言っていません。

訪問者 （びっくりし、いくらか困って）しかし、私はあなたにそうだと言っているんです。

受付嬢 （途方にくれて）それじゃあ、なぜあなたはそうではないと言うんですか？

訪問者 しかし、私はそうだと言っているんだ！

ここまできて、訪問者は何か不可解で無礼なジョークの対象にされていることに気づいた。後でわかったのだが、受付嬢はその際、訪問者はH博士の新しい精神病患者に違いないと決めてかかっていた。結局、「私の名前はワツラビックです」を、受付嬢は「私の名前はスラビックではない」——そして実際、彼女は彼の名前がスラビックだとは決して言っていなかったわけであるが——と理解していたことが明らかになった。非個人的な文脈における、このような短いやりとりにおいてさえ、言語的誤解に基づくかみ合わない分節化が相互の悪意と狂気という仮定をいかに急激に導くかということを見るのは興味深いものである。

3.42 分節化と現実

一般的に、相手が自分と同じ情報量を持つのみならず、相手がこうした情報から同じ結論を引き出すに違いないと仮定するのは根拠のないことである。コミュニケーションの専門家は、人は1秒毎に1万の（外受容器と自己受容器の）感覚印象を受け取っていると推定した。明らかにそこでは、高次中枢に関係のない情報が殺到するのを防ぐために、思い切った選択のプロセスが必要なのである。しかし、何が必要であり何が関係ないかということについての決定は、明らかに個々人によって異なるし、主に個人の認識外である基準によって決定されるようだ。たぶん、現実というものは我々が作り出すも

のである。また、ハムレットの言葉を借りれば、「良いものとか悪いものというのは存在しない。しかし思考が物事をそうするのだ」。この分節化の衝突の底には、確固として確立された、そしていつも不問のままである確信、即ち**唯一の現実**、つまり**自分**が見ている世界しか存在せず、自分の見方とは異なるどんな見方も相手の分別のなさや悪意によるものに違いないのだという確信があると、我々は推測できるだけである。推測はこれくらいにしよう。我々が実際のこれらの病理的コミュニケーション全てにおいて**観察**できることは、コミュニケーション自身がコミュニケーションの主題にならずには、またはなるまでは、換言すれば、コミュニケーションの当事者がメタ・コミュニケーションできるまでは、壊すことのできない悪循環である。[*13] しかし、メタ・コミュニケーションをするためには、こうしたコミュニケーションは循環の**外**へ歩みを進めなければならないし、解決するために所与の随伴性の外へ歩みを進める必要性は、この本の後の章において繰り返されるテーマであろう。

3.43　原因と結果

　これらの矛盾する分節化のケースにおいて、何が原因で、何が結果かということに関する葛藤が典型的に見られる。そして事実は、双方の概念はともに進行中の相互作用の循環性のために適用できない。今一度ジョードの例（2.42節）にもどると、我々は以下のことを見ることができる。A国は戦争の準備をする。**何故なら**A国はB国による脅威を感じるからである（即ちA国は、それ自身の行動をB国の行動の結果と見なしている）。一方、B国はA国の準備がB国自身の"防衛的な"処置の**原因**であるとする。リチャードソンは、1912年頃から加熱し始めた軍拡競争を描写する際に、基本的にこれと同じ問題を指摘している。

　　協商とか同盟といった戦争の引き金になりそうな準備といったものが共に増加

[*13] こうしたメタ・コミュニケーションは必ずしも言語的である必要はなく、それはおおざっぱに"洞察"と同じ物と見なされるべきでもない。

していた。通常の説明はその時も、そして多分依然として今でも、双方の動機は全く異なっている。我々はただ我々自身の防衛のために正しく適当で必要であることをするだけであり、他方、相手は突飛な計画と法外な野心に耽溺することで平和を乱しているからという動機である。この一連の陳述にはいくつかの明確な対比が存在する。第1に、相手の振る舞いは道徳的に悪かったし、我々は道徳的に正しかったということである。そのように国家主義的な論争においては、全世界が受け入れるようなことを一言でも言うことは難しいだろう。しかし、一般的同意を得る望みのあることに関して、他の断定された対比が存する。1912~14 年において、次のようなことが主張された。**相手側の動機は固定しており、我々の行動からは独立している。しかるに、我々の動機は相手の行動に対する反応であり、相手の行動に従って変化している。**(125, p.1244、ゴシック筆者)

語用論的な見地からすると、国家間あるいは個人間の相互作用の間における差異はあるにしても少ないが、一度矛盾する分節化が起こると、現実に対する異なった見方——関係の性質も含んだ——につながり、それが国際間あるいは個人間の葛藤を導く。次の例は、個人間のレベルにおいて作用している同様のパターンを示すものである。

夫 （セラピストに）長い経験からして、もし私が家で平和を求めるなら、私は、妻が欲する物事のやり方に干渉してはいけないということを知っています。

妻 それは正しくはありません——私はあなたがもう少し指導性を示し、少なくとも時々はせめて何かを決めてくれたなら……

夫 （中断して）君は、私にそんなことをさせてくれたことはない！

妻 私は喜んでそうするわ——だけど私がそれをさせたんじゃ、何も起こらないじゃないの。それで最後には、私が全てをしなきゃならないのよ。

夫 （セラピストに）わかりますか？　何か物事が起こっても、それは処理され得ないんです——それらは1週間前に計画され手はずをととのえなければならないんです。

妻 （怒って）過去数年にあなたがしたことをひとつでも話してごらんなさいよ。

夫 私はできないと思うよ。だってそれは、誰にとっても、子どもにとっても、

おまえの好きなようにさせるほうがいいからさ。そういうことは結婚したすぐからわかっていたんだ。

妻　あなたは決して違う振る舞いをしたことがないわ。最初から、あなたはそうしていない——あなたはいつもすべてをわたしのせいにしてきたわ。

夫　後生だからこれを聞いてくれ。(間。しばらくしてセラピストに)妻が今話していたことは、私がいつも妻に「**おまえは何を望んでいるか？**」と聞いていたということだと思うのです——例えば、「今夜はどこへ行きたいのか？」とか「週末には何がしたいのか？」というような。私が妻に優しくしたいと思っていると理解する代わりに、妻は私に怒るのです。

妻　(セラピストに)そうです。夫がいまだに理解していないことは、もし先生がこの「私にとっておまえの望むものは**何事も**構わないんだよ」式のたわごとを毎月毎月聞いていたら、先生は、先生の欲する**何事も**彼にとって重要ではないのだとわかってくるだろうということなのです。

同じメカニズムが、母とその分裂病の娘に関するレインとエスターソンによる報告例にも含まれている。入院のちょっと前に、娘は母に全く効力のない肉体的攻撃をした。

娘　まあ、どうして私はお母さんにあたったのかしら？　多分私は何かを求めていたんだわ。私に欠けている何か——愛情、多分それは貪欲なまでの愛情だったんだわ。

母　おまえはそんなもの何一つ持とうとしなかったじゃないの。おまえはいつも、それがベタベタしたものだと考えるんだから。

娘　まあ、いつあなたはそれを私にくれたのよ？

母　あら、例えば私がおまえにキスしようとすると、いつもおまえは「そんなにベタベタしないで」と言うでしょう。

娘　でも今まで、**お母さんにキスさせられていたなんて、全然知らなかったわ。**(90, pp.20-1)

3.44　思い込み的予言

　これは**思い込み的予言**という重要な概念を導く。相互作用の見地からすれば多分、分節化の領域における最も興味深い現象である。思い込み的予言は、「先決問題要求の虚偽を犯す（問題の点を無証明のまま真と仮定して論じる）」ということのコミュニケーション上の同義語とされるかもしれない。それは他人に反応をもたらす行動であり、その反応に対して、その行動は適切な反応である。例えば、「誰も私のことを好いていない」という前提に基づいて活動している人は、疑い深く防衛的あるいは攻撃的なやり方で振舞うだろうが、そうしたやり方に対して他人は非同情的な反応をしがちであり、そのため、彼のもともとの前提を立証することになる。繰り返して言うが、人間コミュニケーションの語用論の目的にとって、**何故**人はそのような前提を抱くのか、いかにそれが生じたのか、そして、それに関して彼はどのくらい無意識であるのかといったことを問うことは全く不適当なことである。語用論的には、この個人の対人的行動はこの種の冗長性を示し、それが他者にコンプリメンタリー的な影響を与えて、他者にある特殊な態度をとることを余儀なくさせるということが観察できる。その連鎖に典型的であり、それを分節化の問題になるのは、関与している個人が、他者の態度に対して単に反応しているのであって、態度を引き起こしているのではない、と彼自身を知覚しているという点である。

3.5　アナログ的およびデジタル的構成要素間の"翻訳"における誤解

　これらの誤解を記述したものとして、ダニエル・バレの『幸せなつばめの門 *The Gate of Happy Sparrows*』という小説からの一つの逸話が心にうかぶ。主人公のヨーロッパ人は20歳代に北京に住んでいて、中国人の教授から中国公用語の正本でレッスンを受けていた。そして、三つの文字からなる文章を翻訳することを求められていて、その漢字を彼は、"丸い物体""すわっている"そして"水"のサインと正確に判読した。彼は、これらの概念をひと

つの肯定文（つまり我々が言うところのデジタル言語）に結合させる試みをして、「誰かが腰湯を使っている」と翻訳することに決めた。それは、有名な教授の軽蔑をかうのに十分だった。というのは、その文章は海に没する太陽の極めて詩的な表現だったからである。

3.51　アナログ・コミュニケーションの不確実性

すでに言及したように、漢字と同様、アナログ・メッセージの素材は、デジタル言語の形態学と統語論を含む要素の多くを欠いている。したがって、アナログ・メッセージをデジタルに翻訳する際には、これらの要素は、翻訳者によって供給され、挿入されねばならない。それはちょうど夢分析において、デジタル構造が万華鏡のような夢の比喩的描写に多かれ少なかれ直観的に導入されなければならないのと同じである。

アナログ・メッセージの素材は、我々が見てきたように、大層相対的である。即ちアナログ・メッセージは、非常にかけはなれた、しばしば全く矛盾したデジタルの翻訳に改作され得る。つまり発信者が彼自身のアナログ・コミュニケーションを言語化することが難しいということのみならず、もし対人関係において、あるアナログ・コミュニケーションの意味に関して口論が起こってたら、パートナーのどちらもがデジタル様式への変換の過程において、そのパートナーとの関係についての**自分の見方**に沿った種類のデジタル化を行ないがちである。例えば贈答などは、疑いもなくアナログ・コミュニケーションのひとつである。とはいえ、贈り主との関係に対する受け手の見方によって、受け手は、贈物を愛情のしるしとも賄賂ともお返しとも理解することができるのである。夫の多くはもし自発的に彼の妻に花束を贈ることで、自分の結婚の"ゲーム"のルールを破ってしまったら、彼自身がまだ告白していない罪を疑われるのではないかと思って狼狽する。

尋問を受けている人が示す、青白い顔、わななき、発汗、どもりなどのデジタルな意味は何であろうか？　それは、彼の罪の最終的な証拠であるかもしれないし、またはそれは単に、罪を疑われるという悪夢のような経験をし、自分の恐怖が有罪の証として解釈されるかもしれないということに気づきつ

つある無実の人の行動であるかもしれない。心理療法は疑いもなく、アナログの正しく修正的なデジタル化に関わっている。即ち実際、どんな翻訳にの成功あるいは失敗といったものも、一つの様式から他の様式へ翻訳するセラピストの能力とクライエント自身のデジタル化をより適当なまたはより苦痛の少ないものへ変えるレディネスに依存している。分裂病のコミュニケーションや、医師－患者関係や、社会や文化の多様な現象におけるこれらの問題を論議するためにはリオッホ（127、128）を参照願いたい。

翻訳が適切であると思われる所でさえ、**関係レベルにつてのデジタル・コ**ミュニケーションは不思議にも受け入れ難いままであろう。この事実は、下の"ピーナッツ（スヌーピー）"の漫画に風刺されている。

(1) わたしって、笑うととってもかわいいのよ。
(2) それなのにシュローダー、あなたったら一度もそういってくれないのね。わたしの笑顔かわいいでしょう？
(3) 歴史はじまって以来のかわいさだよ。
(4) 口だけね。……

3.52 アナログ・コミュニケーションこそが関係を訴えている

未公版のレポートにおいてベイトソンは、コミュニケーションの2つの様式の間を翻訳する際に犯されるもうひとつの基本的な誤りは、アナログ・メッセージがデジタル・メッセージと同じように本来断定的で指示的であるという仮定を立ててしまうことだとした。とはいえ、これがそうではないと信ずる理由もある。彼は次のように書いている。

一匹のタコあるいは一国が脅かすふりをするとき、他のものは、「彼は強い」または「彼は戦うだろう」と結論をするだろう。しかしこれは、もともとのメッセー

ジではない。実際、メッセージ自身は非指示的であり、むしろデジタルの世界での**提案**か**質問**に似ているものと見るほうがよいだろう。

この関連において、全てのアナログ・メッセージは**関係を呼び出す呪文**であり、そしてそれゆえベイトソンの別の定義を用いれば、関係の未来のルールに関する提案であるということを思い出すべきである。ベイトソンが示唆するには「自分の行動によって、愛、憎しみ、戦い、などに言及したり提案したりすることができる。しかし、私の提案に対して肯定的あるいは否定的な未来の真実の価値を帰するのはあなた次第である」。これは言うまでもなく、無数の関係に関わる葛藤の源である。

3.53 アナログ・コミュニケーションにおける"否定"の不在

デジタル言語は、前章で説明したように論理的な統語論を持ち、それゆえ内容レベルのコミュニケーションに大いに適している。しかしアナログをデジタル的な要素に翻訳する際には、アナログ様式にはない論理的真理関数が導入されねばならない。この欠如は否定の場合――そこでの欠如はデジタルにおける"not"の欠如に等しい――には最もはっきりする。換言すれば、「私は君を攻撃してやる」というアナロ・グメッセージを伝達することは容易であるが、「私は君を攻撃するつもりはない」という信号を送ることは、ちょうどアナログ・コンピュータに否定形を導入することが不可能ではないにせよ難しいのと同じように、極めて難しい。

アーサー・ケストラーの『到着と出発 *Arrival and Repaarture*』という小説で、ナチに占領された母国から逃げて来た、拷問によって傷つけられた顔を持つ主人公の若い男が、美しい女に恋をする。男は、女が自分の気持ちに報いてくれるという希望が持てなかった。そして男が望んだことは、女とともにいて、髪を撫でることだけだった。女は、これらの無垢な言い寄りを拒み、そのために男の絶望と情熱は高まり、ついに若い男は女の抵抗を封じた。

女は、壁にむいて横たわっていた。女の首は、まるで壊れた人形の首のように奇妙によじれていた。そして今や、男はついにいつも待ち望んでいたように、女の髪に優しくなだめるような愛撫をすることができたのだ。その時男は、女が泣いて、肩を震わせて涙を流さず声を出さずにしゃくりあげるのに気づいた。男は女の髪と肩を愛撫し続け、そして呟いた。
「わかるか。おまえは決して私の言うことをきこうとしなかった」
　女は突然身を硬くし、啜り泣きをやめた。
「何て言ったの？」
「私が望んだのは、おまえがどこへも行かないでくれて、そして、私が髪を愛撫することや、おまえに冷たい飲みものをあげるのを許してくれることだけだったのだ、と言ったのさ。本当にそれが私の望んだ全てだ」
　彼女の肩がわずかにヒステリックな笑いを込めて揺れた。
「神にかけて、あなたは私が今まで見た中で一番の馬鹿だわ」
「おまえは私に怒っているのか？　やめてくれ！　私はそんなつもりじゃなかった」
　女は膝を抱え、男を避け、壁に向かってうずくまった。「私をひとりにして。お願い、何処かへ行って。私をしばらくひとりにしてよ」。女はまた泣いたが、今度は前より静かだった。男は長椅子から滑り落ち、以前のようにカーペットの上にしゃがみこんだ。しかし、クッションの上にぐったりと横たわっている女の片手を握ったままでいた。それには生気がなく、湿っぽく熱をもっていた。
「ねえ」、女が手を引っ込めないのに勇気づけられて、男は言った。「子どもの頃私は黒い子猫を飼っていて、それといつも一緒に遊びたかった。しかし猫は怖がっていつも逃げた。ある日、私は知恵をしぼって猫を小部屋へ追い込んだ。しかし猫は戸棚の下に隠れ、どうしても出て来なかった。それで、私は戸棚を引きずり動かしたが、猫が私にかわいがらせてくれなかったからますます腹をたてた。それから猫はテーブルの下に隠れ、私はテーブルをひっくり返して、壁に掛かっていた2枚の絵を壊し、部屋全体をめちゃめちゃにひっくり返し、椅子を持って猫を部屋中追いかけ回した。その時母が入って来て、何をしているのか問いただした。母に、私はただ愚かな猫を可愛がりたかっただけだと話した。私はひどく鞭で打たれた。私は本当のことを言っただけなのに……」　(85, pp.40-1)

ここで拒否されたことや男が傷つけるつもりはないことを示せないことによる絶望は、暴力という結果に終わった。

3.531　実際には起こっていないことを通して"否定"の意味を表現すること
　ベイトソンが見たように、ある人が上述のような事件をしでかす動物の行動を見ていたとすると、否定の信号を発するというこの問題に対する唯一の解決法は、まず否定されるべきという動きを示したり申し出たりするが、その後それを最後までやらないことであるとわかる。この興味深く、そして明らかに"非合理な"行動は、動物の相互作用のみならず、人間のレベルでも同様に観察される。
　我々はとてもおもしろいコミュニケーションのパターンを、人間とバンドウイルカの間での信頼関係の樹立の中に見た。これは、たった２頭のイルカによって"個人的に"発展させられた儀式である一方、"not"というアナログ・コミュニケーションに巧みな例を提供している。イルカは明らかに、手は人間の体の中の最も重要かつもろい部分であると結論を下した。各々のイルカは、人間の手を自分の口へもっていき、顎——それは鋭い歯を持っており、手をきれいに噛み切るのに十分な力がある——の間に手を優しくはさむことによって、見知らぬ人との関係を作りあげようとする。もし人間がこれに従うなら、イルカはその行動を完全な信頼のメッセージとして受け取る。イルカの次の動作は、彼の体の前腹部（**イルカの最ももろい部分で、人間の喉の位置にほぼ相当する**）を人間の手、脚、足におくことによって返礼することである。それによって人間の友好的な意図を彼が信頼しているという信号を送っているのである。といっても、この手続きは明らかに、各段階において誤解の可能性をはらんでいる。
　詩のレベルでも、基本的に似た関係の型が、ここでは人間と先験概念の間で、リルケの「第一のドゥイノの悲歌」の巻頭に示されている。そこでは美が、それに内在して常に起こり得る破滅の否定として経験されている。

　　　　　　ドゥイノの悲歌
ああ、いかにわたしが叫んだとて、いかなる天使が
はるかの高みからこれを聞こうぞ？　よし天使の列序につらなるひとりが
不意にわたしを抱きしめることがあろうとも、わたしはその
より烈しい存在に焼かれてほろびるであろう。なぜなら美は
怖るべきものの始めにほかならぬのだから。われわれがかろうじてそれに堪え、
歓賞の声をあげるのも、それは美がわれわれを微塵にくだくことを
とるに足らぬこととしているからだ。(126, p.21、ゴシック筆者)

　　　　　　　　　　　　　　　　　　（手塚富雄訳、岩波書店 1958）

3.532　儀式

　イルカの例が示唆するように、**儀式**はアナログ・コミュニケーションとデジタル・コミュニケーションの間の仲介過程かもしれない。儀式はメッセージの素材をシミュレートするが、アナログと象徴との間をつなぐ反復的で様式化された方法でそれを行なう。そういうわけで、猫のような動物が日常的に、以下の儀式を通してコンプリメンタリーだが非暴力的な関係を確立していることを、我々は観察することができる。服従している（"ワンダウンの"）動物（たいてい相手より若いか、自分の縄張りの外にいる）は、頸部の血管——そこを他の猫がくわえるが、噛みはしない——をさらして仰向けになる。「私はあなたを攻撃しない」という関係を樹立するこの方法は、両者から理解されているようにみえる。またさらに面白いことに、この符号化は異種間（例えば猫と犬）のコミュニケーションにおいても同様に成功しているようにみえる。しばしばアナログ的な要素が人間社会の儀式において様式化され、そんな要素が聖なるものとして認められるにつれて、象徴的あるいはデジタル的なコミュニケーションに接近し、デジタルとアナログの奇妙なオーバーラップを示すようになる。

　病理的段階においては、同種のメカニズムが性的マゾヒズムにおいても作用しているように思われる。「私はあなたを破壊しない」というメッセージは、侮辱と罰の儀式に固有のアナログ的否定という手段によってのみ説得力のあるものとなり（そして少なくとも一時的には、恐ろしい罰に対するマゾ

ヒストの深い恐怖を鎮める)、想像上の恐怖がなければそうした侮辱や罰が最終的には確実に停止するだろうということを、マゾヒストはよく知っているのである。

3.54 アナログ・コミュニケーションにおける他の真理関数

象徴的理論に詳しい人々は、いくつかの重要なものを除けば、アナログ的な要素における**全て**の論理的真理関数の欠如を証明することは多分必要ではないということを今や理解しているだろう。"どちらか一つまたは双方"と解釈される**選言**(排他的ではない or)の論理的真理関数は、同様にアナログ言語には欠如しているとみなされている。デジタル言語において"どちらか一つまたは他方、ないしは双方とも結構です"という意味を伝えることは易しいが、この論理的関係がいかにアナログ的な要素に挿入され得るかということはただちに明らかになるものではないし、実際それはたぶん不可能である。象徴的論理学者 (例えば 119, pp.9–12) は、全ての主要な真理関数〔否定 (not)、連言 (and)、選言 (or)、包含 (in)、同値 (=)〕を表わすためには、否定 (not) と選言 (or) の 2 つ〔あるいは同様に、否定 (not) と連言 (and)〕で十分であり、また、5 つのうちその 2 つは、残りの 3 つを表わすのに必要であることを指摘している。この理論によれば、アナログ的な要素において、他の真理関数が欠如していることの語用論的重要性について我々はほとんど特別なことを知ることはないけれども、これらは単に"not"と"or"の変形にすぎないので、翻訳における同様の困難さをまぬがれ得ぬことも我々は結論し得る。

3.55 アナログへの改訳としてのヒステリー症状

ベイトソンとジャクソンは、ヒステリー症状の形成におけるアナログ対デジタルの符号化の重要性を作業仮説化した。それによれば、我々がずっと議論してきたのと逆の過程、いわば、すでにデジタル化されたメッセージ要素から元のアナログ様式への再翻訳が起こる。

逆の——しかし最も複雑な——問題がヒステリーに関して起こってくる。多分、この言葉は形式的パターンの広い領域をカバーする。しかし、少なくとも、いくつかのケースはデジタルからアナログへの翻訳のミスを含むらしい。デジタル的な要素からその論理階梯標式をとることが、誤った症状の形成に導く。ある仕事を実行できないことに対する慣習的な口実として作り出される言葉の上での"頭痛"は主観的に真実となり、痛みの次元における真の量をもつようになるだろう。(19, p.282)

もし我々が、コミュニケーションにおける障害の最初の結果はたいてい関係の随伴性に関するデジタル的なメタ・コミュニケーションの能力の部分的な喪失であるということを記憶にとめておくなら、この"アナログへの回帰"はもっともらしい妥協的解決案として現われる。*14 転換症候の象徴的性質と、その症候と、夢の象徴性との類似性とが一般的にリエーボー、ベルネーム、シャルコーの頃より解明されてきた。そして、基本的に抽象的な関数、即ち1、2章で定義されたような関係の側面である何かについての実在の量による表象でないとしたら、シンボルとは何であるのか？ 著作を通じてC.G.ユングは、象徴が、本書の言う"デジタル化"がまだ可能でないところに起こることを示した。しかし象徴化はデジタル化がもはや可能でないところでも起こるし、典型的には、関係が近親相姦のような社会的あるいは道徳的タブーとなる恐れをもつ時に起こるように思われる。

---

*14 ここでも、個人の行動と国家のそれとの間の差はほとんどない。国家間に深刻な緊張が持ち上がった時、通例の段取りは、外交的な関係を断ち、結局動員とか軍の集中とか、他のこの種のアナログ・メッセージに頼るということである。この手続きに関する矛盾は、デジタル・コミュニケーション（外交手続き）が壊れたまさにその時が、以前にも増して、デジタル・メッセージが必要とされている時であるということだ。ワシントンとモスクワの間のホットラインは、たとえその公的な根拠は危機の時にコミュニケーションを早めることだけであったとしても、この点において予防となっているかもしれない。

3.6 シンメトリー的およびコンプリメンタリー的相互作用における潜在的病理

　しばしば起こりうる誤解を避けるために、コミュニケーションにおけるシンメトリーとコンプリメンタリーは、それ自体に、そしてそれ自体で"よい""わるい"とか"正常""異常"などということはないのだと強調して過ぎることはない。この２つの概念は２つの基本的範疇に言及しているにすぎず、全てのコミュニケーションのやりとりは、この２つの範疇の中に分割され得る。この２つはともに重要な機能を持っており、そして健全な関係に関して知られていることから、様々な領域において相互の交替ないしは操作が行なわれているが、この２つはともに存在しなければならないという結論を、我々は下すだろう。我々が示そうと努めるように、こうしたことによって、互いのパターンはもう一方のパターンを、その内の一つが暴走（ランナウェイ）現象を起こしたときにはいつでも復元し得るということ、また２人のパートナーがある領域ではシンメトリー的に、またある領域ではコンプリメンタリー的に関係しているということは、可能であるのみならず、必要であるということが意味される。

3.61 シンメトリー的エスカレーション

　他のいかなるコミュニケーションパターンと同様に、これらの２つはその潜在的病理をもっており、そうした病理は臨床例についてまず描写され、そして例証されるであろう。我々は既に、シンメトリー的関係においては競争というずっと存在する危険性があるとことを示してきた。個人でも国家でも観察できるように、オーウェルの有名な言葉を借りて言うならば、ある者がなんとかして他の者よりもほんの少し"より平等に"なろうとする場合に、平等性が最も人を安心させるように思われる。こうした傾向は、いったん安定性が失われ、個人間の闘争や喧嘩または国家間の戦争のようないわゆるランナウェイ現象が生じた時の、シンメトリー的相互作用の典型的なエスカレーション的性質を説明している。たとえば夫婦喧嘩においても、肉体的ある

いは感情的疲労によってついに喧嘩を止めるまで、いかに2人が欲求不満エスカレーションのパターンを続け、いかに彼らが次のラウンドで戦うのに充分な休養をとるまで不快な中断を維持していくのかということを観察することは、いともたやすいことである。シンメトリー的相互作用における病理は、それゆえ多かれ少なかれリッズ (95) の言った意味におけるオープンな戦争または**分裂**によって特徴づけられる。

健全なシンメトリー的関係においては、パートナーは、尊敬をこめた"かのような"気持ちでお互いを受容することができ、それが相互の尊敬と相手の敬意に対する信頼につながり、彼らの自己の現実的かつ相互的な確立に達する。シンメトリー的関係がもし、または壊れたとき、我々は、相手の自己の否認よりはむしろ拒絶を見ることが多い。

3.62 硬直したコンプリメンタリー

同じようにコンプリメンタリー的関係においても、健康的で肯定的なお互いの確立が存し得る。一方、コンプリメンタリー的関係の病理は全く異なっていて、相手の自己の拒否よりは、その否認に達する傾向がある。これらは、それゆえシンメトリー的関係における多かれ少なかれオープンな争いよりも、病理的観点からすればより深刻である。

コンプリメンタリーにおける典型的な問題が以下の時に生じてくる。即ち O の P を見る方法と矛盾した P の自己の定義を O が承認するよう P が要求した場合である。ここでは、O は大変異常なジレンマに立たされる。即ち O は彼自身の自己の定義を、P の自己を補足し助ける定義へと変えなければならない。何故なら自己の定義は、パートナーが特定のコンプリメンタリー的役割を演じることによってのみ維持され得るということがコンプリメンタリー的関係の性質だからである。結局、子のない母というものは存在し得ない。しかし、母子関係のパターンはやがて変化する。幼児の生活の初期の段階において生物学的かつ情緒的に重要であるものと同じパターンは、もし適当な変化が関係において起こることが許されなければ、後の発達において大変なハンディキャップになる。即ち、今まで述べて来た文脈からすれば、

同じようなパターンはある時期には大変自己認定的であり、一方関係の自然な成育史においては後の（あるいは尚早な）段階での自己否認ともなるかもしれない。こうしたことの精神病理学的華麗さのゆえにコンプリメンタリー的関係は、シンメトリーという関係よりも文献において大きな関心を集めてきた。精神分析学者は、コンプリメンタリーをサドマゾヒズム的として言及し、そしてコンプリメンタリーを多かれ少なかれ2人の個人間の偶然の連結とみなし、そうしてそれらの個人間の個々の逸脱的性格は、互いにぴったりとつながりあったような2人の形式を作りあげるとした。より最近の、そしてより相互作用志向的な研究では、リッズの結婚の歪みという概念 (95)、シェフリンの"恐ろしい二人性"に関する論文 (136)、そしてレインの言う"共謀"という概念 (88) がある。このような関係において我々は、一方あるいは双方における欲求不満が絶望感を増大するのを観察しうる。自己疎隔と離人症、強制的アクティングアウトや意志欠如などにともなう次第に増大する恐怖の感情の訴えが、双方にしばしばみられる。彼らは家の外では（そうでなければ彼らのパートナーのいない所では）完全に、申し分なく機能し得る。そして、個々にインタビューした時には、彼らはよく適応しているようにみえる。この不満の叙述は、彼らがコンプリメンタリー的な相手（"片割れ"）と共にいる時、しばしば劇的に変化する。その時、彼らの**関係**の病理は明白となる。多分最も注目すべきコンプリメンタリー的関係の病理の研究は、ほぼ100年前2人のフランス人精神科医によって記述された「二人精神病 La folie à cleux」という有名な論文である。我々のアプローチの独自性に対して、我々が持っている主張がいかに小さいかということは、たとえばこの論文からの以下の抜粋によって立証される。著者は最初に患者を記述し、それから以下を続けている。

　　前の叙述は、"デリール・ア・デゥー"（二人精神錯乱）という状況を引き起こした行為者であるところの狂った人についてである。彼の相手は大変複雑であり、**おそらく慎重な研究によって、コミュニケートされる狂気に一方が従っている法則が明らかになるであう。**……一度二人の狂人を結ぶ暗黙の協定ができあがると、

問題は異常者から正常（と思われる）方への作用だけでなく、その逆、影響された側の理性の反作用にも移る。また、相互の妥協を通してどのように同じ狂気におちいっていくのかを示すことになる。(92, p.4、ゴシック筆者)

3.63　2つの様式に対する相互的スタビライジングの効果

すでにこの章の最初で簡単に言及されているように、シンメトリーとコンプリメンタリーの関係のパターンは互いに互いを安定（スタビライズ）させることができ、そして、一方から他方へ変化し、また元へ戻るというパターンの変化は重要なオメオスタティックなメカニズムである。少なくとも理論的にはシンメトリーからコンプリメンタリーへの、あるいは逆の（コンプリメンタリーからシンメトリーへの）導入によって、大変直接的に治療中に変化を引き起こすことができるという治療的意味合いを伴う。我々は熟慮して"少なくとも理論において"と言う。何故ならば、そのメンバーが「自分たちが知らない他の状態へ飛躍するくらいなら、自分が今いるこの悪い状態で耐える方がましだ」と思っているらしい硬直して限定されたシステムにおいては、どんな種類の変化を実際に引き起こすことが、いかに難しいかということを遺憾ながらよく知っているからである。

3.64　例

前述のことを説明するために、ここにいわゆる構造的家族面接からの3つの引用がある (159)。これらの引用は3つとも、配偶者に対する「世界中の何百万という人の中からどのようにお二人は一緒になられたのですか？」というインタビュアーの標準的質問に答えたものである。そのような問いに対する説明に含まれている実際の歴史的な情報は、比較的正確であろうし、その時に生起したシンメトリーまたはコンプリメンタリーの相互作用を表現しているだろうけれども、それが従属的な重要性しかもっていないことははっきりさせておくべきである。しかし、ここで興味深いことは、しばしば選択的再生によって、あるいは望ましいと思われる思考によって乱されるこの種の歴史的情報ではない。それゆえ、最初のカップルを考えてみると、インタ

ビュアーの質問に答えている間の相互作用のシンメトリーにびっくりするかもしれない。カップルによって語られた彼らの物語は、"一枚うわ手意識"という彼らのゲームのルールに従って彼らが操っている、いわば原料にすぎない。彼らにとって、また私たちにとっても、何が起こったかということは重要ではなく、むしろ**他者に対してあるいは他者に関して何を言うかという権利を誰が持っているか**ということが重要なのである。換言すれば、本質であるものは、彼らのコミュニケーションにおける内容ではなく、関係の側面なのである。

1) 最初は、典型的にシンメトリーなやりとりの例である。*15

会話のプロトコール	コメント
Int 世界の中の何百万という人の中で、どのようにしてお二人は一緒になられたのですか？	
H 私たちは——二人とも一緒の所で働いていました。妻はコンピュータを動かしていました。私はコンピュータの修理屋でした。そして——	夫は最初に話し、物語全体の一方的な要約を示し、それゆえそうすることの自分の権利を示そうとしている。
W 私たちは一緒のビルで働いていました。	妻は同じ情報を自分の言葉で言い直し、単に夫に同意するのではなく、代わりにこの話題の論議に関してのシンメトリーを打ち立てようとした。
H 妻は、大きな設備を持った会社で働いていて、私はそこでだいたいの時間働いていました。何故なら大きな設備の会社だからです。そ	夫は何の新しい情報も付け加えなかったが、自分が始めたのと同じ同義反復な文を繰り返す。それゆえ夫はこの情報を与えるという自分の権利

---

*15 会話のプロトコールにおいて、以下の略字が使われている。
　　H＝夫、W＝妻、Int＝質問者

こで私たちは出会ったのです。

W　会社の他の女の子たちが私たちを引き会わせてくれたのです。（休止）

H　実際、私たちはパーティで出会った。雇用者の一人が主催したパーティに最初に一緒に行き始めた時だと思う。しかし我々は仕事では、それ以前お互いに会ってはいませんでした。

W　私達は、その夜までは会うことはなかったわね。
（少し笑って）
（休止）

を主張することで、妻の行動にシンメトリー的に対抗する。関係のレベルにおいて二人は"最後の言葉"に対して口論しているのである。夫は自分の2番目の文の結末によってこうしたことの達成を企てる。

妻は言いっぱなしにはさせない。即ち妻は夫の発言を修正し、この論議に平等に参加する自分の権利を繰り返し主張する。とはいえこの新しいひねりは"一緒のビルで働いている"と同じような消極的な説明である。（それゆえどちらの発言も妻が主導権をとったことにはならない）。妻は夫ではなく自分が明白にリーダーであったグループ、つまり"他の女の子たち"に言及することによって、自分自身を"もう少し平等に"しようとした。

この途切れによって、休みなしのシンメトリー的な交換の最初のサイクルが終わった。

何かしら和らいで、そして妥協しているようではあるけれども、これは妻の決定を成功させないための再発言である。

これは直接の否定であり、夫の発言に対する単なる繰り返しではない。そして、議論がエスカレートをし始めるということをおそらく暗に示している。（とはいえこの文脈において

は"会う"という言葉は極めて曖昧な言葉であることに注意せよ——それは"お互いに目をつけた"から"正式に紹介された"までのいくつかの意味をもっている。その結果、妻の夫に対する矛盾は無効にされる。即ち問われたとしても、二人の出会いに対して妻は束縛されることはなかった。妻の笑いはまた、"実際にはそのことを言わないで何かをいう"ことを可能にした)

H （極めてソフトに）ウーン
（長い休止）

夫は、明白に妻に同意することによって自分自身をワンダウンな立場に置いた。しかし"ウーン"という発言はいろいろな意味の可能性を持っており、そして、ここではほとんどどんな確信や強調もせず、聞き取れないほどに発せられ、そういうわけで、結果は極めて曖昧である。さらになお、前の発言がたいそう曖昧であったので、妻の発言に対する同意が何であったのかはほとんどわからない。このようなケースで、夫はさらに発言を続けず、また夫自身による他の意見も主張しない。そういうわけで二人はもう一つのラウンドの終わりに達し、このことは二人が（あからさまな矛盾と葛藤という）危険な点にさしかかっていたというシグナルのように思える休止によって、再び示された。そして、内容面での終結なしに議論は終わろうとしている。

第3章　病理的コミュニケーション

Int しかしいまだ、私には何人もの人の印象がうかび、一定した感じをつかめていません。それで、どのようにして、こういった人たちの中であなた方二人は一緒になったのですか？

H 妻はそこでは可愛いほうの娘の一人でした。(少し笑って)
(休止)

質問者は議論を続けさせようとして間に入る。

夫は強い"ワンアップ"な動きをみせた。即ちこの怪しいお世辞は、自分を審査員として、妻を他の女の子と比較したものといえる。

W （より早く）知らないわ。夫と一緒になった主な理由は女の子たちのせいなの——夫は私に話しかける前に何人かの他の女の子に話しかけていて、そして夫が私に興味を持っていることをその子たちに話した。そしてその子たちはそのパーティを、ちょっと計画したわけ。それで私たちは出会ったのよ。

妻は、自分自身の解釈で夫の恩着せがましさと争う。つまり最初に夫が自分に興味を持ったから自分からも夫に興味を持っただけだと。(シンメトリーを定義する主題は、二人の出会いが誰の解釈で語られ、それが成立を許されるのかということから、二人の出会いにおいていわば誰がトロフィーをとるかということへと変わっていく)

H 実際、パーティはそうした目的のために企画されたのではなかった。

彼女の定義に対する率直な拒否。

W （さえぎって）ええ、でも、私たちはそのパーティで出会うことが計画されたんだわ。正式に会えとあなたは言ったかもしれなかったけど、個人的に。(少し笑って)私たちは一緒に働いていたけど、私はそういう習慣がなかったし……そう私はあそこで60人の女性の中にいて、男性は10人か12人しかいなくて、私にはそんな習慣がなかったから

夫の訂正に同意した後で、妻は自分が今言ったことを繰り返した。妻の非個人的形式化は、弱められ続け、妻は今や率直な自己定義に身を委ねる(「私はこういう人間よ……」)。それは、平等を確立するための反論できない方法である。

H （話の終わらないうちに）妻は確かに内気でしたし——その場所の、え〜と、え〜と、変わった男たちと交際してる時には、はにかみ屋のタイプの労働者でした。え〜、でも、そこの女の子たちはそのことを知っていました。（休止）そして私はそこで多くの娘たちといちゃつきました（少し笑って）。私が思うにそのことは何ら意味のないことです。（ためいき）私が思うに、まさに私の性質というか。

夫は**自分**の"性質"に基づいてシンメトリー的な答えをし、そしてもう一つのラウンドは終わった。

このカップルは助けを求めている。何故なら二人は、いつもの口論が子どもたちを傷つけていることを恐れていたからである。上述の引用からほぼ予測されるように、二人は性的な関係における困難に言及していて、そこでも、もちろんコンプリメンタリーに関係することの無能力さが特に感じられるのである。

2） 次の例のカップルは、ランダムに選ばれた家族を含む調査計画に参加した。調査者によって、二人は情緒的に極めて離れていて、妻はかなりの抑うつを示していることが感じられた。このカップルの相互作用は、典型的に夫が"ワンアップ"、妻が"ワンダウン"な位置にいるコンプリメンタリーである。しかし、すでに前章で説明されたように、こういった用語は、関係の強さまたは弱さの尺度として取られてはならない。極めて明白なことに、この妻の健忘症と無力感は、夫が強く現実的な男の役割を演じることを可能にしているだけでなく、夫の強さとリアリズムが全く力をもたない当の要因でもある。そういうわけで、我々は再び、より広い意味で何らかの情緒的な症候をもつ対人関係的衝撃に直面する。

引用は、インタビュアーが二人の出会いについて標準的な質問をし、夫が、

妻が自分の隣のオフィスで働くようになったことを説明した少し後から始まる。

H　そして——いつきみはそこで働き始めたんだっけ？
W　え〜と。
H　（さえぎって）私はその前の年の10月に来たと思いますから——そして妻はたぶん——2月、1月か2月——同じ年のたぶん2月か3月に仕事を始めたと思います。妻の誕生日が、12月でしたから。
W　私は何も思い出せないわ。
H　（さえぎって）そういうわけで、私はたまたま妻に花を贈り——その時が最初のデートでした。そして、それからは、どこへも行っていません。そうだろ？
W　（少し笑って）ええ、とてもびっくりしたわ。
H　そして我々はデートの後から交際を始め、1年後に結婚したと思います。1年ちょっとしてから。
Int　あなたは何を——
H　（さえぎって）ジェーンは結婚した後すぐ会社を辞めたので、妻が会社で2ヵ月以上働いていたとは思いませんが。そうだろ？
W　あなたも知っての通り、残念ながら、（少し笑って）どのくらい勤め、いつ辞めたかについては全然思い出せないの。
H　（さえぎって）ああ、2ヵ月、そして、それから君は教職に戻ったんだ。（W うなる）何故なら、我々は、この戦争のような仕事は、妻が考えるほど、戦争の成果に貢献していないと私が考えているのを妻が知って——それで妻がそこを辞めたからです。
Int　それで、あなたは学校へいらしたのですか？
W　ええ、私は、学校で働いていましたので（Int うなる）。そこへ働きに行く前に。
Int　そして、あなたは妨害されることなく奥さんと接触を続けたんですね。（H はいそうです）何か——あなたの奥さんが明らかに魅力的であるという事実はともかくとして、——何か他に共通して思い出すことはありませんか？

H 絶対にない。(笑って) 我々は決してないんだ。そうだろう (鋭い呼吸)
 (休止)

3) 3番目の例は、同じ種類のインタビューを引き受けた臨床的に健康なカップルのインタビューからとられたものである。ここでは、いかに二人が暖かく相互の援助的な関係を、シンメトリーとコンプリメンタリーを柔軟に交替しながら相互に交換することで保とうとしているのが見てとれる。[*16] それゆえ二人の説明のいくつかの点は、多分お互いの軽視と感じられたとしても、二人の関係の安定性と相互の役割の確立を脅かすようには思われない。

会話のプロトコール	コメント
Int 世界の中の何百万という人の中で何故あなたがた二人が一緒になったのですか？	
W どうして……？	
Int ……一緒になったのですか？	
W え～と……	妻は引きうけて話だした。それによりそのようにしようとする自分の権利をはっきりさせて。
H (さえぎって) え～と、わたしが言おう。(妻は笑い、夫が参加する)	夫は高度にシンメトリーな手で引き継ぎ、それは二人の相互の笑いで柔らげられた。
W え～と、え～と、私が言うわ。実際、私は高校を卒業して働いて	妻は再び引き継ぎ、正確に夫の言葉を繰り返して、それから自分の方法

[*16] メッセージが関係を同時にシンメトリー的にもコンプリメンタリー的にも定義するならば、シンメトリーとコンプリメンタリーの相互作用の領域において、全く異なったコミュニケーションの随伴性がみられる。これは、パラドックスが人間コミュニケーションに入ってくる、たぶん最も一般的で、最も重要な方法である。それゆえ、この型のコミュニケーションの不一致に対する語用論的な効果は、第6章で独立して取り上げられる。

第3章 病理的コミュニケーション

いたんです。不況で、カーブガール（街頭の販売のような仕事）をしていました。みんなそうよんでいたと思います。それは……

H ……ドライブイン・レストラン……

W ……他の仕事がみつかるまでドライブイン・レストランで働いていました。そして夫も働いていたのです。

H 私が妻をひっかけたんです。

W 実際、そうしたと思います。

（二人笑う）

H そういうわけです。

W しかし、夫ははにかみ屋でした。そういうタイプだったので、私はよく思ったんです

H 私はそれを克服したんです……妻の言うとおりかな？……わからない。

で状況をはっきりさせるという回り道をとった。

妻はトラブルにおちいった。何故ならカーブガールは"売春婦"の意味を含んでいるからだ。夫は妻がどこで働いていたかを示して、妻を助け、そうする際に状況を**夫自身の**方法ではっきりさせた。ここまでの点では二人の相互作用はシンメトリーである。

妻は夫の定義を引き受け、そして注意深く、夫が言外に示した訂正に従い、自分をコンプリメンタリーのワンダウンの位置に引き受ける。

コンプリメンタリー的ワンアップ。
コンプリメンタリー的ワンダウン。
（夫の定義を受け入れる）
コンプリメンタリー的ワンアップ。
そうして、初期のシンメトリー的エスカレーションはコンプリメンタリーに切り替わることによって中断され、終了が可能になった。夫が要約して、サイクルが終わる。

妻は、夫が自分をひっかけたということに関するワンアップの手に移る。
コンプリメンタリー的ワンダウン。
夫は、自分がはにかみ屋だったという妻の定義を引き受ける。即ち、夫は攻撃者にならないだけでなく、妻の鑑定の対象である。「妻の言うとおりかな？——わからない」

W　そう、私が思うには
H　これはつまり
W　夫は女性に手を出さなかったので、私は夫と一緒に家に帰ったんです。
H　（話の終わらないうちに）事実、多かれ少なかれ、この件は挑戦だったのです。何故なら、ある週末私は他のカップルと出かけ、街へ帰る途中で話し合い、そういうステディを見つけるチャンスは今だ、と決めたわけです。

夫は妻の説明をさらに進めて、自分がガールフレンドがなく、自分の友だちが自分の行動に重要な影響を与えていたと言う。

W　（笑って）そして私がたまたまそこにいた——

内容は自己軽蔑でコンプリメンタリー的ワンダウンであるが、この文脈では妻の発言はその受動性において夫の行動を映し出したものである。即ち妻はシンメトリーにスイッチした（妻の動機と、その対人的影響とを区別する必要に気をつけよ。つまりシンメトリーは他の競合の型と同様にワンダウンに基づくこともあり得る）

H　そう、我々はルートビアやら何やらを買いにそこに立ち寄ったら、（二人笑う）そこに妻がいた。それで、私が……。
W　その通り。

夫は二人の状況の言及にシンメトリー的に立脚し、再び笑いは終わりを招く。

妻はしめくくる——ちょうど夫が「そういうわけで」と最初のサイクルでやったように。

3.65 結論

前述の３つの例の分析において、強調されるべき点が２つある。第１に、内容はコミュニケーションのパターンが現われる時には、その重要性を失ってしまう。2~3年目の精神科の実習医のグループは、3番目のカップルを他の臨床的に障害のあるカップルよりも"病的"だと評定した。調査の結果、この実習医たちの評定の根拠は、出会いが社会的に受け入れ難いものであることと、細部についてのオープンな"論争"によるものであると判明した。換言すれば、実習医たちの誤った評定は、二人の話の相互作用よりは内容に基づいていたのだ。

より重要なことは、我々の分析が継続的な発言に関するものだと明らかにすることである。所与の発言の一つひとつでは、シンメトリー的、コンプリメンタリー的、ワンアップ、ワンダウン……などにはなり得ない。所与の発言の"分類"に必要なのは、もちろんパートナーの反応である。即ち、それは独立した全体としての個々の発言の性質の中にあるものではなく、コミュニケーションの関数が定義され得る二つまたはそれ以上の反応間の関係の中にあるものなのである。

第 4 章　人間の相互作用の機構

4.1　はじめに

　前章において提示された比較的独立した例は、人間のコミュニケーションに関するある種の基本的特性と病理を、本質的にそして直接に示すのに役立った。これらは、コミュニケーションの複雑性を打ち立てる要素である。これからは相互作用の機構（このコミュニケーションの単位は、2.22節・で定義されている）へと目を向け、繰り返し、継続するコミュニケーションのパターン、即ちコミュニケーション・プロセスの**構造**を考察しよう。

　こうした分析のレベルは、累加的なシンメントリーないしはコンプリメンタリー的相互作用（2.6節、3.6節）として既に論議されたことに暗に含まれていた。同様に"思い込み的予言"（3.44節）は、単一のコミュニケーションの連鎖に特有の分節化以上のものを含んでいる。即ち時間を越えて、そして種々の状況を越えて、この分節化のパターンを繰り返すことは、きわめて重大な要素である。ゆえにコミュニケーションにおけるパターンの概念は、出来事の繰り返しないし冗長性[*1]に代表されるものとして理解される。

　パターンのパターンというものは確かに存在するし、組織のさらに上位のレベルも存在するのだから、この階梯の限界を示すことはできない。とはいえ暫くの間は、研究の単位は我々のこれまでの論議よりももうひとつ上のレベルであろう。そして連続するメッセージの構造を最初に概観し、ついで進

[*1] 冗長性や制限と我々のパターンの概念との関連性については1.4節で詳細に議論された。ここでは、パターンとはある出来事が生起し、他の出来事が生起しないということによって伝えられる情報であると強調しておけばよいだろう。所与の集合において、全ての可能な出来事がランダムに生起するのならば、何のパターンも情報も存在しないのである。

行中の相互作用について特に考察する。この章は主として理論的であり、具体的な現象を描写するという複雑な問題はほぼ第5章へ譲る。したがって、これらの2つの章は、基本的に2、3章と同じような関係（最初の章が理論で後が描写）である。

4.2　システムとしての相互作用

相互作用は一つのシステムとして考えることができ、システムに関する一般理論は相互作用システムの性質に関する洞察を与える。一般システム理論は生物学的、経済学的あるいは工学的なシステムに関する理論にとどまらない。それら諸学の広域的な変化に富んだ内容にも関わらず、個々のシステムに対してこれらの理論は多くの共通の概念を所有するので、類似性を形式的同形性[*2]へと組織化するさらに一般的な理論が進化していく。この領域における開拓者の一人であるルードヴィヒ・フォン・ベルタランフィは、"「システム」一般に対して妥当な原理の公式化と展開"（25, p.131）としての理論を述べている。フォン・ベルタランフィは、疑いなく非人間的なシステム、特にコンピューターのへの応用に関して、よりよく知られた——より適しているというわけではないが——一つの理論でもって人間関係を扱いたいという我々の熱望を見てひるむ人々の心配を予想し、そしてその間違った論理を指摘した。

我々が言及した同形性というものは、ある側面では対応する抽象的概念と概念上のモデルが様々な現象に適応しうるという事実からの帰結といえよう。システムの法則が適用されるのは、これらの側面から見た時だけである。このことは、物理学的シス

[*2] これから言及していくように、我々の焦点は、ここでは進行中の相互作用システムに関するある局面、特に家族に限定される。生態システム一般に対する、この準拠枠の最近の包括的応用については、ミラーの諸作（105）を参照されたい。そこではそうしたアプローチの潜在的に実り多い統合的な側面を示している。

テム、生体そして社会がすべて全く同じものであるということを意味しているのではない。原理的には、引力の法則がニュートンのリンゴ、惑星のシステム、そして潮流の現象に適用される時と同じ状況なのである。このことは、ある限定された側面から見れば、例えば機械のシステムといったある論理的なシステムがあてはまることを意味する。そして無限に多くの側面においてはリンゴ、惑星そして海の間には特有の類似点など存在しないことも意味しているのである。(26, p.75)

4.21 変数としての時間

システムに関するいかなる特別な属性をも定義する前に、明白でかつ大変重要な時間の変数（その対の一方である順序とともに）が、我々の研究単位の統合的要素でなければならないことを指摘すべきである。フランクの言葉を使えば、コミュニケーションの連続は"頻繁に分割される莫大な部分"(45, p.510) ではなく、進行中のプロセスという不可分なものなのであり、そのプロセスの時間を越えて生起する順序と相互関係が我々のここでの関心事なのであるべきなのだ。レナードとバーンスタインが提言していることによれば、

> システムに絶対的なものは、時間の間隔である。まさに本質的に、システムは相互作用から成り立っている。そしてこのことは、我々が何らかのシステムの状態や何らかの状態の変化を記述し得る以前に、作用や反作用の連続するプロセスが生起していなければならない事を意味している。(94, pp.13-4)

4.22 システムの定義

まず最初に我々は、ホールとファーゲンに従って"対象間とそれらの属性間の関係に伴う一連の対象の組み合わせ"(62, p.18) と、システムを定義することができる。そこでは、**対象**はシステムの構成要素ないし部分であり、**属性**は対象の特性である。そして、関係によって"システムがひとつに結ばれている"。著者らは、さらに、どんな対象も究極的には対象の属性によって特定化されることを指摘する。だから「対象」が個々の人間であるなら、彼らが同定される属性はここではコミュニケーション行動（たとえば精神内

界の属性に対立するものとしての）である。「個人」としてではなく「他者とコミュニケーションする人間」として、相互作用的システムの対象は最も良く記述される。"関係"という用語につなぎ止めることで、上述のシステム定義の当面の漠然性と普遍性はかなり減少され得る。どんな対象の間にさえ、見せ掛けであっても、常にある関係が存在すると是認する時、ホールとファーゲンの意見は以下のものとなる。

> 所与のひと組みの対象の文脈において考察されるべき関係は、手近かな問題にかかっている。その問題とは、重要で興味深い関係を含み、些細で本質的でない関係は除外するものである。そして関係が重要であるのか、つまらないものであるかという決断は、問題を扱っている個人次第である。即ちつまらなさの問題は、ある人の興味と関連していることが判明する。(62, p.18)

ここで重要なことは、コミュニケーションの内容自体ではなく、まさに2.3節で定義されたような人間のコミュニケーションの関係（命令）の局面なのである。その際、相互作用のシステムは、**その関係の性質を定義するプロセスにおける、ないしはそのレベルにおける、2人かそれ以上のコミュニケーションの当事者**であらねばならない。[*3]

4.23　環境とサブシステム

　もうひとつ重要なシステムの定義に関する側面は、システムの環境に関する定義である。再びホールとファーゲンの定義によれば、「所与のシステムにとって環境というものは、その属性の変化がシステムに影響を与えるような全ての対象の組み合わせであり、そしてまたその属性がシステムの行動により変化するような対象のことである」(62, p.20)。著者自身の告白によれば、

> 上述の言明は、ある対象がシステムに属している場合なのか、環境に属する場合

[*3] 最初の強調が、人間のコミュニケーションであるからといって、他の哺乳類(9)や国家などの集団に関する相互作用を除外する理論的理由は何もない。それらは2人あるいはそれ以上の個人と同様に相互作用するであろう (125)。

なのかというもっともな疑問を招く。というのは、もし対象が上述のような方法でシステムに反応するのなら、対象はシステムの一部と考えるべきではないのだろうか？　その答えは決して明確ではない。ある意味においては、一つのシステムはその環境とともに所与の文脈において全ての物事全体を構成する。この母集団から2つの集団つまりシステムと環境への細分化は実際全く任意な多くの方法によってなされ得る……

　いかなる所与のシステムもさらにサブシステムに細分され得るということは、システムと環境の定義からして明白である。一つのサブシステムに属している対象が、もう一つのサブシステムの環境の一部と考えられるのは、もっともな事である。(62, p.20)

このシステム-環境ないしは、システム-サブシステムという概念のとらえどころのなさと、融通が利くところは、ここでのシステムが、生物学的であろうと心理学的であろうと相互作用的であろうと、生きている（生体の）システムの研究におけるシステム理論の力をいささかも失わせるものではない。何故なら、

　……生体のシステムは**開かれてる**。それは生物システムが環境との間で物質、エネルギーないしは情報を交換していることを意味している。情報、熱、物理的要素などどんな形であるにせよ、エネルギーの取り込みや代謝が存在しないなら、システムは**閉じている**。それゆえ、構成要素は変化しない。その例としては、密封され絶縁されている容器の中で生起する化学反応が上げられる　(62, p.23)。

閉鎖システムと開放システムの間のこの区別によって、基本的に古典物理学や古典化学に基づく理論モデル、即ち排他的な**閉鎖**システムに関するモデルの足枷から、生命現象を扱っている科学は自由になったということができる。生きているシステムはその環境と重大なる取引をするから、"密封され、絶縁されている容器"の中にうまくおさまるものに適当である分析の理論や方法は大変妨害的であり、誤りを導くものである。[*4]

　階梯的に整理された開放サブシステムに関する理論の発展に伴い、システ

ムとその環境は互いに人工的に隔離される必要がなくなった。同一の理論的枠組みの中で、互いに意味を持ち合わせている。ケストラーは、そうした状況を以下のように記述している。

> 生きている生体ないしは社会的集団は、要素的部分ないしは要素的プロセスの集合体ではない。即ちそれは、半自律的な部分－全体の統合された階層構造であり、さらにその部分－全体が下位の部分－全体の集合から構成され、さらに……。だから、階梯のどのレベルの機能的単位も、いわば両面を備えている。そして、それらは下方に面している時は全体として活動し、上方に面している時は、部分として活動する。(87, p.287)

この概念的モデルによって、我々は容易に二者間の相互作用のシステムを大家族、拡大家族、コミュニティ、そして文化システムへ置き換えることができる。また、そうしたサブシステムは（理論的に無理なく）他のサブシステムと重複するであろう。なぜなら二者関係のどちらのメンバーも他の人間との二者関係のサブシステムにも、また人生そのもの（エピローグ参照）にさえ巻き込まれるからである。手短に言えば、コミュニケーションしている個人は、他の人間や他のシステムとの**水平的**な関係と**垂直的**な関係において見出されるのである。

---

*4 古典物理学によって最もはっきりと表現されたメタ理論とは逆の原理の間接的効果の興味深く適切な一例は、精神医学において見いだされる。相互作用の病理学は、精神医学の初期には、1つの例外を除いては事実上知られていなかった。その例外が**二人精神病**とそれに関連した共生である（3.62節）。これらの劇的な関係は個人としてではなく、最初から相互作用の問題としての考察から出発したものであり、そのような関係は疾病分類学的に言えば変種に過ぎなかった。それらはもう承認されているが、他方では、いまでも、他の多くの関係の問題が無視されているという事実は興味をそそる。特に**二人精神病**は今日の閉鎖システムモデルに、唯一正確に適合したということを我々は今や知ることができたので、なおさらその感がある。

4.3　開放システムの特性

我々は、我々の議論を一般システムの最も普遍的な定義から、二種の基本的なシステムの内の一つ、即ち開放システムに焦点を当てることへと移行した。いまや、開放システムの具体的な形式的特性のいくつかが、それらが相互作用に適用される際に定義されうる。

4.31　全体性

システムのどの要素も残りの要素に深く関連しているので、一つの要素におけるある変化は残りの要素全ての変化を引き起こし、そしてシステム全体の変化を惹起するであろう。即ち、システムは独立した要素の単なる複合体として動くのではなく、凝集して、かつ分離できない全体として振る舞う。この特性は、多分それと正反対のもの、つまり総和性との対照の中で、最も良く理解される。それは、一つの要素の変数が他の要素または全体に影響を与えなければ、これらの要素はお互いに独立であり、一つの（システムの用語を用いると）"群れ"をなす。そしてこれらは、その要素の総和と同じく複雑ではない。この総和性の特質は、全体性からの仮説的連続体のもう一方の終極に位置づけることができる。そして、**システムはいつもある程度の全体性によって特色づけられる**といえる。当時はメタ理論に公式化されなかったが、19世紀の機械論的理論が、主として分析的であり総和的であると今では見られるようになった。「機械論的な世界観は、その典型をラプラス精神の中に――即ち、あらゆる現象が最終的には基本的な物理学的単位の偶然な作用の集まりであるとの考えの中に――見いだした」(25, p.165)。それゆえに、この歴史的な相違に対する最も良い例が提供されるのである。アシュビーが記述したことによれば、

科学は今日、境界線のようなものの上にある。2世紀の間本質的に単純か、または単純な構成要素に分析可能であるようなシステムを科学は探し続けてきた。"因子を一時に1つ変化させる"というようなドグマが1世紀の間、受け入れ可能で

あったという事実は、科学者が主にこの方法を許容するようなシステムの研究に関わってきたことを示している。なぜなら、この方法は、しばしば複雑なシステムには基本的に不可能であるからだ。1920年代における、ロナルド・フィッシャー卿の農業土壌実験によって、初めて一度に1つの因子のみが変化を起こすことが不可能な——システムが大変動的で相互関連しているので、1つの因子の変化が急速に他の、おそらくは、非常に多くの因子の変化を引き起こす原因となる——複雑なシステムの存在が明確に認められた。今日に至るまで、科学は単純で、そして特に還元可能なものに注意を集め、複雑なシステムの研究を回避する傾向があった。

とはいえ、いくつかのシステムの研究においては、複雑性は全く避けられなかった。やりたい放題にしているときの生物の大脳皮質、機能的社会としての蟻塚、そして人間の経済システムは、その実用的重要性においても、それ以外の方法によるのでは手に負えないという点においても、顕著である。そういうわけで今日我々は精神病を取り扱えず、社会は傾き、経済システムは躊躇しているのを目にする。というのは、科学者は研究している問題の充分なる複雑性を評価する以上のことはほとんどできないからだ。しかし、今日の科学は、"複雑さ"を本来の主題として取り扱うことにむけての第一歩を踏み出し始めている。(5, p.5)

4.311　非総和性

次に、全体性の概念の結果としての**非総和性**は、システムの定義に対して否定的なガイドラインをもたらす。システムは、その要素の合計と考えられない。実際、人工的に隔離された部分に対する形式的な分析では、まさに興味の対象を破壊してしまうであろう。ゲシュタルトのためには、要素を否定する必要があるし、システムの複雑性、即ち組織性の核心に留意する必要がある。心理学におけるゲシュタルトという概念は、非総和性の原理を表現する唯一の方法である。その他の領域では、2つないしそれ以上の要素の相互関係の中から現われる**創発性**に多くの関心が寄せられる。最も明確な例が化学によって与えられる。それはよく知られている比較的少ない要素の化合がきわめて多様な複雑で新しい物質を生む、というものである。もう一つの例

は、いわゆる"モアレ斑紋"——2つ或いはそれ以上の格子の重ね合わせによる光学的な斑紋の現われ (114) であろう。どちらの場合も結果は、別々に考えられる要素からでは決して説明のつかない複雑性を有する。さらに、構成要素を成す部分間の関係におけるどんな小さな変化ですら、しばしば創発性において拡大されるということは興味深い。——化学の場合のいろいろな物質や、モアレ斑紋における大変違った布置がそれである。生理学におけるウィルヒョウ派の細胞病理学には、この点についてワイス (162) のような近代的な研究法が対比されるし、心理学においては古典的な連合にはゲシュタルト理論に対比される。人間の相互作用の研究に際しては、本質的に個人志向のアプローチをコミュニケーション理論と対比させることを提案する。相互作用が役割とか、期待とか、動機といったような個人的な"特性"の派生物と考えられるとき、その合成物——2人ないしは、それ以上の相互作用する個人——はより基本的(個人的)な単位に分解できる総和的な群れである。対照的に、コミュニケーションの最初の公理——全ての行動はコミュニケーションであり、人はコミュニケーションしないことはできない——からすれば、コミュニケーションの連続は相互に分割できないことになる。端的に言えば、相互作用は非総和的なのである。

4.312 非一方向性

全体性の原理と矛盾する、もう一つの相互作用の理論が、要素間の**一方向**の関係に関する理論である。即ち、A が B に影響を与えるが、B は A に影響を与えないといった例である。がみがみいう妻と、引っ込み思案の夫という例 (2.42 節) を思い出してみると、相互作用の連続が(参加者ないしは観察者によって)一方向的な因果関係のパターンに**分節化**されているとはいえ、そうした連続は実際循環的であり、そして明らかな"反応"もこの相互依存的な連鎖の中の次の出来事に対する刺激に違いない。それゆえ、A の行動が B の行動の原因となると主張することは、A のその後の反応に対する B の行動の効果を無視することである。そうした事は実際、ある関係をはっきり浮かび上がらせて分節化することで、出来事の前後関係を歪め、一方、他の

出来事を曖昧にすることにほかならない。特に関係が、指導者－追随者、強者－弱者、或いは両親－子どもといった関係のように、コンプリメンタリーであるときには、相互作用の全体性を見失いやすく、それを独立した一方向的因果関係の単位に分解することは容易である。このような誤った考えは、すでに 2.62 節と 2.63 節において警告されてきたので、ここでは長期の相互作用の見地から明確にされるだけでよい。

4.32　フィードバック

　システムの一部が総和的あるいは一方向的に関係づけられたりしていないならば、それらはどんなふうに結合されているのだろうか？　これらの2つの古典的な概念モデルを拒絶したことで、我々は 19 世紀ならびに 20 世紀初頭におけるそれらの評判の悪い代案概念——即ち、決定論の原理にそぐわないため、目的論の烙印を押された、曖昧で生気論的で形而上学的な概念——を託されたように思える。とはいえ、既に 1.3 節で見たように、エネルギー（と物質）から情報への概念上の変化によって、我々はついに決定論的な原因の図式と、目的論的な原因の図式との間の不毛な選択から離れたのである。サイバネティクスの発明やフィードバックの"発見"以来、循環的で高度に複雑な関係づけは、より単純で正統的な因果論的概念と著しく違ったものではあるが、それに劣らず科学的な現象であると考えられてきた。フィードバックと循環性は、1 章で詳しく記述し、また 2、3 章で繰り返し説明してきたように、相互作用システムの理論にとってふさわしい因果関係のモデルである。フィードバック・プロセスの特質は原因よりも、またしばしば結果よりも、より一層興味深いものである。

4.33　等結果性

　循環的で自己修正的なシステムにおいて、"結果"（一定時間後の状態の変化という意味における）は初期条件ではなくてむしろプロセスの性質やシステムのパラメータによって決定される。簡単に述べるならば、この等結果性の原理は決定的なものは組織の性質はそうなのだから、同じ結果が異なった

原因より起こるであろうことを意味している。フォン・ベルタランフィは、この原理を精密にした。それは、

> 開放システムの定常状態は、等結果性によって特色づけられる。即ち、初期条件によって決定される閉鎖システムにおける平衡状態に比べると、開放システムは初期条件に依存せず、システムのパラメータによってのみ決定される、時間から独立した状態を達成するだろう。(27, p.7)

開放システムの等結果的行動がシステムの初期条件からの独立性に基づいているならば、異なった初期条件が同じ最終結果を引き出すのみならず、異なった結果が同じ"原因"によって生み出されるであろう。さらに、この結果は、システムのパラメータが初期条件よりも優位なのだという前提に基づいている。それで人々が、相互作用の中でいかに互いに影響し合っているのか？ということを分析する際に、発生や結果の細部を、相互作用の進行中の機構ほど重要であるとは考えない。[*5]

この問題は、精神分裂病の（心因的）病因論の概念の変化において説明される。幼少期における単一の心的外傷理論は、それが一方向的で静的な関係として知覚されているとはいえ、精神分裂病をつくる母によって与えられる反復的な外傷であるという仮説にその場を譲ることになった。ジャクソンが指摘しているごとく、これはより大きな革命における、単なる最初の局面にすぎない。それは、

[*5] ランガーの著作を参照しよう。彼は、もう一つの方法でこの選択を述べている。
哲学と批評における歴史的方法より生じた"発生論上の誤り"として知られる、広く行なわれた有名な誤りが存在する。それは、物事の**起源**を物事の**意味すること**と混同してしまうという誤りである。物事を物事の最も原始的な型になぞらえてしまい、それを"単に"古代の現象と呼ぶ——例えば、言語は、コミュニケーションのための装置になる以前は、恐らく儀式的な音であった。このことは、言語が今や"現実に"コミュニケーションの手段であるのではなくて、"現実に"単なる部族の興奮の残余であるということを意味している。(91, p.248、ゴシックと""マークは原著)

歴史的に見て、病因論における心因性外傷の位置は、単一の心的外傷の事件という元々のフロイトの考えから、反復的な心的外傷の概念へと移行しているように見える。次の段階は、「誰が誰に何をするか？」ではなく、「**誰がいかにして何をするか？**」であろう。多分次の局面は、宿主→病原媒介動物→受領者という、込み入った循環を家族に発生する疾病としての精神分裂病（ないしは精神分裂病群）の研究を包含するであろう。その循環には、"精神分裂病生成的母親"という用語によって示唆されるよりもはるかに多くのものが含まれているのである。(68, p.184、ゴシック筆者)*6

起源（病因論）について言われてきたことは、結果として生じる臨床的症状（疾病分類学）にも適用することができる。再び精神分裂病を例にとると、精神分裂病という用語を理解するのに2つの方法がある。即ち、もっぱら固定した疾病に対するラベルとしてか、あるいは相互作用の様式に対するラベルとしてかである。伝統的に"精神分裂病患者"として分類された行動は、もはや具体化されるものではなく、むしろそうした行動が起こる人と人との間の文脈——家族や社会制度——においてのみ研究されるべきであるとすでに提案されてきた（1.65節と1.66節）。そこでの文脈におけるそうした行動は、これらの通常奇妙な環境の状態の単なる結果でも原因でもなくて、複雑に統合された進行中の病理的なシステムの一部なのである。

---

*6 そうした精神病理学の等結果性的見地を支持する証拠がある。カント (82) とルノー及びエステス (124) らは、個々に精神分裂病の 56 の一連の事例において心的外傷の追い込み要因がないことと、精神病学的に正常と考えられた人達の生活歴において心的外傷の数多くが経験されている報告を発見した。それらの正常な集団を、これに基づいて臨床例と見分けられなかったということに留意し、レナウド及びエステスはさらに言及する。

そうした結論は、20世紀の行動科学（例えば、人間の行動はかなりの部分において人生経験の産物であるといったこと）に横たわっている基本的仮定とは両立しない。同様に、人生の初期が、後の発達にとって決定的であるという基本的主張にも対立する。とはいえ、この見方からは、単純で直線的な因果関係が、ある種の出来事と心的な病気の後の進行との間に存在すると強く推定される要素還元主義的な概念が問題になる。(124, p.801)

最後に、開放システムの最も重要な特徴の一つは、特に閉鎖システムモデルとの対比における等結果性的行動に見いだせる。閉鎖システムの最終状態は、それがそのシステムの最も良い"説明"と言われ得るような初期状態によって完全に決定される。しかし、開放システムの場合、システムの組織的特徴は、初期条件からの完全なる独立という極端な場合に到達することさえ可能である。そしてそのとき、**システムがシステム自体の最も良い説明となり**、現段階におけるシステムの機構に関する研究の適当な方法論となる。[*7]

4.4　進行中の相互作用システム

　我々は、今や安定性、即ちいわゆる"定常状態"にあることによって特徴づけられるシステムを、より詳しく考察することができる。ホールとファーゲンに戻ると、「システムは、システムのある変数が定められた限度内に留まる傾向にあるならば、それらの変数のいくつかに関して安定なのである」。(62, p.23)

4.41　進行中の関係

　ほとんど避けがたいことに、そうした分析の水準は進行する関係に、つまり①双方の関係者に重要であり、②長時間継続するようなものに対して焦点を当てるようになる。一般的な例は、友情、ある仕事上あるいは専門的な関係、そして特に夫婦間または家族の関係である (73)。それらの社会的ないしは文化的制度としての実際的重要性に加えて、そのような歴史性を伴った重大な集団は、コミュニケーションの語用論に対して特別な探索的重要性を持っている。上述の状況では、以前議論された公理と病理学の広い範囲にまたがる結果につながるコミュニケーションの連続的反復の機会が存在するのみならず、その必要性もある。見知らぬ集団や、偶然の出会いによって、興

[*7] 同様の指摘が、ウィザー (167, p.33) のように科学的な、そして C. ノースコート・パーキンソン (115) のように冗談めいてはいるが、しかしながら現実的な、著者たちによってなされている。

味深く特異な要素がもたらされるかもしれない。しかし、風変わりで人工的な、あるいは目新しい現象に興味を持っているのでなければ、そのような相互作用は、"自然な"ネットワークの相互作用ほど大切ではなく、そうした"自然な"ネットワークの中において、人間のコミュニケーションの特質と病理が明白な語用論的衝撃[*8]をともなって明示されるものと我々は推察する。

4.411 「何故、関係が存在するのか」という問について

「何故、所与の関係が存在するのか？」という問いが、いつも浮かび上がる。つまり、特に病理や苦痛に直面したとき、なぜこれらの関係が究極的に永続し、参与者は、その領域を離れないのみならず、より積極的に言えば、関係が継続するように自分自身を調節するのだろうか？ その問いは、動機、欲求の満足、社会ないしは文化的要因、またその他の決定因といったことに基づく答えを呼び起こす。そして、そのような要因は、明らかに関連はあるのだろうが、現在の説明にほとんど関係がない。それでもそれらの問題は簡単に忘れ去ってしまうことはできないし、実際我々は既に、ブーバーらとともに、社会的目的としての認定の重要性を示唆してきた（3.331 節）。

とはいえ、我々の目的は広範囲というよりは集中的であるので、他の準拠枠からの前提の統合をする前に、まず相互作用的な説明を探求する必要がある。それゆえ、我々は説明的[*9]というよりはむしろ記述的な答え、即ち相互作用のシステムが何故作用するのかではなく、いかに作用するかについての答えに同意するであろう。高度に単純化された類推が、お得意のモデルであ

[*8] これは、これらの現象の実験的（即ち統制された）調査の有効性あるいは可能性を否定するものではない。とはいえベイトソン (11)、ヘイリー (59)、シェフリン (138、139)、そしてシェリング (140) は、広範囲の様々な文脈において、実験法が基本的に新しい秩序になりやすいことを示唆した。また、4.31 節におけるアシュビーの意見も参照されたい。

[*9] 例えば現象学的には、進行中の関係というものは混合戦略ノンゼロサムゲーム (140) と見ることができる。このなかでは、関係内におけるどんな解決策も、関係の枠外の解決策よりは望ましいものと見なされる。そのようなモデルは 6.446 節において提案され、例証される。

るコンピュータの操作に対してなされるようだ。機械がどのように作動するかは、機械語、フィードバック回路、入出力システムなどといった用語で記述できる。火星からきたという有名な男は、多分そうしたシステムの操作を十分観察すれば、システムがいかに作動しているかよく理解することができるだろう。しかし、彼は今なお"何故か"ということを知らない。それは、異なった種類の質問であり、また単純な質問ではないからだ。コンピュータは究極的には、コンピュータを電源につなぐことによって作動するかもしれない。コンピュータの構成要素の部分の性質によって、ある方法で作動するかもしれない。そして目的論的な意味においては、ある目的のために設計されているのだからそのように作動するかもしれない。総合的な見地に立てば、権力と目的の**理由**（心理学的な用語における動因と欲求）は無視することもできないが、操作の性質、即ちその**方法**も無視することができない。さらに言えばこれらの問題は、他の領域における似たような問題のごとく、少なくとも当分の間は別個に考察することが可能である。たとえば物理学では、よく知られたモデルの不連続性が存在する。

　　例えば、電子や光子が波のように動くのと同様に、粒子のようにも動くのはなぜかということを尋ね、答えを期待する時期ではないだろう。理論物理学は、まだそこまで進んでいない。一方、波のような属性によって原子核の周りを回るときに、粒子としての電子がなぜある軌道に制限されるのかと説明できるかどうかと問う事は可能である。(2, p.269)

4.42　制限

　上記のように限定された位置をとる一つの理由は、動機とか単純な習慣の他に、関係を繋ぎ永続させるために役立っているコミュニケーション・プロセスに、本質的で同定可能な要因が存在すると思われることにある。

　我々は、コミュニケーションの制限された効果という概念のもとで、**コミュニケーションの連鎖においては、どのメッセージの交換も次の可能な動きの数を制限する**ということに留意することにより、これらの要因を試験的に

包括することができる。最も表面的なところでは、この点は、対人的状況において人がコミュニケーションするように制限される、つまりあなたに話し掛けた、あるいはあなたを無視した見知らぬ人に対して少なくとも彼を無視するという行動によって答えねばならないという最初の公理の再陳述に等しい。より込み入った状況では、反応可能性の制限の幅は、さらにせまくなる例えば3.23節では、見知らぬ状況における比較的少数の文脈的制限が与えられれば、あらゆる可能性の一般的なアウトラインが与えられうることが示された。すると、文脈とは多かれ少なかれ限定的なものでありうるが、常にある程度は不測の事態を作り出してもいる。とはいっても文脈は（伝達者にとって）制度化した外面的な要素だけで成立しているわけではない。交換された明白なメッセージは、特定の対人関係上の文脈の一部となり、それに続く相互作用に制限を加える（144）。再びゲームの類推に戻るが、（上で触れたような、動機の入り混ざったモデルばかりでなく）あらゆる対人的ゲームにおいて、一つの動きはその段階でのゲームの布置を変え、その時点以降の可能性に影響をおよぼし、それによってゲームの進路を変えていく。シンメトリーあるいはコンプリメンタリー的なものとして関係を定義したり、特定の分節化を課したりすると、多かれ少なかれ相手を制限する。つまり、コミュニケーションをこのように考えると、送り手ばかりでなく、受け手を含む関係も影響を受ける。前のメッセージに反対したり拒否したり言い直したりすることでさえ、反応だけでなく、どんなコミュニケーションにもつきものの関わり合いと関係の定義以外の基礎を必要としないつながりを生じることになるのだ。陳腐な言葉のやりとりをしたがっていた飛行機の乗客を3.23節で仮定したが、彼は、無害とはいえ自分から始めた動きに除々に自分が巻き込まれていく——我々に言わせれば、はまっていく——ことに気づくであろう。準臨床的な例が第5章であげられ、パラドックスによって課される最も厳格と思われる制限の例が第6章でとりあげられる。第6章では、対人関係上のパラドックスは相互的かつ連動的であり、システムエンジニアが呼ぶところの振動が発生して、両者は複雑で耐え難く、明らかに逃れることのできない拘束状態におちいる

4.43 関係のルール

　制限の現象を考慮に入れながら、進行中の相互作用システムに直接関連した問題に戻る。あらゆるコミュニケーションで、その参加者はお互いに自分たちの関係の定義を与えていることが思い出されよう。より強く言うならば、それぞれが関係の性質を決定しようとしているのだ。同様に、それぞれは、他者の関係の定義に対する確認、拒否、修正など、自分なりの関係の定義によって返答している。このプロセスは、細かな注意を正当とするものだ。なぜなら進行中の関係において、定義を未解決でゆれ動く状態のままにしておくことはできないから。仮にプロセスが安定しないとすると、あらゆる発言のやりとりで関係の再定義が不十分になることは言うまでもなく、変動が広範囲で扱いにくいため、関係は手におえないものとなり、消滅してしまうであろう。治療において、絶えず関係の問題について果てしない口論をする病理的な家族（3.31節）は、この必要性を示している。しかし、我々は彼等の論争にさえ限度があり、その無秩序の中にもしばしばきわめて劇的な規則性があることを見いだす。

> 夫婦……それは求婚期間には極めてバラエティのある行動上の策略に関わり合うが、しばらくすると何を論争し、それをいかに論争すべきかという点で、かなりの省力化をなしとげる。その結果、互いに自分たちの相互作用レパートリーの大半を除外してしまい、それについて、あれこれ話し合ったりすることなどは決してない……（74, p.13）

　関係の定義のこの安定化は、ジャクソン（73、74）によって関係の**ルール**と呼ばれている。それは、内容の分野の幅広さをこえて関係のレベルで観察される冗長性に関する言明である。このルールは、シンメトリーまたはコンプリメンタリー、（責任転嫁ような）特定の分節化、個人間の理解欠如の相互的調和（3.35節）、あるいは関係の（当然多数ある）他の側面などに関係するであろう。いずれの場合にも、特定の次元に沿った可能な行動の極端な限界が、一つの冗長性のある布置となっていくのが観察される。このことから、ジャクソンは家族をルールに支配されたシステムと特徴付けるに至った

のである (74)。このことは実験的な法則が家族の行動を支配することを明白に意味するのではない。むしろマッハが科学一般について語ったように、

> ……非常に多数の事実を再現するためのルールは、**単一**の式に表わすことができるかもしれない。したがって、光の屈折の個々のケースについて記述しなくても、入射光線、屈折した光線、垂直線は同じ平面で交わり、$\sin\alpha/\sin\beta = n$ であることを知っていれば、現在および将来のあらゆるケースを心の中で再現することができる。ここでは、諸事情の様々な組合わせとあらゆる角度の入射角のもとでの無数のケースを記述するのでなく、上に記したルールと n の値だけを記述すればよいのだ。これは、はるかに容易なことだ。ここでの節約的目的は誤解の余地がない。自然界には屈折の**法則**などはなく、いろいろなケースの屈折があるだけである。屈折の法則とは簡潔で的を射たルールであるが、それは事実を心の中で再現するために我々が作り出したものである。そしてその再現とは部分的なもの、つまり幾何学的な面のみの再現にすぎない。(99, pp.485-6)

4.44　システムとしての家族

家族のルール理論は、「そのシステムの中のある変数が決まった範囲内にとどまっている限りは、それらの変数のいくつかに関して安定している」というシステムの最初の定義にあてはまる。このことから、家族をシステムとしてもっと正式にとらえることが示唆される。

そのような家族相互作用のモデルはジャクソンによって提唱され、彼は**家族のホメオスタシス**の概念を導入した (69)。精神病患者が治ってきた時にしばしば示される家族の激しい反動（憂うつ、心身症の発作など）を観察して、彼は、これらの行動もまたおそらく患者の病気も"ホメオスタティックなメカニズム"であり、乱れたシステムを微妙なバランス状態に戻すように作用していると仮定した。この短い論述は家族に対するコミュニケーション・アプローチの中核であり、そのアプローチはすでに紹介されたいくつかの用語によって列挙することができる。

4.441　全体性

　家族内の各個人の行動は他のすべてのメンバーの行動に関係があり、またその行動に依存している。すべての行動はコミュニケーションであり、故に他者に影響を与えたり、与えられたりしている。特に、上述したように、患者と認定されたメンバーの変化は、それが良い方向であれ悪い方向であれ、たいてい他のメンバーの、特にその心理的、社会的、そしてさらには身体的健康に影響する。不満だと言われていたことを解決したセラピストは、しばしば新しい危機に直面することとなる。次にあげるのは、不満の描写が異常なまでに明瞭であるという理由で選ばれた例ではあるが、理論上典型的なものである。

　ひと組の夫婦が妻の強い要求で夫婦療法を受ける。妻の不満は極めてもっともなものである。その夫とは、几帳面で好感が持て、よく気がつく青年なのだが、読み書きを習得しないままどうにか中等教育を終了した。軍隊でも文盲者のための特別矯正コースをうまく切り抜けてしまった。除隊後、労働者となったものの、文盲のため出世・昇給とは縁がなかった。妻は魅力的・精力的で、そして極めて良心の強い女性である。夫の文盲の結果、妻が家庭の責任を負い、さらに夫の職がみつかるたびに、車で送っていかなくてはならなかった。夫は、道路標識や地図が読めないからである。

　セラピーが始まって間もなく、夫は文盲者のための夜間コースに入会し、一種の教育監督者としての父親の助けを借りて、読むことの初歩的技能を習得した。セラピーの観点から見ればすべてが非常にうまく進んでいるように思われたが、ある日妻からセラピストに電話があり、もうセッションに参加する意志のないこと、そして夫に離婚を申し込んだということを告げた。古いジョークに「手術は成功したが、患者は死んでしまった」というのがある。ここではセラピストが提示された不満（夫の文盲）の相互作用的性質を見落していた。そして、その性質をとり除くことで、この夫婦のコンプリメンタリー的関係を変えてしまったのだ。しかし、この結果はまさに、妻が当初から期待していたものだったのではあるが。

4.442 非総和性

家族の分析とは、家族内のそれぞれの個人の分析を総合したものとはならない。システムとしての特徴、つまり各メンバーの性質を超えた相互作用的パターンがある。例えば、3.62節のコンプリメンタリー性、または6.432節で述べられる相互ダブルバインド的コミュニケーションなどである。メンバーの"個々の性質"の多く、特に症状的行動は、実際システムに特有のものである。例えば、フライ (52) は、不安症、恐怖症、ステレオタイプ的回避行動を示す一群の患者の夫婦関係の文脈を詳細に研究した。どのケースにもうまく機能している夫婦はなかったが、現在の理論にとってさらに興味深いことは、広い範囲の精妙な行動の組み合わせが各カップルに見られたということである。フライは以下のことを指摘する。

> 注意深く研究すると、各配偶者は患者のものと同一とはいかないまでも、非常に類似した症状歴をもっていることがわかる。そして、たいていの場合は、その症状歴を明らかにしたがらない。あるケースでは、妻が一人で外出できないばかりか、明るい場所・混んだ場所に入ったり、整列して並んだりすると人前でもパニック状態となってしまう。夫は最初のうち、自分自身の感情的問題はないとしていたが、やがて彼もやはり時々不安症状をもち、ある状況を回避した経験のあることを明らかにした。そのある状況とは、混雑した場所、明るく照らされた場所に入ることや、列をなして並ぶことであった。しかし夫婦ともこうした状況を彼よりより恐れる妻を患者と考えるべきであると主張した。
>
> 別の例では、閉鎖された場所を恐れるためエレベーターに乗れない妻が患者とされていた。そのせいでその夫婦は、高いビルの最上階にあるカクテルラウンジに行けなかったのである。しかし、その夫は高所恐怖症であることが後にわかった。妻がエレベーターを怖がるせいでビルの上へは行けないということに夫婦とも同意していたため、夫は高所恐怖症に直面せずに済んできたのだ。(52, p.248)

著者（フライ）は患者の症状が配偶者の防御となっていると考えられることを示唆した。そしてこのことを支持するものとして、患者の症状が始まるのは、配偶者の生活状況の変化（特に配偶者に不安を生じさせる変化）に典型

的に関係していると指摘した。

　例えば、今まで仕事が長続きしなかった弁護士の話。彼は他の市に良い仕事を得て、家族を追いたてるようにその地位についた。それは彼にとっては普段ないほどの自己主張であり、今まで1年以上別々にしていた夫婦の寝室を一つにするなどの変更もした。その結果、妻はひどい不安発作を起こすようになり、新しい家から外出できなくなってしまった。
　ある薄給のサラリーマンが、かなり手の込んだ建物を自分でほぼ完成させた。間もなく妻は不安発作を起こすようになり、家にとじこもるようになった。もう一つの例では、やっと大学を卒業した夫が職を得たが、ずっと夫をささえ続けてきた妻は、不安で混乱におちいってしまった。(52, pp.249-50)

以上のようなカップルの相互関係パターンや問題を、フライは"二重支配"と呼んだ。つまり、

　患者（妻）の症状は、彼女を病気のメンバーとして、夫を何でも自分の言うとおりにさせるようなポジションに位置づける。夫は常に患者に意見を聞き、彼女とともに問題をはっきりさせなければ行動できないが、それと同時に常に患者のスーパーバイザーでもある。彼は、いつでも妻が自分にコンタクトをとれるように電話のそばにいなければならないが、同時に彼は彼女の行動を全てチェックしているのだ。患者と夫はともに、**相手は常に自分の思い通りにやっている**と報告をする［どちらも相手に管理されている感じを持っている］。
　患者の困難（症状）によって夫は自分自身の症状の可能性に直面することなしに、不安や不快を味わうかもしれない状況を避けることができる。つまり、患者は、彼にとってうまい言い訳という機能をはたしている。彼は妻が不安定だからという表向きの理由で、社会的生活を避けるかもしれない。また、病気の妻に付き添ってやらなければならないという表向きの理由で、仕事の範囲を限定するかもしれない。彼は彼自身の引きこもり・過剰反応傾向のために自分の子どもとうまく触れあえないのかもしれないが、子どもの問題は患者の症状が原因ではないかという疑念のため、自分自身の問題には直面せずにすましてしまう。患者が病気で耐えられないだろうという表面上の理由で、患者との性的体験を避けるかも

しれない。彼はひとりになりたがらないが、患者も孤独を恐れるため、彼は常に彼女をかたわらにおいておくことができる。それも**彼**にこの症状があるということを強調されないままに。

不満を抱いている患者は、夫以外の男性との関係を望むかもしれないが、恐怖症のため、彼女は他の男性と接触をもつことはできない。夫の性格や患者の病気に対する反応のしかたのために、そういう事件は夫にとって深刻な可能性をもつものとはならない。患者も夫も、患者の症状によって夫婦間の切迫した事情から防御されている。

通常、結婚生活はみじめであり、夫婦の間には距離があり不満を持つものであるが、症状が夫婦を結びつける機能をはたしている。このタイプの結婚を、強制的な結婚と呼んでいる。

症状が続くかぎり、このジレンマ（強制的結婚）から逃れることはできない。患者は、夫がはたして自分と一緒にいたいのかどうかに疑問を抱き、病気を理由に夫がもっと自分のそばにいることを要求する。夫は患者のそばにはいるが、それは患者を安心させることにはならない。なぜなら彼は明らかに病気のために一緒にいてくれるのであって、患者と一緒にいたいからいるのではないのだから。夫も妻の病気のために強制的に一緒にいさせられていると感じるので、妻に対してもあるいは自分自身に対しても、自分から進んで彼女のそばにいてあげたいのだと確信させることはできない。

夫は、この問題を解決することはできない。仮に患者のそばにいてあげたとしても、患者の病気が重いからだとしか思われないであろう。そして、患者のそばにいてあげなければ、彼はかわいそうな妻の面倒もみない卑劣漢となってしまうのだ。さらに、妻をひとりにさせておいたり、妻が治ったりすれば、彼は自分自身の不安症に直面しなければならないであろう。夫は自分の怒りのためにあからさまに同情することもできないし、あからさまに同情しないこともできない。そして、患者も夫が彼女のために払っている犠牲を認めることも、またあからさまに認めないこともできないのである。(52, pp.250–2)

4.443　フィードバックとホメオスタシス

家族システムに導入された入力（家族のメンバーまたはその環境の行為）はシステムにおいて作用し、システムによって修正される。入力の性質（等

第4章 人間の相互作用の機構

結果性）ばかりでなく、システムの性質やそのフィードバック・メカニズムも考慮しなければならない。大きな不運を吸収するばかりか、それを家族の団結目標にしてしまうことさえできる家族もある一方、ごくささいな危機も処理できない家族もある。もっと極端な例は、分裂症患者をかかえた家族で、子どもたちの成長という明らかに避けることのできない事態を受け入れられず、こうした"逸脱"に対して病気または悪というラベルをつけてしまう。レインとエスターソン (90) は、母（フィールド夫人）が15歳の分裂症の娘（ジューン）の独立心の増加に対して見せる反応を記述している。ジューンは2歳から10歳まで先天性股関節脱臼で矯正装置をつけていたため、その活動は非常に制限されたものであった。

母　そう、ジューンとはいつも一緒だったわ。矯正器をつけてるから、転びでもしたら大変よ。実際転んで前歯を折ってしまったこともあるわ。でも、よその子とも遊んでいたわよ。……よく外へ連れていってあげたわ。一緒にね。当然のことよ。ひとりにはしておけないの。ジューンがギプスをつけていたときは、地面の上には出さなかったわ。ギプスがすぐにすりへってしまうんだから（笑いながら）。ベットの上で、こんなふうに（実際に示しながら）革紐を結びつけておくの。この子は力が強くて、ちょうど犬用の引き綱があったから。そうすれば、自由に動きまわれるでしょう。でもあまり遠くへは行けないの。このベッドであんまり元気に飛び跳ねたものだから、スプリングが2年でみんなだめになっちゃったわ（笑いながら）。一日中ベッドにいたわけじゃないのね。外へ行くときは、ちゃんと一緒に連れていっていたわ。それから公園へもよく行ったわ。夏なら木の下の地面のところに、また紐で結んでおくの。そうすれば木のまわりは動けても、コンクリートの上には行けないから。ギプスがあまり丈夫じゃないんですもの。コンクリートで擦れたら、すぐにすりへってしまうわ。ここの間の棒が見える？　蝶型ギプスで、もっとひらくのよ。ジューンが自分でギプスをはずしてしまったことがあったわ。ジューンを締めつけているギプスやこの棒を簡単に動かしてしまうの。それから、いつだったか朝早く、またはずしてしまったから新しいのをつけてもらいに病院へ連れていったわ。ジューンはいつも大騒ぎするような子だったから、いつもそうやって陽気には

しゃいでいるのよね。そうね、ジューン？
ジューン　ウーン
母　その通りよ。

　フィールド夫人の話し方は、陽気で活発だった。その注目すべき内容と同様に、その話ぶりの中にも多くのことが示されている。
　"かわいい"などの言葉以外に、ジューンが時には痛々しい姿を母に見せたであろうことを表わすような言葉をフィールド夫人は一言も口にしていない。とても幸せとは言っても、不幸せ、かわいそう、みじめなどの言葉は口にしない。陽気だとは言っても、もの静かだなどとは言わない。また必ずしも常に愛情がこもっているという感じでもなく、彼女が肯定的な意味で使う形容詞は決まりきったものであった。14歳までのジューンの描写は信念をもって厳格になされたものであったが、それは確かにどんな人間にあてはめて考えてみても、異常なほどに抑圧されたものであった。逆に、ジューンのほうからそのことに直面させるようにしても、それは受け入れられなかった。ジューンにはこの状況を自分自身のこととして受け止めるようにさせる強力なプレッシャーがあり、もしも逆らえば攻撃が加えられた。そしてこれは永遠に続いたのだ。つまりフィールド夫人はくり返し次のように言うのだった。「今のジューンは私のジューンじゃない。今のジューンが理解できない。ジューンはいつも幸せで、陽気な女の子だった」（90, pp.135-6）

母親の信念に反するような証拠はすべて否認されていることに注目してほしい。その証拠がジューンの側から出されると、この二人は新しい局面を向かえる。この局面は、母親がジューンに病気とラベルを貼るという形で、その変化を打ち消そうとする強い努力によって特徴付けられる。

　ジューンが入院した冬の前の夏、彼女は2歳の時の股関節脱臼で6週間入院して以来初めて、母から離れたことがあった。それは教会主催の少女キャンプだったが、フィールド夫人は母親の中で唯一人、キャンプ場まで娘についてきた。そして、1ヶ月間二人は離れていた。その間ジューンは、自分や他人に関して様々な発見をした。親友と喧嘩別れしてしまう、つらい体験もした。そして以前よりもずっと強く、性的な意味で自分自身に気づくようになった。

母から見ると、キャンプから戻ったあとのジューンは「私のジューンではなかった。私は彼女を理解できなかった」と感じるようになった。

以下は、ジューンが母と離れる前と後の性質についてフィールド夫人が語ったのを一覧表にしたものである。

前	後
・可愛らしい女の子	・ひどい顔つき、ぞっとするような化粧、太った。
・とても幸せな女の子	・不幸せ
・陽気	・内気
・いつも何でも話してくれた。	・自分の思っていることを話そうとしない。
・夜は父母祖父と居間でくつろいだ。	・自分の部屋へ行ってしまう。
・父母祖父とよくトランプをした。	・読書のほうが好き。トランプもするが、楽しそうでない。
・学業も非常に熱心	・学業のとり組み方が不十分
・いつもよく言うことをきいた。	・辛辣、横柄な態度（母親をうそつきよばわりしたこともある）
・よくしつけられていた。	・がつがつと食べ、みんなの食事が終わるまでテーブルで待とうとしない。
・神を信じていた。	・神は信じない。人間性に対する信頼を失ったと語った。
・いい子だった。	・時に邪悪に見える

ジューンの母親はこうした変わりように驚いて、8月から12月の間に、2人の医者と女性校長のところへ相談に行った。これらの人々もジューンの姉や父親も、彼女が異常だとは認めなかった。にも関わらず、フィールド夫人はジューンをひとりにしておけなかった。

もちろんのことながら、フィールド夫人の話はジューンを正しく見てはいないと気づくことは重要だ。ジューンの全生活は母親には全く知られていなかった。ジューンは内気で自意識過剰で不安定だったが、年の割に体格がよく、幼児期から長引いている身体障害を克服しようと始めた水泳や他のスポーツには積極的であった（結局10歳になるまで器具をはずすことはできなかったのだが）。積極的

ではあったが、自立することはなかった。なぜなら、ジューン本人の言うように、彼女は母親によく従い、あえて反論するようなことはめったになかったからだ。それでも13歳の時には、教会のクラブに行くと言っては、ボーイフレンドとデートするようになった。

キャンプから戻ってから、ジューンは初めて、自分自身、母親、学校、神、他の人々などについて本当に感じていることを、一般の基準から見れば非常に控え目にではあるが、表現するようになった。

学校の先生たちはこの変化を歓迎した。姉のシルビアは、よくある姉妹間の意地悪さを持って見ていた。父親は、その気がかりを娘を持つことの宿命の一つとしてとらえられているようであった。母親だけは**病気**であると考え、クリスマス休暇中やその後ジューンが家に引きこもりがちになると、その確信はさらに強いものになった。

母親は、ジューンのほぼ完全な不活発さをもたらした出来事を以下のようにとらえた。すなわち、ジューンは8月以降病気になり、人格に悪い変化をきたし、家では無作法で攻撃的、残忍で生意気になり、学校では内気で自意識過剰になった。この見方によれば、娘を最も良く理解しているのは母親なのだから、他の誰（父、姉、先生、医者）よりも早く分裂症の始まりを発見できるであろう。(90, pp.137-9)

この非常に集中的な調査では、入院及び回復期が医者たちによって直接観察された。

ジューンが臨床的に緊張型分裂病であり、母親がまるで幼児でも扱うかのようにジューンを看病していた局面は3週間続き、それは、我々が直接観察した中では二人の関係が最も調和のとれた局面であった。

我々の見解から言えば、葛藤はジューンが回復のきざしを見せ始めた時に初めて起こった。

回復の過程でジューンが見せた進歩（看護スタッフ、精神科ソーシャルワーカー、専門のセラピストおよび我々自身から見て）のほとんど全てを、母親は強く妨害した。母親は、我々やジューンが前向きのステップととらえていたものを後向きのステップとみなし続けたのだ。

第4章　人間の相互作用の機構

ここにいくつかの例を示そう。

ジューンは主導権をとりはじめた。母親はジューンが無責任である点、あるいは尋ねずに何かをするのはジューンらしくないという点を理由に、そのような態度すべてに大きな驚きを示した。つまり、ジューンが何か間違ったことをしたということではなく、最初に許可を得なかったということに驚きを示したのである……。

もう一つ、ジューンが母親を慌てさせた例としては、ジューンが朝食後、3ペンスのチョコレートバーを、これも母に尋ねずにどうやって食べたのかというものがある。

両親はジューンにおこづかいを与えていなかったが、なぜお金が欲しいのかを説明すれば、お金をあげると言ってきた。当然ジューンは小額のお金を他から借りる方を好んだ。ジューンはいかに小さな額のお金でも、説明をつけなければならなかったのである。

このコントロールは、異常なまでに極端なものとなった。ある時ジューンは、許可を得ずに父親の金庫から6ペンスをとってアイスクリームを買った。父親は母親にむかって、ジューンが盗みをはたらいたなら、自分にとってあの子は死んだと同じだと言った。また、ジューンが映画館で1シリングを拾った時、両親は受付窓口に渡してきなさいと言ったが、ジューンはもし自分が1シリングなくしたって戻ってくるなんて思わないと言って、あまり正直すぎるのはばかげていると言った。しかし両親は、翌一日中そのことを言い続け、夜遅くには父親が寝室に入ってきて再びさとした。

このような例が、何度も繰り返された。それらはジューンが突然あらわした壊れやすい自治に対する、両親の緊張した反応をよく示している。フィールド夫人は、このような自立心の成長を"爆発"という言葉であらわした。

今のところジューンも負けてはいない。が、母親はジューンの自立心の成長の証拠を極めて両価的な表現で表し続けた。普通の化粧をしてもぞっとすると言い、誰か男の子が自分に関心を持ってくれないかなあというジューンの期待をひどくあざけり、ジューンのいかなるいらだちや怒りの表現をも"病気"の症状や"悪さ"の証拠ととらえた……。

ジューンは自分を厳しく抑制しなければならなかった。なぜなら、怒鳴ったり、わめいたり、悪口を言ったり、食べすぎたり、食べなさすぎたり、食べるのが早

すぎたり遅すぎたり、読書をしすぎたり、眠りすぎたり、眠らなすぎたりすれば、母親に病気と言われるのだから。ジューンにしてみれば、両親が"良い"とみなす子どもにならないという危険をおかすことは相当な勇気を要することであった。(90, pp.139-45)

　理論を明確にするために用語のレビューが必要なのは、我々がフィードバックの問題を考えるときである。ホメオスタシスという用語は、家族問題だけでなく、他の領域でも安定性あるいは平衡状態という用語と同じ意味になる。しかし、デイビス (36)、トックとハストーフ (154) が強調したように、ベルナールの時代以来ホメオスタシスには二つの定義が存在するのである。第1のものは**目的**あるいは状態として、特に（外面的な）変化に対してのある恒常性の存在を表わし、第2のものは**手段**として、変化を最小限にするように作用するネガティブ・フィードバックのメカニズムを表わす。この二つの定義の使用法の不明瞭さ、その結果おこる広義性、またしばしば同じようにあいまいなこの用語の適用法は、正確な類推あるいは説明の原理としてのこの語の有用性を鈍らせてきた。ここでは、一般的にネガティブ・フィードバックのメカニズムによって維持されているシステムの**定常状態**あるいは**安定性**といった方がより明確である。

　同居しているすべての家族は、環境や個々のメンバーによって課されるストレスに耐えるためのネガティブ・フィードバックによって特徴づけられるはずである。傷ついた家族は、特に変化に対して頑固で、圧倒的なネガティブ・フィードバックによって現状を維持することに顕著な能力を示すことがしばしばある。これはジャクソン*10 の観察や、レインとエスターソンの例が示すところである。

　しかし、そうした家族の中でも学習や成長がある。純粋なホメオスタシスモデルが誤りを犯しやすいのは、ここのところである。なぜなら、これらの効果は**ポジティブ・フィードバック**に近いものだからである。（適応的行動と症状的行動両方の）行動・強化・学習の分化と子どもたちの究極的な成長と独立はすべて、家族は一方ではホメオスタシスによってバランスをとって

いるが、他方、重要な変化の要素が同時に作用していることを示している。*11
　つまり家族相互作用のモデルは、これら両方の、そしてその他の原理をも結合させた、より複雑な形態として考えられるべきである。

4.444　キャリブレーションとステップ・ファンクション

　以上のことから、**限られた範囲**での**恒常性**という、より基本的なひと組の仮説が示唆される。変化とバリエーション（ポジティブ・フィードバック、ネガティブ・フィードバックや、他のメカニズムによる）の重要性は、バリエーションの基本的な安定性、つまり"ホメオスタティック"の二重の使用法によってあいまいにされた概念の暗黙の前提に基づいている。この固定された範囲に対するもっと正確な用語は**キャリブレーション**（14）である。つまり、以上において定義された**ルール**をより特殊化した概念に等しいと思われるシステムの"セッティング"である。家庭用暖房器具のサーモスタットの古典的類推で、この用語を説明しよう。サーモスタットがある温度にセットあるいはキャリブレートされると、その温度以下になると暖房が作用し、セットされた温度からの逸脱が修正されるまで作用し続け（ネガティブ・フィードバック）、部屋の温度はキャリブレートされた範囲内に保たれる。し

---

*10 ジャクソンの著作を参照していただきたい

ホメオスタティックなものとしての、そして最終的には特にルールに支配されたシステムとしての家族という仮説を導いたのが、精神病者のいる家族におけるホメオスタティックなメカニズムの観察であったというのは家族理論の発達において意義のあることである。なぜなら、ルールの廃棄に対する反応を観察し、破られたルールをそこから推論してみれば、そのルールはたちまち明らかになるからである。通ることが可能なのにとられ**なかった**ルートにも十分注意しながら、踏みならされてきた道を面倒ながらも長い期間にわたって観察すると、最終的にはこのゲームのルールに関するかなり正しい推測が与えられる。しかし、たった一つの逸脱に対する観察可能な反作用は、我々の目標に向けての標識のようなものである。(74, pp.13-4)

*11 ここでも再び我々は、恒常性が新たな感受性を導き、そして新たな対処メカニズムを必要とさせるかもしれないというプリブラムの示唆（1.3節）に言及することができる。

かし、サーモスタットのセッティングが高い方あるいは低い方へ変えられたらどうなるだろう。ネガティブ・フィードバックのメカニズムは以前と全く同じであっても、全体としてのシステムの動きは異なってくる。サーモスタットセッティングや自動車のギア・チェンジなどのようなキャリブレーションの変化が**ステップ・ファンクション** (4) である。

　ステップ・ファンクションがしばしば安定効果をもつことは注目すべきである。例えば、サーモスタットのセッティングを下げればネガティブ・フィードバックの必要性が減り、暖房器の働きと出費を軽くする。また、ステップ・ファンクションによって、より適応的な効果が得られる。運転者－ガソリン－ペダル－車のスピードというフィードバック・ループには各ギアで一定の限度がある。故に、スピードをあげたり、坂をのぼったりするためには、リ・キャリブレーション（ギア・チェンジ）が必要となる。家族においても、ステップ・ファンクションは安定効果をもつようである。つまり、精神病はシステムをリ・キャリブレーションして、適応的にしさえするような急激な変化なのである（77、上述のレインとエスターソンの例の緊張型分裂病期にも注目していただきたい）。事実上、必然的な内的変化（親・子両者の年齢および成熟）は、システムのセッティングを変化させる。それは、内部から除々に変化させるかもしれないし、社会環境が（高等教育、兵役、退職の強要に伴って）これらの変化に影響する時のように、外部から激しく変化させるかもしれない。

　こうして考えてみると、ジャクソン（69、70）によって臨床的に注目されたホメオスタティック的メカニズムは、ここで論じられたことよりも、実際にはさらに複雑な現象であろう。ある一定のホメオスタシス的メカニズムが典型的には家族のルールからの逸脱に反応して働くとすると、このメカニズムは、より大きな時間の単位にわたって、あるパターンを破っては回復するという、より高次のパターンを構成していることになる。

　このモデルを家族生活や、法の施行のようなより大きな社会パターンに適用する際、我々は個人やグループが大部分その中で機能するような慣習的あるいは許容される行動のキャリブレーション、つまり家族のルールや社会の

法律が存在することを提示する。あるレベルでは、これらのシステムは非常に安定している。なぜなら許容される領域からはみ出た行動という形の逸脱は訓告、制裁、あるいは別の家族の一員が病気になる場合のように、代用物に置きかえるということによってさえも打ち消されるからである。別のレベルでは常に変化が起こっている。そして、我々が提案する変化とは、少なくとも部分的には他の逸脱の増大によるものであり、最終的にはシステムの新しいセッティング（ステップ・ファンクション）につながるかもしれない。

4.5 まとめ

人間の相互作用は、一般システム理論の諸性質（変数としての時間、システム－サブシステムの関係、全体性、フィードバック、等結果性）によって特徴づけられるコミュニケーション・システムとして説明できる。コミュニケーション現象の長期にわたる語用論的影響を研究する際に、進行中の相互作用システムに焦点があてられるのは当然であると考えられる。一般的な制限と特に家族ルールの発達は、ルールに支配されたシステムとしての家族の定義や説明につながる。

第5章 劇『ヴァージニア・ウルフなんてこわくない』に対する コミュニケーション的アプローチ

「行け！　そして詩人に尋ねよ！」　　　——S. フロイト『文化の不安』

5.1　はじめに

　前章までに説明した相互作用システム理論を適切に説明するにあたっての一般的な問題点と、この章で前章までのような実際の臨床データでなく創作劇を使う方法を選んだことについて、特にコメントをしておく必要がある。これといった重要な出来事や変化よりはむしろ、長時間にわたり、様々な状況で余分なパターンをもつ反復的な進行中のプロセスをひとまとまりとして記述してきたので、具体例をあげる困難さは相当なものとなる。システムを定義する種々の抽象観念（ルール、フィードバック、等結果性など）が何を意味するかを正確に示すためには、莫大な量のメッセージとその分析及び配置が必要である。例えば、何時間にもわたる家族面接のトランスクリプト（複写）の量は殺人的であり、セラピストの観点から、そして治療の文脈から偏見を含むことがある。未編集の"自然史的"データはどこまで使用できるかその限度がわからない。選択、要約も手近な解答ではない。なぜならまさにその選択というプロセスを見る権利を読者から奪ってしまうような方法によって、偏見を生じてしまうのだ。データは手ごろな分量（サイズ）ということに加えて、適度に独立していることが第2の大きな目標である。つまり、公に入手可能という意味で、著者自身から独立しているという意味である。

　エドワード・オールビーの奇妙ではあるがよく知られた劇は、これら両方の基準を満たしているように思われる。劇はおそらく現実よりもさらに現実的だろうが、劇中に示されるデータの限度は芸術的許容をもって決められて

いる。"自然主義という水浸しの灰の中の炎"(145) という具合に。そしてすべての情報は読者に入手可能である。この結果、この劇については他にも多くの解釈が可能であり、多くの解釈がされてきた。そして実際、多くの解釈が可能なのだ。しかしここで一つの解釈に焦点をあてるからといって、その他の解釈を認めないということではない。我々の目的は単に学説を手近な形で解説することであり、劇を独立した単位として余す所なく分析することではない。劇の流れの要約の後、本章ではできる限り第4章の大きなセクション構造に従う予定である。少なくとも最初の見出番号5.2節、5.3節、5.4節は4.2節、4.3節そして4.4節に相当している。

5.11 あらすじ

　この劇は、ある批評家によれば"家庭内論争の地獄"(107, p.58) と表わされるもので、具体的な行動はほとんどない。動きのほとんどは、速く細かな言葉のやりとりに含まれている。こうしたやりとりを通じて、4人の役者による相互作用のコミュニケーションの複雑さが描かれている。おそらくそれは、オーソドックスなドラマのように著者がもっと"実際の"出来事に頼って表現した場合よりもはるかにくっきりとしたものになっているのである。

　劇全体が、とある日曜日の真夜中から夜明けにかけて、ニューイングランドにある大学キャンパス内のジョージとマーサの家のリビングルームの中で進行する。マーサは大学の学長の一人娘で、夫のジョージは史学部の準教授である。マーサは大がらで騒々しい52歳。年よりいくぶん若く見える。ジョージはやせ形。白髪頭のインテリで46歳くらい。二人には子どもがいない。マーサによれば、マーサと父親は若い頃大学に来たジョージに、史学部をとりしきって、ゆくゆくは学長になってほしいと期待していた。しかしジョージはこの期待に添うことなく、準教授の地位に甘んじている。

　ジョージとマーサがマーサの父親の家で開かれた教職員パーティーから帰宅するところから、劇は始まる。午前2時だったが、マーサはジョージに気づかれないように、パーティーで会ったひと組の夫婦を招待した。一人はニック、生物学部の新人で30歳くらい、ブロンドでハンサムだ。妻のハニー

は 26 歳、小柄で、ぴりっとしたところがなく、色のさえないブロンドである。後に明らかになることだが、ニックがハニーと結婚したのはハニーが妊娠していると思ったからだった。しかしそれは想像妊娠で、言うまでもなく結婚と同時になくなってしまった。ニックがハニーの父親の財産に心を動かされていたことも事実だろう。こうした理由によるものか否か、ニックとハニーは互いに極めて紋切り型のコミュニケーションをする。

　ジョージとマーサは自分たちだけの秘密をいくつか持っていた。中でも一番大切なものは二人には成人間近の息子がいるという作り話で、この想像上の子どもに関しては一つのルールがあった。つまり誰にもこの子の"存在"をしゃべってはいけないということだ。また、ジョージの若いころにはとても暗い出来事があった。彼が誤って母親を射殺してしまったことと、その 1 年後、父から車の運転を教わっている時に、運転を誤り父を死なせてしまったということだ。しかし観客は何となく、これは単にもう一つの幻想にすぎないのではないかという気にさせられる。

　第 1 幕は「たわむれ」と呼ばれ、ジョージとマーサの口げんかとのスタイルと二人の想像上の息子を紹介している。また、マーサがニックに示す誘惑的な態度（明らかにステレオタイプ化している）についても紹介がある。この幕のクライマックスはマーサがジョージの不出世をこっぴどく攻撃するシーンである。

　第 2 幕の「夜祭り（ヴァルプルギスナハト）」は、ジョージとニックの 2 人だけが部屋にいるシーンから始まる。二人は秘密の打ち明けを競いあっているかのようだ。ジョージは自分の両親の死について語っているが、これは第三者の悲劇としての形をとっている。そしてニックは結婚のいきさつを語っている。女たちが部屋に戻ると、マーサはジョージのために厚かましくもニックと踊り出す。そして第 1 のゲーム「亭主の赤恥」が演じられる。マーサは客の二人にジョージの両親がどうして死んだかを話してしまい、そこで一方ジョージはマーサに暴力をふるう。それからジョージは次のゲーム「客をやっつける」を始める。ニックとハニーの責任結婚のことをしゃべってしまうのだ。ニックは大変な屈辱を感じ、ハニーは恐ろしく思った。後味の悪い思いをした後、マー

サとジョージはさらにやり合い、闘いを続けることを誓った。次のゲームは「おかみの赤はだか」である。マーサは大っぴらにニックを誘惑するが、協力すべきニックは昨夜からの酒の飲み過ぎがたたって、役に立たなかった。

第3幕「悪魔ばらい」はマーサ一人のシーンで始まる。自分が不貞を犯すかもしれなかったことを後悔しながらも、不満を言っている。一方ジョージは最後のゲーム「子どもを育てる」の準備をし、最終ラウンドのために他の3人を集める。彼は子どもについての作り話を一部始終明らかにし、ひどく怒っているマーサに、子どもは交通事故で「死んでしまった」と言う。この悪魔払いの性質がニックにわかってくる（「いや、わかるような気がする」〔p.236〕*1）。ニックとハニーは去り、劇は疲れきったあいまいな調子で幕を閉じるが、ジョージとマーサが若い盛りの一人息子の死をなげく親のゲームを続けるのか、あるいは二人の関係を根本的に変えることが可能になったのかはわからない。

5.2 システムとしての相互作用

この劇の登場人物、中でもジョージとマーサは、**適当に変更はされている**ものの、一般的なシステムの多くの特性によって特徴づけられる相互作用的システムを構成しているとみなすことができる。そのようなモデルは文字通りのものでも包括的なものでもないことをもう一度強調しておいてもよかろう。つまり、これらの登場人物は、現実に進行中の関係に見られるものと同様に、機械的なものや自動的なものであるとか、相互作用の側面から完全に定義されるなどとは決して考えられない。事実、科学的な装置としてモデルの持つ力は会話の主題を意識的に単純化した表現や構成の中にある (2)。

5.21 時間と配列、作用と反作用

グレゴリー・ベイトソンの定義では、社会心理学とは"個人が他の個人の

---

*1 〔 〕内のページ数は Atheneum 版による (1)。 訳注1 訳文は鳴海四郎訳「筑摩世界文学大系 85」筑摩書房 1976 によった。

反応に対して見せる反応についての研究"ということになる。彼はさらに続けて"我々はBの行動に対するAの反応ばかりでなく、このことがその後のBの行動にどういった影響をおよぼすか、そしてこのことがさらにAにどのような影響をおよぼすかという点まで考慮しなければならない"(10, pp.175–6)と言っている。これが当面の分析の根本的な原則である。ジョージとマーサは興味深い人物であるが、二人を社会的文脈(それは、まず第1にお互いである)から切り離したり、二人を"タイプ"として考えたりするわけにはいかない。むしろ分析の単位は、ジョージに反応するマーサ、マーサに反応するジョージというように、彼らの間で連続的に起きているものになるだろう。こうした取り引きが長時間にわたると、抽象的ではあるが、本質的に連続したプロセスによって構成される配列ができあがっていく。

5.22 システムの定義

相互作用システムとは、伝達者の関係の性質を定義する過程あるいはそのレベルにある2人以上の伝達者であると4.22節で定義された。これまでの章で説明をしてきたように関係のパターンは内容とは独立して存在する。とはいっても、もちろん実生活においては関係のパターンは、常に内容によってあるいは内容を通して明らかにされるのだが、人々が互いにコミュニケーションするものの内容にばかり注目していると、相互作用における連続性はほとんどなくなってしまうように思われる。つまり"時は常に新たに始まり、歴史は常に0年にある"ということになってしまう。それはオールビーの劇でも同じことである。苦痛にみちた3時間、観客は万華鏡のように常に変わり続ける出来事の連続を目撃するのだ。しかしそれらに共通するものとは何であろうか。アル中、インポテンツ、子なし、潜在的同性愛、サドマゾヒズム——これらすべてが日曜日の真夜中に2組の夫婦間に起きることの説明としてとりあげられてきた。ストックホルムの映画製作所で、イングマール・ベルグマンは次の事を強調した。「これは父によって息子が犠牲になることへの、キリスト教論的な論及である。つまり息子は父から母への贈り物であり、天から地上への贈り物であり、神から人類への贈り物であったのだ」

(109)。コミュニケーションの**内容**が基準になっている限り、多少の矛盾はあるものの、これらすべての見解はある程度正しいといえるようだ。

しかしオールビー自身は全く異なる見解を打ち出した。第1幕は「たわむれ」と呼ばれる。関係のゲームは劇を通じてずっと行なわれる。そしてルールが常に生まれ、従われ、そして破られる。それは遊びの性質など持ち合わせていない恐ろしいゲームだ。そしてこれらのルールこそゲームを一番よく説明しているものである。しかしゲームもルールも**何故か？**という質問に答えるものとはなっていない。シーメルも以下のように指摘している。

> 第1幕を「たわむれ」とタイトルづけしたのは適当である。それは破壊的であるにも関わらず繰り返される、**人間間の行動パターン**の研究である。オールビーは「どのように」ゲームをするかははっきりと書き表わしたが、「なぜ」ゲームをするかは観客や評論家にまかせている。(141, p.99、ゴシック筆者)

例えば、ジョージが本当に学問的な才能がないのか否か（それもマーサの言う理由によって）はどうでもいいことだ。そしてニックがはたして歴史や歴史家をおびやかすような未来の科学者なのかどうかも大して重要なことではない。では後者について考えてみよう。ジョージは頻繁に（例えば pp.36-40, 65-8）歴史と未来の生物学（優生学、国教遵奉*訳注2）を引き合いに出す。これは彼が言うように、個人的でかなり気難しい没入かもしれない。社会的な論評かもしれない、さらには伝統的な西洋人（ジョージ）の未来の波（ニック）に対する奮闘を寓話化したものかもしれず、そこでは"大地の母"（マーサが自分自身をこう呼んでいる〔p.189〕）が賞品となっている。あるいは以上のことすべて、およびそれ以上のものなのかもしれない。しかしジョージとニックの**関係**という面から見れば、この話題は（後にジョージが想像上の息子を説明するのと同じように〔p.98〕）単なる"お手玉"にすぎない。そ

---

*訳注2 ダーウィンの進化論に対し、19世紀当時その学説が聖書の創世記と異なるため、神学の立場に調和した形の反論が英国国教会からなされた。この史実を踏まえて Conformity を国教遵奉と訳した。

れはおもちゃであり、しばしばミサイルでもある。それらを通じてゲームを明らかにする媒体となっているのだ。この意味では、ジョージが歴史や生物学の話題に逸れていったことは誘因と見なすことができるが、それは以下の形をよそおっている。すなわち防衛、そして（漸進的に関わりを増す）コミュニケーションの失格や否定、そしてニックが本当にジョージの妻を取ってしまうという思い込み的予言につながる分節化を含む興味深いコミニュケーション現象である。

　同様にジョージとマーサは二人の関係の奮闘に深くはまってしまっているため、二人の侮辱の内容を個人的にとらえることをしない（事実マーサはニックが自分と同じ様な呼び方でジョージを呼ぶことを許さないであろうし、二人のゲームにニックが口出ししてくることも許さないであろう（例えばp.190, p.204））。彼等は**システム内**でお互いを尊重しているように思われる。

5.23　システムとサブシステム

　劇およびこの解説が集中的に焦点をあてているのはジョージとマーサのダイアッド（二者関係）である。しかし二人は"開放システム"であり、ここでは階梯構造の概念が適当であろう。二人のそれぞれはニックとサブ・ダイアッドを形成している。そしてニックとの場合よりはるかに低い程度だが、ハニーとも同様な関係がある。ニックとハニーも当然ダイアッド・システムにあり、ジョージーマーサと強い対照をなすコンプリメンタリー性のために、ジョージーマーサに対して注目すべき関係にある。ジョージ、マーサ、ニックは変化するダイアッドから成る三角形を構成している。[*2]　4人は全体としてドラマの中で目に見える全体システムとなっているが、その構造は出演する人物に限らず、目に見えない息子、マーサの父親そして大学の環境を含んでおり、時には呼び出したりする。当面の目的は考えられる可能性を完璧に分類したり分析したりすることではないので、ローレンス・ダレル (41) が

[*2] そこで2人がグループを組んで1人を敵とする。つまりマーサとニックがダンスなどしてジョージをばかにしたり〔pp.130-6〕、あるいはジョージとマーサが組んでニックに対抗したりするのである〔pp.196-7〕。

言うところの"ワークポイント"に焦点をあててみる。"ワークポイント"とは構造の他の面が作り出される際の実際の無限の循環や新しい見方である。例えば、ニックとハニーの奇妙なコンプリメンタリー性、ニックのナルシズムに適合するようなマーサの攻撃的大胆さ、ジョージとニックの不自然な接近[*3]、マーサの父親に対するマーサとジョージの競争などである。

最後に一言付け足せば、オールビーはほとんどの場合、小さな単位に話を限っている。ほとんどダイアッドの三角関係か（男対女という面のもので、おそらく偽造的なものであろうが）2者対2者の関係である。一度に3つや4つの単位を用いると話が複雑になりすぎてしまうのであろう。

5.3 開放システムの特性

システムの一般的な性質は、ジョージとマーサのシステムを、モノデックなアプローチと対比させながら、より明確になるように考え直してみることによって説明できよう。

5.31 全体性

我々がゲシュタルト、即ち登場人物によってつくり出される特性を説明するのが理想的であろう。彼らの関係は個人がもたらす以上のものであり、またそれとは別のものでもある。ジョージあるいはマーサが個人的に見てどんなふうであるかということは、二者間に何が形成されるか、あるいはどのように形成されるかということの答えとはならない。この全体を破壊して個人的な特性や構造にしてしまうことは、根本的には彼らをお互いから引きはなすことであり、彼らの行動はこの相互作用の文脈の中で特別な意味を持つということ、つまり実際には相互作用のパターンがこれらの行動を続けさせているということを否定してしまうものである。言いかえれば、全体性とはべ

[*3] それはタイトルである「夜祭り（ヴァルプルギスナハト）」に相互作用的な意味をもたせる。その中ではメフィストがファウストに見せたような底抜けのお祭り騒ぎをジョージがニックに示すのである〔p.115〕。

イトソンやジャクソン (19) や 2.41 節に説明されている刺激－反応－強化の三項随伴性を記述したものである。故に、ここに出てくる人物の動機に焦点をあてるかわりに、別のレベルで、システムに対する行動の適切さに方向づけられた個人を何らかの形で強調しながら、システムを**作動可能なもの**として説明することも可能である。第1章の結論のすべて——ブラックボックスアプローチ、意識対無意識、現在対過去、循環性、そして"正常"と"異常"の相対性——を、システムという全体性の原理の結果として心にとめておくことが必要である。

ほとんどのジャーナリズム的批評家はこのダイアッドに対して**一方向的な**見方をし、ジョージをこの状況における犠牲者として"ひいきする"ようであるが、実際のところジョージとマーサの非難の違いは、ジョージはマーサの強さを責めているのに対してマーサはジョージの弱さを責めているということだけである。もしも批評家たちがこの闘いの中のジョージの役割を認識したならば、ジョージは激しく挑発した後に自分の戦略術を行使しているとみなすことができる。我々の見解では、これはどちら側も止めることができない相互的な挑発のシステムである。しかしそのような循環性を必要十分なバランスをもって解説することはとてつもなく難しいことである。その理由は2つあるが、第1に、相互因果関係を説明する十分な用語がそろっていないからということ。[*4] そして第2に、循環性のどこかで説明を始めなければならないが、その循環性がどこで分析的に断たれたとしても、それが始発点としての意味合いを持つからということである。

マーサの攻撃は明白で誤解の余地はない。またマーサはまさに口やかましい意地悪女のステレオタイプにあてはまるために、ここでのジョージの行動はさらに強調される傾向にある。これはもちろん単に非難の鉾先を変えることではない。なぜなら非難が問題ではないのだから。むしろマーサとジョージが2人でマーサの貢献を明らかにしているのだ。実際、マーサは積極的、ジョージは消極的だというのは、彼らの共通の分節化である。（しかし積極

[*4] マルヤマ氏は「多次元的相互同時因果関係」という用語を作り出した (100)。

性、消極性に対する二人の価値観は異なる。例えばジョージは自分をひかえめと見ているがマーサはこれを弱さと呼ぶ)。だがこれが彼らのゲームの戦法なのだ。基本事項としてとらえるべきことは、二人は一緒にゲームをしているということである。

このように循環性を強調すると、一人ひとりの欠点を埋め合わせる性質についてはざっと触れる以上のことはできなくなる。実際には二人は共に極めて聡明で洞察力がある。両者とも時には深い同情を示す。そして両者とも違う時点ではあるが、自分たちのゲームの恐ろしい破壊性に気づいており、ゲームを止めたいと思っているのは明らかなのだ。

5.32 フィードバック

このようにおそらく簡素化されたシステムにおけるフィードバックのプロセスはシンメトリー(ポジティブな、逸脱増幅的フィードバック)とコンプリメンタリー(ネガティブな、安定志向的フィードバック)に正確に相応する。「あなたにできることを私はもっとうまくやる」型のシンメトリー的競争は、暴走的に過激になっていく。一方このシステムがコンプリメンタリーに変わると(受容、柔順、笑い、時には怠情さえおこる)、たいていは闘争が終わるか少なくとも一時的に停止する。

しかしこの一般的パターンには例外もある。辛辣さとサイクルのサイズ両方のテンポが増すと(短くほとんど遊び的な冗談の言い合いから、「主人に恥をかかせよう」のようにより重大でより大きなパターンとなってくると)同様にこの傾向に対抗するためには、より大きな逸脱補正が必要とされる。そしてマーサとジョージが示すように、和解のための二人の力量は悲しいかな、闘争のための力量とは対照的なのである。安定装置として働くことが可能なメタ・コミュニケーションも同じシンメトリーのルールに従うことがわかる(5.43節)。そして大火災を止めるどころか、さらに火に勢いをつけてしまったのだ。シンメトリーを作り出すためのコンプリメンタリー性がパラドックスを導いたり、さらには決断を妨げるような場合には、問題はさらに多くなる。

5.42節では、息子に関する空想話を、二人のシステムの厳しく規制された例として、本来備わっている異なる種類のホメオスタティックなメカニズムとともに考察する予定である。

5.33　等結果性

ある一定の期間にわたって形成され、ある状態を達成し、また別の状態に変化していくものとしてシステムをとらえると、現状を説明するには２つの異なる方法があることがわかる。一つの一般的なアプローチは、観察するか、あるいは（人間研究の際にはより一般的で必要性の高いものとなるが）現在の状態を導いたであろう初期条件（病因、過去の原因、歴史）を推論してみることだ。ジョージとマーサのような相互作用システムにおいて、最初の状態とは求婚時あるいは結婚初期の共有経験かもしれないし、あるいはさらにさかのぼってどちらか一方、あるいは両者の人生の初期に形成された個人的なパーソナリティー・パターンであるかもしれない。前者に関しては、例えばマーサが偶然ジョージに大打撃を与えたこと（マーサはそれについて「私たちの人生を色どっていると思ったの。本当にそう思ったの。結局は言い訳ね」〔p.57〕と言った）が原因としての役割を演じていると考えられよう。また、もっと表面的でないものとしては、ジョージがマーサの父親の学長という地位の"後継者"になりそこねたことを含む一連の状況もその原因となろうし、マーサが純真さを失ったことおよび、もしくはあるいはアル中になったこと（「本当に淑女のようなかわいらしい酒」から「消毒用アルコール」にまでなった〔p.24〕）にジョージが長い間耐えてきたこともその原因と考えられよう。結婚当初まで遡れば、そのような問題は他にもあろう。個人的な"初期条件"については、さらに多くの説明が可能だ。[5] ジョージは潜在的同性愛者でマーサを軽蔑していた。そこでマーサが若く美しい男（おそらく他の男とも）と関係することを自分自身の身変わり的満足のために利用し、

---

[5] しかし彼等は又、明らかに**総和的**である。相手がどのようにして状況に調和していくかについての明白な説明はないけれども。

巧妙にうながしていたとも考えられる。あるいはマーサとジョージは想像上の息子あるいはニックと古典的なエディプス・コンプレックスの状況を形成しているとみなすこともできる。そこではニックが母親と関係を持とうとしたが、自分が不能でこのタブーを打ち破ることができないことを知るばかりでなく、ジョージが子どものころ自分の父親を死なせてしまったと言っているのと同じやり方で、その若い息子は殺されるのだ〔pp.95-6 と p.231 を比較されたい〕。さらにジョージがおもちゃの猟銃でマーサを殺すまねをする〔p.57〕のはジョージが自分の母を撃ち殺してしまったといっているそのやり方と重なっているのかもしれない〔p.94〕。これらは分析の可能な方向を暗示するものにすぎない。これら分析の全てにおいて、相互作用は、以前の、しばしば個人的な条件によって決まるものとして見られ、その条件が相互作用を一番うまく説明するものとされるのである。

　既往症データの性質と使用に関しては既に（1.2節、1.63節、3.64節）コメントした。そして前章（4.33節）では過去と現在の1対1の関係よりもさらに複雑な概念化にむかう傾向についてコメントした。故にここでは、上に示した歴史的アプローチへの批評として、次のことをもう一度確認しておけば十分であろう、即ちこのケースでは（他の多くの、あるいはほとんどの人間研究と同様に）過去は現在において報告されたものとして以外は利用不可能で、故に、過去は純粋な内容ではなく関係の側面をも持ちあわせている。現時点で実際の相互作用の中に出てくるのであれば、報告されたものとしての過去は現在のゲームの材料となりうる。現時点の相互作用を理解するためには、真実、選別、曲解は、どのようにその材料が使われ、どのような関係が定義されるかという問題よりも重要でない。ここで提案されている見方は、システムパラメーター（補助変数：進行中の相互作用の中で観察されるルールや制限）がどの程度までシステムの永続化および変化を説明することができるかをさぐってみることである。つまり、過去に頼ることなしに、どの程度まで正当にシステムを説明することができるかということである。[*6]

5.4　進行中の相互作用システム

　ここで、現時点での相互作用が何を意味しているかを説明するために、ジョージとマーサの相互作用ゲームのルールと戦略を描いたものを見ることにする。それにより、進行中の相互作用の特定の面をいくつか考えることができる。

5.41　ジョージとマーサの"ゲーム"

　ジョージとマーサのゲームはシンメトリー的エスカレーション（3.61 節）とみることができる。どちらの分節化を受け入れるかによって、相手についていったり、あるいは相手に打ち勝とうとしたりするのだ。この闘争は冒頭から、つまりジョージとマーサがいくつかのすばやいシンメトリー的エスカレーションを経験するときから始まる。まるで練習でもしているかのようだ。ジョージに言わせれば"単なる……練習"というところだ〔p.33〕。それぞれのケースで内容は全く異なるが、その構造は事実上同一であり、両者の笑いによって一時的な安定がおとずれる。例えば、あるところでマーサはジョージに向かって「あんたをみてるとヘドが出そう」などと言うが、ジョージはこれを超然と、しかもひょうきんに受けとる。

　　ジョージ　あまり思いやりのある言い方じゃないね。
　　マーサ　あまり何ですって？
　　ジョージ　……思いやりのある言い方じゃないよ。〔p.13〕
　　（マーサは多少下品になって）
　　マーサ　わたし、あんたが怒ると大好き。あんたの一番いいのは……怒ったとき。

---

*6 この知識の段階では、この問題は初期条件への全面的依存、または全面的独立のどちらかを選択しなければならないという二分的なものではない。むしろ、家族のようなコミュニケーションシステムの相互行動的効果の持つ力を多少詳しく調べたり、（いつ始まったかは別として）二人が争いをやめることができるかどうかを問うたりしている、より単純な問題なのだ。

なんてったって、あんたは……底抜けのお人好し、おまけに……ええと……
  ジョージ　……いくじなし？……
  マーサ　また先回りをする！（間）〔pp.13-4〕

そこで二人とも笑いだし、（おそらく二人の共同作業によって）終わりが訪れる。笑いは受容のサインのようであり、ホメオスタティックで安定させるような効果を持っているようだ。しかしここまでくれば、二人のシンメトリーがどれほど浸透しているかは明らかだ。なぜならどちらかが、ちょっとでも指示を出そうものなら、たちまちにして新たな闘争がはじまる。するともう一方もすかさず自分も平等だといわんばかりに反撃をはじめる。ここではマーサがジョージに対して、グラスにもっと氷を入れるように要求するが、ジョージはマーサの要求に答えながらも、マーサをいつも"でっかい歯"で氷をかんでいるスピッツみたいだ、などという。そして闘争はまた始まる。

  マーサ　わたしの歯です。
  ジョージ　何本かはね……何本かは。
  マーサ　これでも、あんたより歯が多いのよ。
  ジョージ　二本だけね。
  マーサ　二本多けりゃばっていいでしょ。〔p.14〕

するとジョージはすぐに相手の弱みにつけこむ。

  ジョージ　そりゃそうだ。大いにいばりたまえ……ことにお年がお年だし……
  マーサ　およしったら！（間）自分だって若くもないくせに。
  ジョージ　（子供っぽく喜ぶ……歌うように）きみとくらべりゃ六つ年下……いつまでたっても六つ年下。
  マーサ　（けわしく）フン……禿げだしたくせに。
  ジョージ　お互いさま。（間……いっしょに笑い出す）いやどうも。
  マーサ　どうも。さ、こっちへいらっしゃいな、ママにべっとりキスしてちょうだい。〔pp.14-5〕

そしてまた別のエスカレーションが始まる。ジョージはいやみっぽくキスすることをこばむのだ。

> ジョージ　だってね、もしきみにキスをすると、おれは昂奮する。……われを忘れて、この場で、この絨毯の上で、うむを言わさず君を強姦しちまうぜ。そこへお客がおでましになる……さあそうなったらきみのパパのお気に召すかな？
> マーサ　ブタ！
> ジョージ　（意気昂然と）ブー、ブー！
> マーサ　ハハハハア！　ね、ね、もう1杯！……ねえあなた。〔pp.15-6〕

今や話題はマーサの飲酒のことである。そしてエスカレーションがひどくなり、ついには玄関に着いてチャイムを鳴らしている客のためにどちらがドアを開けるかをめぐって、力ずくの闘争となっていく。

　どちらも、相手に主導権をとられたり、相手から命令されたりはしていない。しかし、どちらも命令や支配**以外**のことををしていないということをここで注目してほしい。マーサは「もっと氷を入れてね」とは言っておらず、まして「氷をいれてくださいませんか」とは言っていない。「ちょっと、グラスにもっと氷をいれてよ」〔p.14〕と言っている。同様にマーサはジョージに、自分にキスをしてドアを開けるように命令する。マーサは単に無作法で行儀が悪いわけではない。そのように行動しないと自分が相当不利になってしまうからなのだ。ちょうど後でジョージはマーサにあからさまに馬鹿にされてから、客を前にして、よく練られた作戦をくりひろげたように。

> ジョージ　（非常な努力をして怒りを抑える……そうして「ジョージ、あなた」としか声をかけられなかったのように）なァに、マーサ？　何かしてほしい？
> マーサ　（彼の遊びをおもしろがり）そうね……ウン……タバコに火をつけてくれる？　よかったら。
> ジョージ　（考えるが、遠ざかる）いいや……物ごとには限度がある。人類はある程度までは耐えしのぶことができるが、進化の過程では……（すばやくニックに向かい）……こいつは君の領分だな……（マーサに向き直り）……たとえ

一歩でも退くと、マーサ、こいつは奇妙なハシゴでね……逆にはのぼれないんだ……いったんおりだしたら引っ返せない。
（マーサは尊大に投げキッスを送る）
　　　ゆえに……暗闇で君が泥ネズミをこわがるときはきみの手をひいてもあげよう、真夜中、誰も見ていない所で、酒びんを捨てに行ってもあげよう……だが、きみのタバコに火をつけてはあげられない。つまり、ザッとそういうわけだ。
（短い沈黙）
マーサ　　（小声で）なんてこった！〔pp.50-1〕

　同様に、もしジョージが上品でいるか、さもなければワンダウン・ポジションを受け入れるとしたら、マーサはジョージをいくじなしと呼ぶか、あるいは多少言い訳をしつつ、わながあるのではないかと疑うであろう。
　戦略はゲームの一部である。そしてジョージとマーサのスタイルは大きく異なっているが、それぞれはとても一貫性が強い。そして何よりも重要なのは、両者の戦略は互いにうまくかみあっているということだ。マーサは粗野で、あからさまに人を侮辱する。それも直接的で、ほとんど肉体的なほどに攻撃的である。言葉は下品で、婉曲的な侮辱などほとんどなく、いつもストレートだ。彼女の攻撃の中で一番痛烈なもの（「亭主の赤恥」）に至っては単なるすっぱぬきに等しい。
　一方のジョージは巧みにわなをしかける。消極性、間接性、洗練された抑制を武器としている。マーサがジョージをいつものせりふ（品のないののしり話、不出世に対するくどくどとした攻撃）で侮辱してもジョージはあまり気にしないで、理路整然と節度をもってマーサを侮辱する。しかし、マーサが自分を侮辱している時の態度に気づいていないわけではないことを確かめることの方が多い。そっとそれを口にすることによって、ジョージはマーサの態度をマーサに対抗するために使うのだ。まるで鏡を使うかのようにしてデリケートにマーサに打ち返すのだ。前にも出てきたように「あまり思いやりのある言い方じゃないね、マーサ」などと言うのだ。また、扇動がより鮮明な例としては、ハニーの作り笑いを真似しながら

ジョージ　（ハニーの笑い声をまねして）ヒ、ヒ、ヒ、ヒ。
マーサ　（パッとジョージに向き直る）うるさいね……おだまり！
ジョージ　（無邪気に、憤慨して）マーサ！（ハニーとニックに）全く口が悪くてね、こいつは。〔p.21〕

おそらく、マーサが何も言わないで逆にジョージが下品さを表わすようにさせていたらおもしろいことになっていただろう。しかしマーサはこの彼の戦略を使わない。ジョージはマーサがそうしないことを知っているはずだし、ジョージはマーサを上手に利用しているからだ。明らかに両者の態度は相手のとる態度に基づいている。マーサの侮辱は辛辣な言葉に替わり、そのせいでマーサの怒号はさらに大きくなる。[*7] このように、二人は全く異なるレベルで闘っているのだ。故に終結あるいは解決は事実上さまたげられている。**戦略はゲームの手段となっているばかりか、ゲームを永遠に終わらないものにしているわけだ。**

　この事態には、ある固有の安定性が含まれている。マーサの攻撃は時に手に負えないほど激しいものとなる。するとジョージは極端な場合では「亭主の赤恥」で明らかに偶然だった尊属殺人を暴露された後、暴力的な攻撃に出たように、自分をマーサのレベルにあわせる。

ジョージ　（マーサをつかみ）殺してやる！（マーサののどを絞める。格闘）
ニック　待てったら！（二人の間に割ってはいる）
ハニー　（狂気のように）がんばれ、がんばれ！
（ジョージとマーサとニック、三人の格闘、怒号等々）
マーサ　（彼女の腹だたしさをあくまでも示して）ぼくの！　ぼくの！　身の上

[*7] "サドマゾヒズム的共生" の公式がここですぐに心にうかぶかもしれないが、この見方には２つの不適当なところがある。まず、２人のパターンの循環性はどちらにどの役を課すかを決めるのを困難に、あるいは任意的なものにしてしまう。さらには、そのような名称はなぜかに関する推測であって、記述的な定義ではない。それは当然総和的な公式であるから、ダイアッドがどのように動くかに関しては、ヒントすら与えないのである。

話！
ジョージ　こいつ、この、悪党！
ニック　やめろ！　やめろ！
ハニー　がんばれ！　がんばれ！
（ハニー以外の三人は格闘する。ジョージの両手はマーサののどをしめつける。ニックはジョージをつかえまて、マーサから引きはなし、ゆかに投げ倒す。ジョージはゆか、それを見おろすニック、マーサは横にいて片手でのどを押さえている）
〔pp.137-8〕

　それにも関わらずジョージはこのレベルでは勝つことができないので、この攻撃に続く一時的な静けさの中で示されるように、彼自身のやり方で自分の反応を再度強めなければならない。

ジョージ　大丈夫……もう大丈夫……落ちついた……もう落ちついたよ……大丈夫。
マーサ　（静かに、頭をゆっくり振りながら）ひとごろし。ひと……ごろし……
ニック　（マーサに向かっておだやかに）さあさあ……もうおしまいだ。
（短い間。一同はにかんだふうにして少しずつ動き回っている、あたかもフォールしたあとのレスリング選手が手足を曲げのばしするように）
ジョージ　（落ちつきが目に見えて戻ってきている。だが神経を非常に張りつめて）さてと！　ゲームは一つ片づいた。次は何をやる？
（マーサとニックはソワソワと笑う）
　　どうした……次のゲームを考えよう。今やったのは「亭主の赤恥」ってやつだ……これは終わった……お次は何だ？
ニック　ねえ……ちょっと……
ジョージ　ねえちょっとか！　（哀れっぽく）ねえええ……ちょおおっと
（キビキビと）どうしたどうした！　ほかに知らないわけはあるまい、おれたち大学族が……たった一つでタネ切れか？〔pp.138-9〕

　ジョージはすぐさま別のゲームを示し、これは大詰めに至るまで続くのである。それは「おかみの赤はだか」といい、ニックの参加を必要とする連合

ゲームだ。すでにこんがらがった相互作用に第三者が加わった結果、サブ・ダイアッド（ジョージーマーサ、ニックーハニー以外の組み合わせ）も変化していき、ゲームの複雑さは相当なものになっていく。以前は客は単に疑似連合的に、いわばジョージとマーサの攻撃の背景として用いられていた。[*8]しかし、最終ラウンド一つ前のこのラウンドでは第三者（ニック）がより直接的に介入している。ニックは当初ゲームに応じなかったので、ジョージは別のゲーム"客をやっつける"の土台作りをする。この後ニックはゲームに応じる。

ニック　（廊下へ向かいながら、ジョージに）今に後悔するぞ。
ジョージ　おそらくね。どうせおれは後悔の連続だし。
ニック　後悔させてやると言っているんだ。
ジョージ　（静かに）なるほど。ホゾをかむ思いをか？
ニック　おまえさんの並べた駒を使って……そちらの流儀でゲームをしよう……お望みどおりのものになってみせる。
ジョージ　げんになってるじゃないか……自覚しないだけで。〔pp.149–50〕

[*8] オグデン・ナッシュは自作の詩「待つな、今私をうて」の中で、この方法の公式化に貢献している。詩を部分的に引用すると、

> ここに公式がある。そこでは第三者の存在は唯一の重要な外部的要素である。……君の夫グレゴリーがリンワーシー夫人とクラブでダンスをひんぱんに踊るが、君は「グレゴリー、そのキンキラ女と離れないとひっぱたくわよ」などと言わないとしよう。
> いや、友達が来るまで待って、グレゴリーをちらりと見ながら彼女に言いたまえ、「バカな中年男って、ブロンド女がべたべたしてくると誰にでもひっかかっちゃうんだからおかしいわね。正気の人間ならリンワーシーのすることをもう一度見る気になるかしら。もちろん昨夜は家のグレゴリーもどうかしてたのよ、ね」

これはグレゴリーにとって、シェークスピア的騒乱と警鐘よりも苦痛であることは確かである。
なぜなら、間接攻撃では防御のしようがない。
それに、直接攻撃と返答のしようのない攻撃とは比較のしようがないのだから。(110, pp.99–101)

次に起こる出来事の最も重要なところは、ジョージとマーサの基本的なルールとそれぞれの戦略に似ているということだ。なぜなら、二人はここでも再び相手をやっつけようとしている。マーサは堂々と姦通することで侮辱しようとしている。ジョージは実はこの状況を作り出し、そして再びマーサ自身の行動をマーサに押しつけようとしているのだ。こうしてジョージはマーサと共に別のシンメトリー的エスカレーションに入っていくのでなく、ニックと組んで自分を裏切ろうとするマーサに突然コンプリメンタリー的に同意してしまうばかりか、マーサがうまくやるようにと考え、それ相応の状況を作り出してしまう始末である。これはジョージにとっても単なる怒りではなく痛し痒しな事態である〔p.173〕。マーサはさらにエスカレートする準備はできているが、自分が防衛できない立場に置かれてしまったり、オールビー流に言えば"奇妙な怒り"をおぼえる〔p.168〕ようなこの種類のコミュニケーションに対しては準備ができていない（詳しくは"症状の処方"のタイトルで7.3節で述べられる）。マーサのおどしに直面して、ジョージは「本を読みます」と小声で言う。

  マーサ 何をするですって？
  ジョージ （おだやかに、明瞭に）本を読みます。読書、読書。読書って聞いたことある？（本を1冊手に取る）
  マーサ （立ちながら）なんだって今時分？　どういう風の吹きまわし？〔p.168〕

ここでマーサはジョージが本気かどうかを見きわめるために、やめるか続けるかの選択をせまられる。彼女は結局続けることにして、ニックにキスをしはじめる。ジョージは読書に専念している。

  マーサ わたしたち、何をしているかわかって、ジョージ？
  ジョージ ううん……何をしているの？
  マーサ おもてなし。お客さまの一人をおもてなししてるわ。ネッキングして。
  〔p.170〕

しかしジョージはこの挑発にも応じない。普通ならばジョージが反応を示しそうな、マーサの挑発のネタも切れてしまった。マーサはもう一度やってみる。

 マーサ　わたしはお客の一人とネッキングしたって言ったのよ。
 ジョージ　結構……続けたまえ。
 マーサ　（間……どうしていいか見当がつかない）結構？
 ジョージ　ウン、結構さ……よかったね。
 マーサ　（目を細め、声をとがらせ）チクショウ、わかった、どこまであんたは……
 ジョージ　百二十ページまでだ。〔p.171〕

どうしてよいかわからなくなり、マーサはニックを台所へ行かせて、ジョージに言う。

 マーサ　ちょっと聞きなさい……
 ジョージ　本が読みたいんだ、かまわないだろ……
 マーサ　（怒りのあまり涙がこぼれそう、不満は憤怒に昂ずる）かまうわよ。さあ、聞きなさいったら！　こんな悪ふざけはもうよしてよ、さもないとほんとにやっちゃうから。ほんとに、追っかけてって、二階へ連れてって……
 ジョージ　（またクルリと向き直ってあい対する……大声で……にくにくしげに）だからどうだってんだ？〔p.173〕

同様に、ジョージはニックに対して

 ニック　あんたは……まるっきりなんの……
 ジョージ　関心かい？　そうさ……関心なんかあるもんか。だから安心してそのガラクタをドサッと肩に引っかついで……
 ニック　クソ、いまいましい！
 ジョージ　（意外そうに）マーサを寝とるのはきみだぜ、マーサを赤はだかにむくのは。なのになんでおれがいまいましい？（嘲笑してくずれる）〔p.172〕

後に、ジョージはマーサにこのことを指摘する必要さえなくなる。マーサは自分自身の態度について以下のように話す。

> マーサ　いやな女よ、わたしって。全然意味なく不貞を働いて一生を……（悲しそうに笑う）不貞じゃなくて不貞の予備行為よね。「おかみの赤はだか」だってさ。笑わせるわ。〔p.189〕

5.411　二人の型

　ジョージとマーサの競争ゲームは、表面的にあるいは特定の例を通してみると、単に相手を破壊することだけを目的としたあからさまな葛藤の一つに見えるが、実際にはそうではない。むしろ、より一般的な見方をすると、それは協調的葛藤、あるいは葛藤的協調といえる。ここでのエスカレーションには"上限"があり、すでに暗示されたようにどのようにゲームが行なわれるかに関するルールが共有されている。こうしたルールは、シンメトリーの基本的なルールを限定し、ゲーム内での勝敗を決める。ルールなしには勝敗は意味を持たない。

　過度に形式的になることなく、彼らのシンメトリーの抑制（論理的には、これ自体が殺人をひきおこすこともありうる。劇中のように比喩的にではなく、直接的に文字通りの意味においてである）は彼らに対して、効果的であるばかりでなく、ウィットと大胆さを持ち合わせることをも要求しているのだと言うことができる。典型的なのが、以下の完全にシンメトリーな侮辱の交換である。

> ジョージ　モンストル（ばけもの）！
> マーサ　コション（豚）！
> ジョージ　ベート（けだもの）！
> マーサ　カナーユ（げす）！
> ジョージ　ピュタン（パンパン）！　〔p.101〕

そこには、はっきりとした、しかしながら意地悪な振る舞いに対するある種の風変りな上品さが存在し、こうしたことのために、ジョージやマーサと比較すると、ニックとそして特にハニーがものやわらかに映っている。後者（ニックとハニー）のどちらも、ゲームにおいては適当なパートナーにはならない、即ちニックに対するマーサの失望は性的なものだけではなく、ニックが受身でかなり想像力に乏しいせいである。またニックをスパーリングのパートナーとして何度か試してみたジョージも、ニックを下手な競争相手だと思っているようだ。

ジョージ　（からかって）おれは質問してるんだ、くじれる、こういう活用はどう思う？　え？
ニック　（不愉快そうに）どう言っていいかわかりません。
ジョージ　（信じられないという顔を装って）わからない、こんなことが？
ニック　（いきなり食ってかかる）いいですか……いったいどう答えろっていうんです？　おかしいって言えば、いいやおかしくない、悲しいって言われる。逆に、悲しいって言えば、いいやおかしいって言われる。どう答えたって、好きなように変えられちゃうんだ。
ジョージ　（恐れ入ったという顔つきを装って）なるほど！　なるほど！
ニック　（ますます腹をたてる）家内が戻ってきしだい、ぼくらはこれで……〔pp.32-3〕

ジョージとマーサは、生き生きとしているというばかりでなく、ある力、つまり何でもしりごみしないでゲームに持ち込む能力を相手の中にみつけたり、あるいは相手に要求したりさえする。最後の幕でジョージはマーサと組んでニックをからかう。たとえジョークのネタが自分の女房を寝取られることであってもである。

マーサ　だめよ、まだ。主人に飲みものつくってくれなくちゃ。
ニック　お断りします。
ジョージ　マーサ、そりゃいけない。気の毒だよ、君のハウスボーイにぼくの用

事までさしちゃ。
ニック　ぼくはハウスボーイじゃない……
ジョージとマーサ　……ソラ！　（歌う）ハウスボーイじゃないったら、ハウスボーイじゃない……（いっしょに笑う）
ニック　全くおそるべき……
ジョージ　（先まわりして）……子供たちか？　え？　おそるべき子供たち、ゲームゲームにうつつをぬかし、ごっこごっこで世を渡る、そう言いたいんだろ？
ニック　もうがまんできない。
ジョージ　ここが男のみせどころかい。
マーサ　それがだめなんだってさ。飲みすぎで。
ジョージ　ほんと？（キンギョソウをニックに渡しながら）オイ、こいつをどっかに生けてくれ！〔pp.196-7〕

　この無情大胆さは、相手に打ち勝ち、「やっつける」のに、強制をより少なくし想像力をより多くすることことが必要な「瀬戸ぎわ政策」の中にも見ることができる。例えば、マーサはジョージの特に恐ろしい反論を喜ぶ。ジョージがその場に戻ってきた時、マーサはニックとハニーにむかってジョージをばかにしていた。ジョージは両手を背中のうしろにまわし、最初はハニーの目にしか入っていない。マーサはジョージをノックアウトしてしまった時の話を続けている。

マーサ　だいいち、偶然だったのよ……全くの偶然！
（ジョージは背中から短筒の猟銃を取りだし、静かにマーサの後頭部に狙いをつける。ハニーが悲鳴……立ち上がる。ニックも立つ。それと同時にマーサも後ろを向いてジョージと顔を合わせる。ジョージは引金を引く）
ジョージ　ボイイイーン！！！
（ポンという音！　銃身からは赤と黄にぬった大きなカラカサが１本とびだす。ハニーはまた悲鳴を上げるが。前ほどではなく、今度は安心と当惑から発したもの）
　　やったぞ！　命中だ、命中だ！
ニック　（笑いながら）なァんだ。
（ハニーはすっかり興奮している。マーサも笑う……ほとんどくずれそうになって

大笑い。ジョージもこの場の騒ぎに加わって笑う。やがて一同は笑い止む）
ハニー　ああ！　ああ、びっくりした！
マーサ　（たのしげに）どこから手にいれたのよ、ろくでなし。
（中略）
ジョージ　（いくぶん放心状態で）前からあったんだよ。気に入った？
マーサ　（クスクス笑う）ろくでなし。〔pp.57-8〕

マーサの喜びとくすくす笑いの一部は完全にほっとしたためのものかもしれないが、それと同時に、うまく演じられたゲームにおけるほとんど官能的といってもよい喜びも存在する。二人が共有する喜びである。

ジョージ　（マーサの方へ身を乗り出し）気にいったかい？
マーサ　うん……合格点あげる。（やさしい声で）さあ……キスしてちょうだい。

しかしその結果は、終結とはなりえない。なぜなら二人の対立が性的側面を持ちあわせているように、二人の性的行動もまた対立なのだ。そしてマーサが直接的前進をやりぬこうとすれば、ジョージは反対する。それでもマーサは思いとどまろうとはせず、ジョージはマーサをこばみ、そしてニックとハニーに聞こえるようにマーサの行動の下品さについて話をすることで次第に"ピュロフの勝利"（損害の大きい勝ち戦）〔p.59〕をおさめるのだ。
　このようにして、二人共有のスタイルはさらに制約があることをあらわしていく。彼らのゲームにおけるもう一つの秩序である。さらにその危険のもつ興奮の中には、彼ら自身の自己の相互的認定があることが明らかである。しかし、極度な厳格さのために、この認定を簡単に評価したり、この認定の上に何かを作っていくことは不可能となっている。

5.42　息子

　想像上の息子は別個に扱うに値するユニークな話題である。多くの批評家はこの劇一般の批評に関して積極的ではあっても、この件については控えめである。マルコム・マグリッジは「劇は第3幕でかわいそうな想像上の子ど

もの件が展開するときにばらばらになる」と感じている (107, p.58)。そしてハワード・タウブマンは以下のような主張をしている。

> ジョージとマーサは、21年間にわたって二人には息子がいるという作り話を育ててきたこと。そして、その想像上の存在は二人をきつく結びつけ、そして引き裂くものだったこと。そしてジョージが息子の死を宣言してしまったのが転換期となるかもしれないこと。オールビーは以上3つのことを我々に信じさせたかったのであろう。しかし話のこの部分は本当らしくは思えない。この嘘っぽさが劇の中心人物の信憑性をそこねている。(152)

我々はこの考え方に同意しない。それはまず精神医学的証拠に基づいている。作り話の存在の信憑性は、その妄想的調和によっても、またそれが二人に共有されなければならないという事実によってもはばまれるものではない。古典的な**二人精神病**（現実をゆがめる経験の共有）の別の例が描かれてきたのだから。フェレイラは"家族神話"について次のように言及している。

> 家族生活におけるお互いとその相互的な地位について、すべての家族メンバーが共有する一連のかなりよく統合された信念であり、現実をゆがめていることが明らかではあっても、そこに含まれているすべての人に問題にされないままの信念。(42, p.457)

この公式において注目すべきことは、①文字通りの信念の問題は中心的ではないこと、②ごまかしの機能は相関的であるということだ。

第1のポイントについてフェレイラは「個々の家族メンバーは、イメージの多くは偽りであり、一種の公的政策を表わしているにすぎないと知っているかもしれない、現にそのように行動していることが多い」と語っている (42, p.458)。ジョージとマーサが息子の存在を"実際に"信用しているなどということをオールビーは一切示していない。二人がこの件について語っても、それは明らかに非人格的な言い方であり、人物ではなく神話そのものについて語っているのだ。劇の始め、息子についての作り話が始めて出てくるとこ

ろで、ジョージは「子どもについてわずかに……わずかに」語る〔p.18〕。後に彼は二人の二重関係システムについてのしゃれまでも言う。

 ジョージ 明るみに出したのはきみだ。ぼうずはいつ帰って来るんだ？
 マーサ 気にするなと言ったでしょう。口から出たのはあやまります。
 ジョージ 出たじゃない……出しただろう。そいつはともかく、いつ現われるのかい、うちのポンチは？　あしたが誕生日とかいうんじゃなかったのか？
 マーサ したくないね、その話！
 ジョージ （ことさらに何気ない口調で）でもね、マーサ……
 マーサ ……いやだったら、その話は！
 ジョージ さもありなん。（ハニーとニックに）マーサは話したくないそうだ。マーサは口に出したことをあやまると言っている。〔p.70〕

　"息子"と"息子のゲーム"とのこのような区別は一貫して保たれている。ジョージが息子が死んだと言ったことに対してマーサのみせた瞬時の反応「自分勝手にそんなこと決めないでちょうだい」〔p.232〕にもあてはまることである。だから二人が息子の存在を文字通り信用していると考えるのは不可能である。
　もしそうだとすれば、なぜ二人は息子がいるふりをするゲームなどするのだろうか。この場合も、そして**何故**よりは**何の為**にと言った方が良い質問だろう。フェレイラはそれを説明している。

 家族の神話は関係における結節点であり、休息地点である。それは役割を帰し、行動を規定し、次には行動がこうした役割を強め、固定する。付け加えれば、我々はその内容において家族神話が現実からの集団逃避を表わすと見るかもしれない。それは"病理"ともいえる逃避である。しかし同時に、**まさにその存在**によって、それは生活の断片、一片の現実を構成し、それによってその中に生まれてくる（全ての）子どもやそばをかすめていく部外者を形づけているのである。(42, p.462、ゴシック筆者)

この最後の点が最も重要である。息子は想像上のものであるが、この息子をめぐる二人の相互作用は想像上のものではない。そしてこの相互作用の性質は実りの多い問題となる。

息子に関する相互作用の主要な必要条件はジョージとマーサの連合である。つまりこの作り話を維持していくためには、二人は結びついていなければならないのだ。なぜなら、生まれて、実際に存在する本当の子どもと違って、ここでは二人は子どもを作り出すために常に結びついていなくてはならないのだ。そして少し焦点をずらすと、二人はこの一領域においては競いあうことなしに協力しながら結びつくことができるのだ。話はあまりに"過激"で個人的なものであり、二人が結びつくことができるのは、それが現実でないからに他ならない。とにかく、二人は他のすべてのことと同じように息子をめぐって争うこともできるし、現にしている。しかし、この作り話を共有する必要性において、二人のシンメトリー的エスカレーションのゲームには本来備わっている限界がある。**子どもの神話はホメオスタティックなメカニズムである**。二人の生活の中心的領域と思われるところで、二人は安定したシンメトリーな連合をしているのだ。そしてマーサは暗喩ともとれる言い方で子どもの生活を夢のように話す。

> マーサ 育つにつれて……育つにつれてあの子は……なんて利口な子でしょう……わたしたち二人の間を歩くにも、どちら側にもかたよらず……（両手を拡げる）……それぞれの手を二人にあずけ、保護と愛情を求めてきた……その手のおかげでわたしたちも、身の安全が保てたわ、つまりジョージの……弱さからすこしでも身を遠ざけて……逆にわたしは……力のかぎり……ジョージを守り……家族を守ってきたものよ。〔pp.221-2〕

もし二人に本当の子どもがあったとしても、その子どもが同じ目にあわされたであろうという推測は容易につく。実際に見てみなくても、劇はその神話の誤用に焦点をあてているのだから、我々は以下のことを推測できるのだ。フェレイラは、次のように言っている。

一見したところ、家族の神話は、ある緊張が家族メンバー間であらかじめ決められた閾値に達して、実際だろうと空想の上だろうと、何らかの方法で進行中の関係を断ってしまう恐れのある時はいつでも劇に出てくるのだ。すると家族神話は家族内の熱"温度"によって動き出すサーモスタットのような役割をしているわけだ。他のホメオスタティック・メカニズムと同様に、この神話は家族システムが自己に悪影響を及ぼし、自己破壊してしまうかもしれないのを防いでいるのだ。故に神話は"安全バルブ"、つまり生きるために必要な価値を持つものである……。何らかのホメオスタティックメカニズムの循環的・自己修正的性格をもって永遠に続くパターンを打ち立てることにより、神話は家族内組織のレベルを維持したり、時には高めることさえあるのだ。(42, p.462)

　実在する子どもも結婚の慰めであり、言い訳であり得る。またフライ (4.442節) が指摘するように、症状的行動も同様の機能を持ち得る。
　しかし劇は神話のこのような使い方には関わっていない。むしろ表向きは、神話の崩壊のプロセスに関わっているようだ。書かれているように、息子の存在そのものにまつわることはすべて二人の争いにおいて都合のよい攻撃手段にはならない。戦いの真っ最中ではあっても、そのように行動しないと本当に悪いと思われるのだ。

マーサ　ジョージがボン……ハハハハア！……ジョージがうちの坊やを毛ぎらいするのはね、心の底で、はたして自分の子供かどうかに不安があるから。
ジョージ　（くそまじめに）ひでえ浮気ばばあだ。
マーサ　もう何万回となく言ったでしょ……あんたのほかに妊娠する相手はないって……　わかってるくせに。
ジョージ　悪女、毒婦！
マーサ　（酔いの中で悲しげに）マア、マア、マア、マア、マア。
ニック　こういった話題はこの場合……
ジョージ　うそだよ。誤解しないでくれ。マーサの言葉は口からでまかせだ。（マーサは笑う）なるほど、この世でおれが確信を持てることなんてほとんどありゃしない……国境線にしても、海岸線にしても、政治家の派閥も、日常の道徳

もだ……おれは全然信じられない……だがね、このくされきった世の中で、たった一つだけ信じられるものがある。おれの配偶者、あいともに染色体をたずさえてわが……ブロンドの目の、ブルーの髪の……息子を生産した相棒だけは信じるね。〔pp.71–2〕

しかし、システムの変化を起こさせるのは、知る限りにおいてジョージの方である。劇の最初でジョージは、玄関の外で待っている客と、その客の出迎えをしろというマーサの命令に板ばさみになり、マーサの命令を受け入れる。しかしながらジョージは、今後もよく起こることなのだが、ここで自分なりの方法でマーサとの関係を対等に保つのだ。ジョージはマーサに対し、「息子のことは口にするな」〔p.18〕と言っている。後にジョージがはっきりと語るように二人には息子のことを他人には話さないというルールがある〔p.237〕。故に、ここでのジョージのせりふは不必要であるだけでなく、重要でもないもののように思われる。しかし、もっと高い次元での"ルール"がある。それは二人のゲーム全体であり、そこでは、一方がもう一方の行動を決定することは許されない。つまりいかなる命令も失格される必要がある、あるいはそれに従ってはならない。この意味では、どちらが先に間違った動きをしたかはどうでもいいことだ。なぜならゲームの境界をめぐるこの混乱の結果として予想されるのは、マーサの反抗であり、またマーサが二人のシンメトリカルな争いにこの要素（息子）を組み入れることである。すなわち、

 ジョージ　あの子のことは口に出すなと言ってるんだよ。
 マーサ　なんだと思って、このわたしを？
 ジョージ　買いかぶったかな？
 マーサ　（本気に腹をたてる）言おうと言うまいとわたしの勝手です。
 ジョージ　いいから、あの子はよせ。
 マーサ　（すごむ）自分ひとりの子供じゃあるまいし。しゃべりたくなったらしゃべります。
 ジョージ　よせと言ったらよせ。

マーサ　えらいえらい。（ノック）はい、どうぞ。さ、早くあけて！
ジョージ　おれの忠告だよ、マーサ。
マーサ　はいはい……早く出なさい！　〔pp.18-9、ゴシック筆者〕

　機会をうかがっていたマーサはさっそくハニーに息子とその誕生日のことをしゃべってしまう。*9 二人のホメオスタティックなメカニズムは単に火に油を注ぐものにすぎなくなってしまった。そしてジョージは今や、ついには息子そのものを殺してしまう。どちらかが暗黙のうちに持っている権利を行使したのだ。（「僕には権利があるんだ、マーサ。ただ口に出さなかっただけのこと。その気になればいつでも好きな時に息子を殺すことができるのさ」〔p.236〕）
　それから我々がステージ上に見るものは、シンメトリカルな暴走であり、最終的にはこれが、長く続いた関係のパターンを転覆させることになる。他の何よりも、この劇はシステム変化のケースヒストリー（小規模ではあるが避けがたいルールの混乱から生じていると思われる、関係ゲームのルールの

---

*9 "息子の死"の後、マーサがこのことを忘れてしまったと申し立てをしているのは興味深い。

ジョージ　きみがルールを破ったからだ。あの子のことを口走ったから……よその人にしゃべっちまったから。
マーサ　（涙ぐみ）わたしが？　まさか。
ジョージ　しゃべったよ。
マーサ　だれに !?
ハニー　（泣きながら）あたしに。あたしにお話になったわ。
マーサ　（泣きながら）うっかりしたわ！　ときどき……夜おそくなると、ときどき……みんなの話がはずんでると……つい……ついしゃべりたくなるのよ、あの子のこと……わたしはこらえてきた……歯を食いしばって……一生けんめいがんばった……でもね、ジョージ、追いつめたのはあんたよ……こうまでしなくてもよかったのに……しゃべったわ……たしかに……でも崖っぷちから突き落とさなくたって……なにも……殺さなくたって。〔pp.236-7〕

　この事態を導いた関係のルールの葛藤はマーサにもジョージにもわからない。

変化）である。劇は新しいパターン、新しいルールの定義はしていない。単に古いパターンが崩壊していく一連の状態を表わしているにすぎない（7.2節では、システム内外からのシステム変化の**一般的**側面に焦点があてられる）。次に起こりうることは明らかではないのだ。

ジョージ 　（長い沈黙）よくなるよ、これから。
マーサ 　　（長い沈黙）そう……かしら。
ジョージ 　きっと……たぶん。
マーサ 　　自信が……ない。
ジョージ 　ない？
マーサ 　　二人……だけで？
ジョージ 　ああ。
マーサ 　　やっていけるかしら。
ジョージ 　いけるったら。
マーサ 　　ええ。でも。〔pp.240-1〕

ニックとハニーも今や子どものことを知ってしまったという事実については評価がしにくいために除外して、フェレイラは家族神話の点から的を得た要約と予言をしている。

　……家族神話は……関係における重要なホメオスタティック機能の促進に役立っている。エドワード・オールビーの有名な戯曲「ヴァージニア・ウルフなんてこわくない」では、家族神話のこうした機能が、おそらく他のどんな例よりも前面に打ち出されている。劇では、精神病的といってよいほどの家族神話が物語の全体を支配している。夫と妻は終始、不在の息子について語り、喧嘩をし、叫んでいる。中傷合戦が極度に熱を帯びてくると、二人は息子の生活、目の色、誕生、成長などのあらゆる点について言い争う。しかしずっと後になって、我々には息子が架空のものであることがわかる。それは二人の間の同意であり、作り話であり、二人で培ってきた神話なのだ。夫が怒り狂って、息子は死んだと言ってしまうところで劇は最高潮に達する。この動作によって、彼はもちろん神話を"殺して"しまったのだ。しかし二人の関係は、息子が死んだという言葉とは一見関係

ないように続く。そしてさしせまった変化、あるいは終結に関する概念は生じてこない。事実何も変わらなかったのだ。なぜなら夫は**生きた息子の神話を崩壊させたが、それは死んだ息子の神話を始めることにすぎない**のだ。明らかに家族神話は、おそらくより複雑で、より"精神病的"な内容をもって展開されるだけなのだ。我々の推測では、その機能はもとのままである。そして関係についても同じことがあてはまる。(43)

一方、おそらく息子の死はリキャブレーションであり、新たな操作レベルへのステップ・ファンクション的変化である。我々には知るよしもないが。

5.43 ジョージとマーサ間のメタ・コミュニケーション

1.5節で定義したように、メタ・コミュニケーションはジョージとマーサのコミュニケーション・ルールに関する我々の論説を示すものである。しかしジョージとマーサがゲームについて話す限り、あるいは話そうとする限り、二人はゲームそのものの内側でメタ・コミュニケーションしてしまうのだ。この点が興味深いのには多くの理由がある。その一つはジョージとマーサが明らかに"ゲームを意識している"点である。つまり二人がゲームのルールについて触れ、ルールを名づけ、ルールを引用する回数がおびただしいために、二人は、根本的な相互作用のパターンが奇異で残忍なゲームをしたり分類したりすることに対する妄想−強迫的観念にとらわれた奇妙な夫婦にみえる。まさにジョージが言うように「おそるべき子供たち、ゲームゲームにうつつをぬかし、ごっこごっこで世を渡る」〔p.197〕である。しかしこれは2つのことを意味している。一つは、二人のゲームはよく考え抜かれている(あるいは様々なメタ・ルールに支配されている)ということ。そしてもう一つは、二人が示す原則は(それは基本的にはゲームの特異な**内容**にすぎないが)おそらく他の夫婦、特に現実の夫婦には適用できないということである。二人のメタ・コミュニケーションの性質はこの問題に直接関係がある。なぜなら二人が**自分たちのコミュニケーションに関してコミュニケーションする時でさえ、ゲームのルールに従う**ということが示されるのだから。

かなり長い2つの明確な例の中で〔pp.150-9、pp.206-9〕、ジョージとマーサ

は自分たちの相互作用をはっきりと論じている。これらのメタ・コミュニケーションの交換（やりとり）の第1のものは、二人が相互作用に関していかに違った考え方をしているかということ、そしてこれらの違いが明らかになった時、どのようにしてすぐに互いに相手を狂気だとか悪人だとか非難しだすのかということを示している（3.4節）。マーサは「客をやっつける」に反対する。それはマーサにとっては明らかに狂ったもの、つまりルール適用外のものなのだ。

ジョージ　（爆発寸前）そうやってデーンとおみこしすえて、口もとからジンをダラダラ、おれを侮辱するなら侮辱しろ……一晩中かかって八つざきにするがいい……かまわないよ……やるらなってみろ……

マーサ　がまんおし！

ジョージ　がまんできない！

マーサ　がまんおし！！　そのつもりで結婚したくせに！！（沈黙）

ジョージ　（おだやかに）よくもぬけぬけと。

マーサ　まだ自覚しないの、まだ？

ジョージ　（首をふりながら）ねえ……マーサ。

マーサ　こっちは尻をひっぱたくのに、腕がクタクタだよ。

ジョージ　（不信の目でにらみつけ）どうかしてる。

マーサ　二十三年間！

ジョージ　のぼせるなよ、マーサ。

マーサ　こんなつもりじゃなかった！

ジョージ　少なくとも君は……おのれを知っていると思っていたがね……意外だったよ……意外。〔pp.152–3〕

これは一連の出来事の分節化における、異常なまでに明白な病理の例である。そこではジョージは自分はマーサの攻撃に対して正当に仕返しをしていると思っている。そしてマーサは、自分はジョージの"尻をひっぱたく"ために雇われた娼婦のようなものだと思っている。それぞれが他者に対して反応しているものとして自分を見ているが、他者の行動に刺激を与えているとは決

して思っていない。二人ともゲームの本質である真の循環性をとらえていないのだ。このように矛盾した見方は、さらなるシンメトリー的エスカレーションの材料となる。上に示したエピソードはなおも続く。

 ジョージ 少なくとも君は……おのれを知っていると思っていたがね……意外だったよ……意外。
 マーサ （怒りが盛りあがり）知ってます。
 ジョージ （マーサが虫ケラか何かのように）骨のズイまで……くさってやがる。
 マーサ （立ち上がるわめく）くさっているのはどこのどいつだ！〔p.153〕

誰がくさっているか、間違っているか、あるいは誤解されているかをめぐる争いは、今までのところですでに明らかになっている結末まで続く。そこでは二人が結びつくことができないという問題を取り扱う方法そのものによって、二人に"結びつく"能力がないことを示しているのである。

 ジョージ 月に一度くらいはね、マーサ！　もう慣れっこになったが……月に一度ぐらいマーサという女を誤解することがある。めがねのかげにひそむ気立てのいい少女、ひとことやさしい声をかけたらパッとあでやかに花を咲かせそうな乙女。それをおれは何度となく信じてきた、想像以上だ、自分がペテンにかかったと思いたくなかったからね。もうおれはきみを信じない……信じないよ。この先ぜったいに……ぜったいに来やしない……われわれの結びつくときは。
 マーサ （再び敵対）それはそうでしょうよ。無から有は生じないわ、あんたは無だもの、ゼロだもの！　今夜のパパんとこのパーティでプッツリさ！（侮辱タラタラの語調だが、そのうらには憤怒と敗北の感情が流れている）わたしはパパのパーティで、あんたを見てたの……まわりの将来性ある若い人たちとあんたとを、じっと見比べて。そうしてじっと見ているうち、スーッとあんたが消えてしまった、あとかたもなく！　だからどなり立てるのよ、わたしは。何がどうなってもかまやしない、大爆発をしてやるんだ。
 ジョージ （きわめて辛辣に）受けて立とう、だがその勝負、こっちのもんだぜ。
 マーサ それは脅迫？
 ジョージ 警告だ。

マーサ 　（唾を吐きかけるまね）では挑戦を受けなさい。
ジョージ 　気をつけろよ、マーサ……八つざきだぞ。
マーサ 　そんな勇気があるもんか……いくじなしが。
ジョージ 　宣戦布告か？
マーサ 　総力戦よ。
　（沈黙、二人は昂然として、かえって安心したようでもある）〔pp.157-9〕

　ジョージは再び静かにマーサに挑戦する。しかしジョージが新たなラウンドを開始したわけではない。この一連のラウンドには本当の始まりなどないのだ。マーサは正面きって反撃するが、ジョージはマーサが拒否できない挑戦によってマーサの反撃を凌駕してしまう。そしてそれが、我々が何度も指摘したように、元と同じゲームの新たなラウンドとなっていくのだ。賭け金は一層高くなり、二人は昂然として、かえって安心したようでもある。しかし、前より賢くなったわけではなく、相変わらずなのである。二人のメタ・コミュニケーションと普段のコミュニケーションを区別するものは何もないからだ。ゲームに関してのコメント、口実、最後通告も二人のゲームのルールにとっては例外的なものでなく、故に受け入れることはできないし、ある意味ではもう一方に聞いてもらうこともできないのだ。最後の部分では、マーサが痛ましい様子で完全にワンダウン・ポジションをとり、やめてくれるように繰り返しジョージに求めるが、結果は無情にも変わらないのである。

マーサ 　（彼にさわろうと手を動かしながら、やさしく）お願い、ジョージ、よしましょう……
ジョージ 　（その手をこっぴどくひっぱたく）さわるな！　学生相手の不潔な手で！
マーサ 　（驚愕の叫び声、だが弱々しい）
ジョージ 　（彼女の髪をひっつかみ、顔をあおむかせる）マーサ、よく聞くんだ。今夜はさんざん楽しんだろ……マイペースで思う存分な。そうして、たらふく食いあさってから手を引こうたって、どっこいそうとは問屋がおろさない。もうあとへは引けないぜ。今度の攻撃目標はおまえだ。キリキリ舞いをさせてや

る

から、用心しろ。(空いている手で彼女を叩く) 張り切っていてくれよな。(もう1度)

マーサ　(もがきながら) よして!

ジョージ　(もう一度) 元気を出すんだ! (もう一度) 堂々とパンチを入れてこい。こっちはボスカスカかましてやるんだから、シャンと構えていてほしいね。(もう一度、それから手をはなして退く。マーサは立ち上がる)

マーサ　じゃあいいわ。注文は?

ジョージ　対等の勝負。それだけ。

マーサ　やるわよ!

ジョージ　カッと燃えあがってくれ。

マーサ　燃えてるわよ!!

ジョージ　もっともっと!

マーサ　心配しなさんなったら!

ジョージ　その意気その意気。ではこのゲーム、命をかけてたたかおう。

マーサ　どうぞ!

ジョージ　驚くなよ。さあジャリどもが来た。準備はいいね。

マーサ　(歩きまわる、本当にボクサーのような足どり) オーケー。〔pp.208-9〕

ニックとハニーが再び入ってきて悪魔払いが始まる。

彼らは、これから「終わりなきゲーム」(7.2節) として詳述されるゲームをしているのだ。そこではルールの自己再帰性がシステム内での解決を妨げるようなパラドックスにつながるのである。

5.44　コミュニケーションの制限

4.42節で、コミュニケーションのどんなやりとりも次におこる可能な動きの範囲をせばめてしまうと述べた。ジョージとマーサのゲームの連結的な性質、共通の神話、シンメトリーの浸透性は関係のルールと呼ばれてきた安定した限界を示すものである。

新しい関係における制限の例は、ジョージとニックの数多くのやりとりの

中にみうけられる。後者は最初に行動を起こし、自分なりに抗議することによって、ジョージとマーサ、あるいは二人の喧嘩に関わりあいになることを避けようとしている。しかし先に示した例（5.411節〔pp.32–3〕）のように、ニックはかやの外にいても、ますますひきこまれていくのだ。第2幕の冒頭で、すでに警戒心の強くなっているニックは再び同じように、ちょっとした話が激しい怒りにエスカレートしていくのに遭遇する。

 ジョージ （中略）ときどきやけに騒々しくなるからね、ここは。
 ニック （ひややかに）でしょうね。
 ジョージ ごらんの通りさ。
 ニック ぼくはできれば……
 ジョージ まきこまれたくない。違うか？
 ニック ええ……そう。
 ジョージ そうかね。
 ニック 閉口です。
 ジョージ （皮肉に）へええ、ほんとに？
 ニック ほんとですよ、ほんと。
 ジョージ （口まねして）ほんとですよ、ほんと、か。（大声で、ただしひとりごと）
   不愉快だ！
 ニック ちょっと！　ぼくは別に……
 ジョージ 不愉快だ！（おだやかに言うが、感情は激している）これが愉快だと思うのかね……こうして……（軽蔑しきったように手を振って）きみらの前で、あざけられ、ひきおろされてだ、おれが喜んでるとでも思うのか？
 ニック （冷淡に、よそよそしく）そりゃ……喜んでいらっしゃるとは考えませんよ。
 ジョージ そうか、考えませんか？
 ニック （敵意）ええ……考えません！
 ジョージ （弱まる）同情されてホロリとするよ……泣けてくるよ！　大粒の、塩っからい、非科学的な涙がポタポタこぼれてくる。
 ニック （侮蔑して）なんだってそう、からまないと承知できないんですかね。

ジョージ　おれがか？
ニック　もしですよ、あなたがた……ご夫婦が……それほど喧嘩をしたかったら……
ジョージ　このおれが、したいだって！
ニック　吠えるなりかみつくなりやりたかったら、どうして人のいない所で……
ジョージ　（怒りを笑いとばして）こいつ、気どりやがって、偽善者ぶって……
ニック　（本心から脅迫）なんだと！（間）気をつけるがいい！〔pp.90–2〕

このように、ニックが関わりあいになるのを避けようとしていることをジョージが皮肉っぽく攻撃して、ニックをさらに軽蔑的な無関心へとおいやることになる。しかし、これがジョージを激怒させることは明らかで、ジョージは同情を求めるものの結局はニックを侮辱してしまい、ついにはニックもジョージを脅しはじめるのだ。ニックにとってみれば、コミュニケーションしまいとする努力（試み）はかえって強い関わりあいにつながってしまう。一方、ニックに自分とマーサのゲームの分節化をわからせようというジョージの努力は、自分が怒るといかにこわいかを示すことで終わってしまうのだ。将来のパターンは、はっきりと定まっている。

5.45　まとめ

　かなり単純で、人為的な家族システムについて述べようとしても、相当面倒なかなりの量の説明が必要となることが、ここまでで明らかになった。というのは、少数の関係の法則に関する内容ではあっても、そのヴァリエーションは非常に多く、また極度に細分化されていることが多いからである（フロイトによるイルマ（50）の夢解釈は、この問題を連想させる。そこでは半ページの夢の解釈に8ページが費やされている）。次にあげるのは、ジョージとマーサの相互作用システムの非常に一般的なまとめである。

5.451 安定性

システムは、その変数のいくつかが決められた限度内にとどまっているならば、その変数に関し安定しているといえる。このことは、ジョージとマーサのダイアッドシステムについてもあてはまる。"安定性"という用語は二人の室内戦闘司令遊戯を説明するには最も適切でないものに思われるかもしれないが、問題は指定された変数にある。二人の会話は活発でやかましく、ショッキングである。慎みや世間体などはたちまち置きざりにされてしまう。事実どの時点においても、次に何が起こるか予想することは極めて難しい。しかし、それがジョージとマーサの間でどのように起きるかを述べることはずっと易しい。なぜなら、ここで二人の安定性を定義している変数は関係の変数であって内容の変数ではない。関係パターンの面から見れば、ジョージとマーサの夫婦はきわめて狭い範囲の行動を示しているのだ。[*10]

5.452 キャリブレーション

こうした行動の範囲はキャリブレーション、つまり彼らのシステムの"設定"である。彼らの行動のシンメトリーは、この範囲の性質と非常に不安定な"下限"を定めている。つまりシンメトリカルでない行動はまれであり、しかもごく短い時間しか見受けられない。"上限"は、すでに示したように、彼ら独自のスタイル、コンプリメンタリーにおけるネガティヴ・フィードバックや、息子の神話によって特徴づけられる。上限は、互いにどの程度まで相手を攻撃できるかということに関する限度を設けることを両者に要求し、適度に安定したシンメトリーを強制するのである。そしてもちろん最終的に

[*10] 臨床的観察や実験で得られた証拠（61）に基づけば、病気理的な家族は、概して普通の家族よりも**より制限された**相互作用パターンを示しているということさえできる。これは不安定な家族を無秩序で混乱していると考える従来の社会学的な見方とは、はっきりとした対照を示すものである。しかしここでも、その違いは分析レベルと変数の定義にあるのだ。極めて厳格な家族内関係が家族－社会の接点の混乱状態のように見えることもあり得るし、またそれを説明することもあり得る。

は、息子の神話と他の行動の区別はなくなって、この領域はもはや神聖不可侵でもホメオスタティックでもなくなってしまうのだ。シンメトリカルな行動の範囲内でさえ二人は制限をうけている。二人のシンメトリーは、蓄積や完成よりもむしろ破壊を特徴としている点で、まるでポトラッチのシンメトリーのようなものだ。[*11]

5.453　リ・キャリブレーション

　彼らのエスカレーションは、ついには息子の死に至り、そのシステムはジョージとマーサのシステム内のリ・キャリブレーション、ステップ・ファンクションといえるような形で劇的な終焉をむかえる。二人はほとんど限度のない状態でエスカレートしていき、ついに二人の限度は崩壊してしまう。フェレイラが指摘するような方法で息子の神話が続いていかないならば、相互作用の新しい秩序が必要となる。つまりジョージとマーサの両者とも、結果について期待の入り交じった恐怖と不安感を、公然と言い表わすようになるのである。

[*11]　北西部に住むあるインディアン部族の儀式で、酋長が所有物の**破壊**を競いあい、自分たちのもつ品物をシンメトリカルに燃やしていく。(21)

第6章　パラドックス的コミュニケーション

6.1　パラドックスの性質

　人類は2000年の昔からパラドックスの魅力にとりつかれてきたし、それは現在も続いている。実際の話、論理学、数学、認識論に関する分野での今世紀の重要な功績にはパラドックスと深く関わっているものもある。メタ数学の発展、あるいは証明の理論、論理階梯の理論と一貫性、算定可能性、決定可能性の諸問題などである。不慣れな門外漢としては、こうした問題の複雑さ、かつ難解さにいや気をなして、「抽象的すぎて実生活には役立たない」とでも言いたくなるところだ。学生時代のなつかしいパラドックスが思い出される人もあろうが、おそらくは、「ちょっと変わった笑い話」の域を出てはいまい。本章及び次章は、パラドックスが我々の生活に直接役立ち、欠くことのできない重要性をもつ一面があることを示すことを目的とする。パラドックスは相互作用に入り込み、我々の行動・健全な思想（6.4節）に影響を及ぼし得るばかりでなく、我々が自分たちの世界の一貫性、つまり究極の健全さに対して持っている信念もゆさぶりかねないものである（8.5節、8.63節）。さらに7.4節では、ヒポクラテスの格言「毒をもって毒を制す」に見られるような手のこんだパラドックスは、治療上大きな可能性を秘めていることを示していこうと思う。7.6節では、人間精神の高貴な追及におけるパラドックスの役割についても短くふれてみたい。パラドックスをこのようにとらえてみると、パラドックスの概念を考えることはとても重要であり、決して象牙の塔へひきこもってしまうことではないということがわかるであろう。まずはパラドックスの**論理的**基盤について考察してみよう。

6.11 定義

パラドックスは**一貫性のある前提を正確に演繹した後に得られる矛盾**と定義されよう。この定義によって、推論段階に隠された誤りや、論拠に故意に組み込まれた間違いに基づく"偽物の"パラドックスはただちにしめ出される。[*1] とはいうものの、この段階において定義は既にあいまいなものになっている。本物のパラドックス、偽物のパラドックスの境は相対的なものだからである。今日一貫性のある前提が明日は誤りや間違いにならない保証はない。一例をあげると、ゼノンのパラドックス「アキレスと彼が追いつけなかった亀」は無限収束級数（ここではアキレスと亀の間のたえず短くなっていく距離のこと）が有限であることが発見されるまでは"本物の"パラドックスとして通っていた。[*2] こうした稠密性が発見され、それまで信じられてきた仮定が誤りであることが証明されると、そのパラドックスはパラドックスでなくなってしまう。その点はクワインを引用するのがよかろう。

> 概念体系の改訂に前例がないわけではない。科学の小さな進歩にあわせて一歩一歩なされる場合もあれば、コペルニクス革命やニュートン力学からアインシュタインの相対性理論への移行のように、大きな進歩によって一気になされる場合もある。そうした大きな変化にもやがて慣れ、新しい体系を自然なものとみなせるようにもなる。地動説を認める人間でさえ、地球が太陽のまわりをまわるという学説をコペルニクスのパラドックスと呼んでいた時代もあった。ふくみを一切持たない（それだけ純粋に真実性が高い）真実が、明らかな二律背反によって無意味なものとされてしまう時も来るであろう。(120, pp.88-9)

[*1] この種のパラドックスの典型例は、個室のほしい6人の男と5部屋しかない宿屋の話である。宿屋の主人は以下のようにしてこの問題を"解決"した。すなわち1人目を1号室へ連れて行き、もう一人にしばらくそこで1人目の男と一緒に待ってもらうように頼んだ。そして3人目を2号室、4人目を3号室、5人目を4号室へ連れていった。この後で、主人は1号室にもどり、そこに待たせておいた6人目の男を5号室に入れたのだ。お見事！（2人目と6人目の男が同一人物として扱われているところが、この話のおかしいところである）

[*2] このパラドックスとその誤りについての解説はノースロップ (112) を参照のこと。

6.12 パラドックスの3タイプ

クワインの引用部の最後の文中にみられる"二律背反"という話は説明を要する。"二律背反"はパラドックスと同意に用いられることもあるが、多くの場合、二律背反は論理学・数学のように形式化された体系において発生するパラドックスという意味に限られて使われる（他にパラドックスが発生する領域があるのかと思われる読者もおられよう。そこで本章及び次章は意味論、語用論の分野でもパラドックスはやはり発生するということ、さらに第8章では人間の存在経験のどの部分にどのような形でパラドックスが入りこんでいるかについて述べていく）。クワイン（120, p.85）によれば、二律背反とは"容認された方法での推論による自己矛盾"とされている。ステグミュラー（147, p.24）はさらに明確で、二律背反を、矛盾しておりかつ証明可能である陳述と定義している。つまり、ある陳述 S_j とその否定である $-S_j$ （S_j ではない、または"S_j は間違い"、ということを表わす）の二者があると、その二者が組みあわさって S_k という第3の陳述を作る（$S_k = S_j + -S_j$）。こうして形式的な矛盾ができあがる。自身であることと自身でないこと、言い換えれば、真実であることと嘘であることとは同時に発生し得ない。ステグミュラーが言うように、演繹的に S_j とその否定 $-S_j$ が証明されることがわかれば、S_k もまた証明可能であり、ここに二律背反が得られる。つまり二律背反とはすべて論理的矛盾をさしているのだ。しかし、これから見ていくように、論理的矛盾が常に二律背反となるとは限らない。

二律背反と重要な一点を異にする第二の種類のパラドックスが存在する。論理的あるいは数学的体系において発生するのではない（つまり形式的集合や数といった語に基づくのではなく）、思考と言語の基本的な段階に潜んでいる不一致から発生するのである。[*3] この第二のグループは、しばしば**意味論的二律背反**または**パラドックス的定義**と呼ばれる。

最後に第三のグループのパラドックスであるが、これは最も研究の遅れている分野である。このグループは我々の研究にとっては最も興味のあるものである。なぜならこの種のパラドックスは、行動を決定する相互作用が、進

行する過程において発生するものだからである。このグループは**語用論的パラドックス**とよばれ、さらにパラドックス的**命令**とパラドックス的**予言**の2種類に分類される。

ここで3タイプのパラドックスをまとめると、

1) 論理・数学的パラドックス（二律背反）
2) パラドックス的定義（意味論的二律背反）
3) 語用論的パラドックス（パラドックス的命令及びパラドックス的予言）

この3者は、人間コミュニケーションの理論の枠内で、3つの理論に相応している。すなわち、第一のタイプは論理的統語論に、第二のタイプは意味論に、そして第三のグループは語用論に相応している。これから、それぞれのタイプの実例を示すとともに、ほとんど知られていない語用論的パラドックスが他の2つのパラドックスからどのようにして育ってきたかについても論じていく。

[*3] この区別をするにあたってはラムゼイ（121, p.20）に従う。ラムゼイは以下の分類を導入した。

グループA：
(1) 自分自身が要素でないすべての集合の集合
(2) 一方がもう一方に対して関係をもっていない時の二者関係間の関係
(3) ブレイリ・フォーティの最大の序数の矛盾

グループB：
(4) 『私は嘘をついている』
(5) 19桁以内で表わせない最小の整数
(6) 定義不可能の最小序数
(7) リチャードの矛盾
(8) ウェイルの矛盾（"異種論理"について）

（ラムゼイは"パラドックス"よりも"集合理論における矛盾"という用語を好んでいたことに注意すべし）。これらすべてのパラドックスはボヘンスキー（29）に書かれている。

6.2 論理・数学的パラドックス

　このグループで一番有名なパラドックスは"自分自身が要素でないすべての集合の集合"である。これは以下の前提に基づく。集合とは、ある属性を持つ対象すべての総体のことをいう。そこで、あらゆる猫（過去、現在、未来を通じて）は、猫の集合を構成する。この集合が成立すると世界の他のすべての物体は、非猫の集合とみなされる。ここでは、すべての物体が一つの絶対的な属性をもっている、つまり猫ではないということだ。猫であると同時に猫でないということはありえないから、ある物体がこの2つの集合両方に属していることを意味するものは単純な矛盾となろう。何も特別なことではない。こうした矛盾が起きるのは論理の基本的法則がおかされたことを証明するものであって、論理そのものがおかしくなったわけではない。

　一つひとつの物体が猫であるかないかという問題はさておいて、論理的にもう一段階高いところに目を向けて、集合自身はいかなるものなのかを考えてみよう。集合が自分たち自身であるかどうかは簡単にわかることだ。例えば、すべての概念の集合は明らかにそれ自身が一つの概念である。ところが猫という集合はそれ自身が一匹の猫をさすのではない。このように第2のレベルでも、全体は2つの集合に分けられる。自分たち自身の要素である集合と、そうでない集合である。これらの集合のいずれかがそれ自身の要素であり［自己集合帰属］、**同時に要素**でない［非自己集合帰属］ということを意味するものは、ここでも単なる矛盾として簡単に片付けられてしまう。

　しかし、こうした作業をもう一段階高いレベルにもっていくと、大変なことがおきる。自分たち自身が要素であるすべての集合をまとめて一つの集合を作り、これを M と名づける。そして自分たち自身が要素でないすべての集合をまとめて集合 N とする。そして集合 N がそれ自身の要素であるかどうかを考えると、たちまちラッセルの有名なパラドックスに直面することになる。全体をそれ自身が要素になっている集合とそれ自身が要素になっていない集合に分ける境界は空であり、例外は考えられないことは前に述べた。定義として、そうなるのだ。故に、集合 M と集合 N 自身との分類にもこの

ことは同様にあてはまらなくてはならない。だが、もし集合 N がそれ自身の要素であるとしても、集合 N はそれ自身の要素にはならない。なぜなら N とはそれ自身の要素ではない集合の集合なのだから。一方 N がそれ自身の要素でない場合、自己集合帰属の条件を満たすことになる。N がそれ自身の要素でないからこそ、それ自身の要素であるのだ。なぜなら非自己集合帰属要件こそが N を構成するあらゆる集合の重要な特徴なのだから。このパラドックスの結果は厳密な論理的演繹によるものであり、論理法則ををおかしているものではない。故に、これは単なる矛盾ではなく、れっきとした二律背反である。集合と帰属要件との総概念のどこかに誤りでも潜んでいない限り、集合 N はそれ自身の要素でない時に限って、それ自身の要素となる（またはその逆のケース）という論理的結論はくつがえしようがない。

　実は、ここには誤りが含まれている。ラッセルが自著『**論理階梯の理論 Theory of Logical Types**』の中で明らかにしたのだ。手短かに言うと、この理論は、ラッセル（164）が言うところの**ある集合のすべてを含むものは、その集合の一つであってはならない**という基本的な原則を仮定している。言い換えるならば、ラッセルのパラドックスは論理階梯あるいはレベルを混同しているところに起因するのだ。集合とは、その要素よりも高いタイプのものである。このことを仮定するためには、階梯の体系においてもう 1 レベル高いところで考えなければならなかったのだ。故に、先に述べた「あらゆる概念の集合はそれ自身一つの概念である」というのは誤ってはいないが、今ここで示しているように、**意味のない**ことだ。この区別は大切である。なぜなら「ある声明が明らかに誤っていれば、その否定形は真実でなくてはならない」などと言えないのはすぐにわかることである。

6.3　パラドックス的定義

　「あらゆる概念の集合」を示した上記の例は、論理的パラドックスから意味論的パラドックス（パラドックス的定義または意味論的二律背反）へ頭を切りかえるのにちょうどよい橋渡しの役を演じている。すでに見てきたよう

第6章 パラドックス的コミュニケーション

に、低いレベル（要素のレベル）での"概念"は、次に高いレベル（集合のレベル）で使われる"概念"と同じでない。しかし、同じ"概念"という語が両者に使われている。言語的同一の錯覚はこのようにしておこるのだ。この落とし穴を避けるために**論理階梯標式**（形式化されたシステムにおける記号、引用符、イタリック文字などがよく使われる）を、レベルの混同が起きる可能性のある場合には常に使わなくてはならない。そうすれば、上記の例における概念$_1$と概念$_2$は同一のものではなく、従って、集合の帰属要件の考えはとるに足らないものであることがわかる。さらに、こうしたケースでは論理が一貫性を欠くことよりも、言語が一貫性を欠くことが問題の原点であることもわかってくる。

　おそらくすべての意味論的二律背反で最も有名なのは、自分で「私は嘘をついている」といっているケースであろう。この発言を論理的に解釈しようとすると、「それが本当でない時のみそれは真実だ」などということに再びなってしまう。言い換えると、その人は本当のことを言っている時だけ嘘をついている（またはその逆）、そして嘘をついている時に真実を語っているということになる。この場合、論理階梯の理論は二律背反を解釈するのに役立たない。なぜなら、語あるいは語の組み合わせは、論理階梯体系をなしていないからである。我々の知るかぎり、この問題に解決法を見いだしたのはまたもやバートランド・ラッセルである。彼はヴィトゲンシュタイン『理論哲学論考 *Tractatus Logico-Philosophicus*』の序文の最後のパラグラフについて簡単に述べている。「ヴィンゲントシュタインの言うように、『どの言語についても、**その言語内では何も言及できない構造がある**。しかし、その言語の構造を扱っているもう一つの言語があり、そのもう一つの言語はそれ自体が新しい構造を持っているかもしれない。そして、これらの言語の体系は無限に拡大されるかもしれない』と」(133, p.23)。この提案は、主にカルナップとタルスキーによって、今日知られている言語のレベル理論に発展していった。論理階梯の理論に似て、この理論もレベルの混同を防いでいる。この理論は言語の最も低いレベルにおいての声明は対象に関するものである、ということを仮定している。これは**対象言語**の領域である。しかし、この言語に

関して何かを言おうとした瞬間、我々はメタ言語を、そしてそのメタ言語について何かを言おうとすると、メタ・メタ言語を使わなければならなくなる。などなど、理論的にはきりがない。

言語レベルについてのこの概念を「私は嘘をついている」（I am lying.）と言う男の意味論的二律背反にあてはめてみると、わずか英語で3語から成り立つこの発言には2つの声明があることがわかる。一つは対象レベルのものであり、もう一つはメタレベルのもので、対象レベルでの声明について語っているのである（つまり対象レベル声明は正しくないということを）。同時に、魔法にでもかかったようだが、メタ言語におけるこの声明はそれ自身、メタ声明がなされる元になった声明の一つであり、それ自身が対象言語における声明であるということも意味している。言語レベルの理論において、声明自体が正しいか正しくないかに関するこの種の自己再帰性（または論理的可能性、定義可能性、決定可能性といったような相似の属性など）は、論理階梯理論における自己集合帰属の概念と同等なものである。つまり両者とも無意味なことを言っているのである。[*4]

「私は嘘をついている」という声明が論理的には無意味であることが証明されてしまったが、もちろん我々はこの証明をよろこんで受け入れるわけではない。証明のどこかに落度があるかもしれないのだ。この思いはもう一つの有名なパラドックス的定義について考える時、さらに強いものになる。「ある小さな村に自分で髭を剃らない人の髭をすべて剃る床屋がいる」という話だ。ここでもある意味ではこの定義は完全である。が、この床屋は自分で髭を剃る人間なのか否かを考えると、パラドックスにおちいってしまう。そして再び厳密に演繹していくと、そんな床屋はありえないことが証明されてしまう。とはいっても何かキツネにつままれたような気持ちが残らないだろうか？　この強い疑いを持って、パラドックスの行動的・語用論的結果について考えていくことにしよう。

[*4] 相互作用の文脈においてそれ自身の主張を否定する自己再帰的声明の好例が次ページのまんがにある。

「あなたはたしかにうまく書く！」
　出版社の社長はほめたつもりでそう言う。しかし、客の方は有名な作家のつもりなので皮肉を言われたと感じ、心外に思っている。(6.3節の「パラドックス的定義」を参照)

6.4 語用論的パラドックス

6.41 パラドックス的命令

この床屋のパラドックスはほとんどの場合、以上のような形で示されるのであるが、わずかに違った形が少なくとも一つある。それはライヘンバッハ(123)によるもので、そこでは床屋は一人の兵隊に置き換わっている。特に理由はないのだが隊長に自分で髭をそらない中隊の兵隊の髭を全部剃るように命じられたが、他の者の髭は一切そらない、という形である。ライヘンバッハも、もちろんのことながら"定義された意味において、そんな中隊の兵隊などありえない"という唯一の**論理的**結論に達している。

ちょっと変わった形でこのパラドックスを示した理由が何であれ、それは語用論的パラドックスの非常に優れた例となっている。論理的にはばかげているのだが、そのような命令が実際には出されないのはどうしてか、となると、これといった理由はない。このケースの根本的な要素は以下の通りである。

1) 強力なコンプリメンタリー関係（隊長と部下）
2) この関係の枠内では、従わなくてはならないが、従うために背かなくてはならない命令が出されている（命令では兵隊が自分で髭を剃らないという場合のみ自分で髭を剃る者（またはその逆）と定義している）
3) この関係においてワンダウン・ポジションにあるものは、枠の**外**へ出て命令に関してあれこれ言う（つまりメタ・コミュニケーションする）ことによってパラドックスを解決することはできない。(その行為は"反抗"にほかならない)

そのような状況にある者は、**困った立場**にあるのだ。故に純粋に論理的に考えれば、隊長の命令は無意味であるし、その兵隊も存在しえないようだが、実生活においては状況は大きく異なるようである。実は語用論的パラドックス（特にパラドックス的命令）は、一般に考えられているよりも、はるかに頻繁に起こっている。相互作用的文脈においてパラドックスをとらえると、パラドックスは単なる論理学上の興味深い問題ではなく、コミュニケーショ

ンを行なう者（個人であれ、家族であれ、社会、国家であれ）の精神衛生には極めて大切なものなのだ。以下は、文学作品及び関連分野から引き出した具体例である。例は純粋に理論的なモデルから臨床例までも含んでいる。

6.42 語用論的パラドックスの例

例1 シカゴは人口の多い都市だ、と書くのは統語論的にも意味論的にも正しい。しかし、シカゴは3音節語だ、と書くのは誤りになろう。この場合には引用符を用い、"シカゴ"は3音節語だとしなければならない。シカゴという語が2回使われているが、1番目のものは対象（都市）を指しているのに対し、2番目のものは同じ語が名前（単語）、つまり語そのものを指しているのだ。"シカゴ"という語の2用法の違いが論理階梯によるものであることは明らかだ（前者が対象言語であり、後者はメタ言語である）。引用符が論理階梯標識の役割をはたしている（108 参照, pp.30-1 fn.）。[*5]

シカゴに関する2つの声明を1つにまとめたもの（**シカゴは人口が多く、かつ3音節語だ**）を秘書に口述筆記させ、正しく書きとれないとくびにするぞと解雇をちらつかせて脅しているという、ちょっと変わった例を考えてみよう。もちろん秘書にそんなことはできない（我々にもできないであろう）。すると、このコミュニケーションの行動学的効果とは何なのであろうか。ここにこそ、人間コミュニケーションの語用論の重要性がある。この例に現実性がないからといって、理論的重要性が減ってしまうわけではない。この種

[*5] この時点で数学者フレーゲに賛辞を送るべきだ。彼は早くも1893年に以下のような警告をしている。

おそらく、引用符を頻繁に使うのは奇妙にみえるかもしれない。しかし私はその有無で**記号そのもの**について話しているのか、**その意味**について話しているのかを区別するのだ。学者ぶっているように思われるかもしれないが、それでも私はこれが必要であると主張する。当初簡単で短いからという理由で**不正確な話や筆記がなされた**場合、その不正確さを十分承知しているうちはいいが、一度その認識が消えてしまうと、**次第に混乱をまねく**ということは注目に値しよう。(48, p.4、ゴシック筆者)

のコミュニケーションがどうしようもない状況を作り出してしまうことは、疑いようのないことだ。メッセージがパラドックスなのだから同様にそのメッセージによって作られた枠内での反応は常にパラドックスにならなくてはならない。一貫性がなく非論理的な文脈において、一貫性をもって論理的に行動することは全く不可能である。秘書が雇い主の命令の枠内にとどまろうとする限り、ただ2つの選択の余地しかない。すなわち命令に従うように努力するか（失敗することはわかっているが）、または書きとりを拒否するかの2つである。第一の手段をとった場合、秘書は無能力であることをとがめられる。しかし第二の手段をとった場合も、反抗したとしてとがめられるのである。この2つの非難において前者は能力不足が、そして後者は敵意がその理由となっていることに注意してほしい。このことは、前章までに述べてきた狂気と悪意の典型的な非難とそれほど大きな違いがあるものではない。どちらのケースでも秘書は叫ぶ、怒るなどの感情的な反応をするであろう。「正気な人間であれば、この（想像上の）上司のような振る舞いはしないであろう」と反論することもできようが、実際には架空の話とばかりは言ってもいられないのだ。少なくとも理論上は（そして大方、秘書の考えとも一致するだろうが）、上司のとった行動に対して2つの理由が考えられる。秘書をやめさせるための嫌がらせか、あるいは本当に正気でないか、の2つである。再び、悪意あるいは狂気が唯一の説明のようであることに注意してほしい。

　秘書が命令による枠内にとどまらず、命令に対してあれこれ言い出すとなると、状況は一変する。言い換えれば、上司の指示の内容に反応するのでなく、上司の意志伝達（方法）について話し合うということをした場合である。秘書は上司の作った文脈の外に出ることによって、ジレンマを避けることができるのだが、これは多くの場合容易ではない。まず第一の理由として、これまでの章でも触れてきたように、コミュニケーションについてコミュニケーションするのは難しい。秘書は、なぜその状況がどうにもならないもので自分にどのような影響を与えるものかを指摘しなければならないが、このこと自体、なまやさしいことではない。メタ・コミュニケーションが単純な解

決法とはならない第二の理由は、上司が権威を振りかざして、秘書がメタレベルでコミュニケーションするのを簡単に拒否することができることにある。そしてそのことを、秘書の無能ぶり、横柄さを示す証拠としてさらに使うことも可能なのだということである。*6

例2 「うそつき」タイプのパラドックス的自己定義は、少なくとも我々の臨床経験においてはとても頻繁に発生している。「この種の声明は論理的に無意味な内容を伝えるばかりでなく、それ自身の他者に対する関係を定義するものである」ということに注目するならば、その語用論的な重要性は一層明白なものとなる。故に、人間の相互作用の中にあらわれたとき、内容報告に意味がないということよりはむしろ、関係（命令）の側面を避けることも明確に理解することもできないということのほうが重要である。この問題に関する以下の諸例は最近行なわれたインタビューからほとんど無作為に選び出したものである。

(a)

　質問者 Ｘさん、おたくの主だった問題は何なんでしょうか。

---

*6 誰かをどうにもならない立場から抜け出せなくするために、メタ・コミュニケーションを妨げることはルイス・キャロルの世界ではよく知られている。白と赤の女王がアリスを質問責めにして困らせる（3.22節参照）。2人の女王は木の葉を束ねたものであおいで、アリスが再び正気にもどるとまた洗脳が続く。

「さあ、直った」と赤の女王がいいました。「お前は言葉を知っているのか？　フィドル・デ・ディー（「ばかばかしいこと」の意）はフランス語でなんというか？」
「フィドル・デ・ディーは英語ではありません」とアリスはまじめくさって答えました。
「誰が英語じゃといったかね？」と赤の女王は言いました。
　アリスは今度こそうまくいい抜けられそうだと思いました。
「フィドル・デ・ディーがどこの言葉か教えてくださったら、そのフランス語を申します！」と彼女は勝ちほこったように叫びました。
　けれども、赤の女王はきりっと胸をそらし、
「**女王は取り引きなどはせぬのじゃ**」といいました。(ゴシック筆者)

> **X氏**　私が嘘の常習者だということが大きな原因です。たとえば、虚偽、誇張、ほらふきなどいろいろな言い方がありますが、終局は嘘をついているのです。

この人は嘘つきパラドックスに出くわしたことがないのであろう。そして質問者をわざとバカにしようとしているのでもなかろう。しかし彼は実際そうしているのだ。そのようなパラドックス的な関係のメッセージに直面して他にどのような対処の仕方があろうか。

(b) 両親と太りすぎの20歳の息子（知恵遅れと言われている）が"転石苔むさず"ということわざの意味を考えている構造的家族面接 (159) の一部。

> **父**　ことわざとしては、みんなに、お母さんやお父さんにも言えることだけれど、「転がる石」のように忙しく活動的に動きまわっていれば、何ていうか、太りすぎないし、精神的にもっとしゃきっとするってことだよ……
> **息子**　本当？
> **母**　わかった？
> **息子**　うん。
> **母**　（同時に）わかった？
> **息子**　（同時に）ああ、わかったよ。
> **父**　（同時に）いいことなんだよ――
> **息子**　（さえぎるように）**知恵遅れに**
> **父**　（続けて）――忙しくしているのは――
> **母**　お前にも"転石……"っていうのはあてはまるのよねえ。
> **息子**　（さえぎるように）**知恵遅れも直るんだね。**
> **母**　さあ――
> **父**　（さえぎるように）まあ、忙しくすることが役には立つだろう、確かに。

自分の知恵遅れの直し方について語り、知恵遅れという用語さえ使う"知恵遅れの息子"を[*7]、両親あるいはセラピストはどのように扱ったらよいのだろう。嘘つきパラドックスの嘘つきのように、息子は診断（自己の定義）によって定められた枠に入ったり出たりしている。そのために、まことに精神

分裂病的に不合理な診断を導いている。(知恵遅れという) 用語を使うと、用語が示す条件が除外されてしまう。

(c) 合同夫婦面接のセッションでの話。ある夫婦の、二人の性的関係と、異なった性的行動に対する夫婦各々の態度に関する話しあいをするうちに、夫がマスターベーションに関して極めて強い不快感を持つことを明らかにした。夫は「ここだけの話、妻にしばしば拒否されるためにマスターベーションをせざるを得ないのだが、異常性や罪の意識（夫はカトリック信者であり、マスターベーションは道徳的に罪であると信じている）に対する恐怖心に苦しんでいる」と語った。セラピストは、「罪の意識に関しては何も言えないが、異常性あるいは逸脱性に関する限り、様々な調査が示しているのは、他の宗教団体に比べれば少ないが、実際には多くの人が思っているよりも、カトリック教徒によるマスターベーションは盛んであるということだ」と答えた。すると夫は「カトリック教徒はセックスに関して嘘ばかり言う」と言いながら、調査結果をあざけっていた。

例3 おそらく、パラドックスが人間コミュニケーションの語用論に入り込んでいる最も一般的な型は、ある特定の行動（その行動の性質により、自発的にしか行なえないような行動）を求める命令であろう。故に、このメッセージの原型は"自発的であれ！"と言うことになろう。この命令に直面すると、誰もが困ってしまう。命令に従うためには、追従、非自発的という枠内において自発的でなくてはならないのだ。この種のパラドックス的命令の他の例は、

a) 「あなたは私を愛すべきだ」
b) 「あなたに私を支配してほしい」（消極的な夫に対する妻の要望）

[*7] この患者は何度も行なわれた心理テストで IQ 50~80 と診断されていた。この面接の直前のテストでは、彼は何が質問されているのかがわからないという理由でテストを拒否した。（治療の過程で、後に彼は精神分裂病と新たに診断が下った。そして回復は順調に進み、多くの分野での成果は上記のテストの予想をはるかに上まわっている）

c) 「よその父親のように、あなたの子どもと遊んで楽しみなさい」
d) 「あまりに柔順すぎるわ」（余りに依存心が強いと思われる子どもに向かって両親が）
e) 「行ってもいいのよ。泣き出しても気にしないで」（W. スタイロンの小説（150, p.33）から）

ジュネの『バルコニー The Balcony』に出てくる小宇宙的売春宿のパトロンも、みんなこのジレンマにおちいっている。女の子たちは、お客の夢を実現させるのに必要なコンプリメンタリーな役割を演じてお金をもらっている。しかしすべてはごまかしである。なぜなら罪人は"本物の"罪人でなく、泥棒が"本物の"泥棒でないことなどはわかっているのだから。同様なことが、"本物の"男性との強力な関係を欲している同性愛者にもあてはまる。結局相手もまた同性愛者であることを常に知らされるのであるから。こうした例において、命令される側は、最悪の場合、従うことを拒否するが、逆の場合でも間違った理由で正しいことをすると言うのが関の山である。そして"間違った理由"とは追従そのものである。シンメトリー・コンプリメンタリーという面からみると、こういう命令はパラドックスである。なぜなら、コンプリメンタリーと定義された関係の枠内で、シンメトリーが欲求されているからである。自発性とは自由のもとで育ち、強制のもとでは消えてしまうのだ。[*8]

[*8] 自由そのものはパラドックスと似ている。サルトルが言うように、我々の持っていない唯一の自由は、自由ではないということである。同様にヨーロッパで最も啓蒙的な法典であるスイス民法典は「何人も自由を放棄したり、または法・道徳律をおかす程度にまで自由を制限することはできない」（27条）としている。バディエフはドストエフスキーの思想を要約して以下のように書いている。

　自由を善・真実・完全と同一視することはできない。自由とは本来、自発的なものである。自由はあくまでも自由であり善とは異なる。自由を善・完全と同一視したり混同したりすれば、自由の否定を伴い、強制の体系を強化することになる。つまり、義務としての善はその強制という事実によって善ではなくなってしまうのだ。
（22, pp.69–70）

第6章 パラドックス的コミュニケーション

例4 イデオロギーはパラドックスのジレンマにおちいりやすい。特にその抽象論が反抽象論の中に存在するときに。ルバショフ（ケストラーの『真昼の暗闇 Darkness at Noon』の主人公）の考えは、これに関するとてもよい例である。

党は個人の自由意志を否定した。そして同時に自発的自己犠牲を強いた。党は個人が2つのものから1つを選ぶ能力を否定した。そして同時に、常に正しい選択をすることを要求した。党は個人の善悪を判断する能力を否定した。そして同時に罪と背徳を非難した。個人は経済的不運の徴候の下に立たされた。永遠に動き続けるように巻かれて、止めることも勝手に動かすこともできない時計の歯車のようだ。そして党は歯車に対して、時計に反抗し、方針を変えるように要求した。この計算にはどこかに間違いがある。等式は成立しない。(84, p.257)

パラドックスを元にした"等式"が成立しないのはパラドックスの本質に関わることである。パラドックスが人間関係に悪影響を及ぼすとき、不健全な状態になる。ルバショフはこのきざしに気づいて解決法を見出だそうとするが無駄だった。

私たちの原則はすべて正しかった。しかし結果は間違っていた。病的な世紀だ。我々は病気とその原因を顕微鏡的正確さをもって診断したが、治療のためにメスをあてがうたびに新たな傷があらわれる。我々の意志は確固としたもので純粋なものであった。我々は愛されてしかるべきだった。しかし嫌われた。なぜ我々はこれほど憎まれ、嫌われなければならないのか。

我々は真実を導いたが、我々の口の内ではうそのように響いている。我々は自由を導いたが、我々の手の内にあってはむちのようなものだ。我々は人間らしい生活を導いたが、我々の声の聞こえるところでは、木々は枯れ、かわいた木の葉がサラサラと音を立てている。我々は将来の明るい見込みを導いたが、我々はどもり、そしてどなっていた。(84, p.58)

例5 上述のことを、ある精神分裂病患者の自叙伝的記述 (15) と比較す

ると、その患者のジレンマは本質的にルバショフの場合と同じであることに気づく。患者は自分の"発言"によって困った立場に追い込まれ、パラドックス的命令に従えないことがわかると、不実あるいは不本意であることを非難されるのだ。彼の叙述が特別なものであるのは、それが現代精神医学理論ができるはるか前の130年前に書かれたものだという点にある。

> 私は精霊と思われる者による命令に苦しんでいた。何度も試みたことだが、何か他のことを言うときに、私に与えられた声ではなく、私自身の声で始めることをひどくいましめられたのだ。以前と同じように、このような矛盾した命令が、私の行動の支離滅裂さの原因であり、このように想像することが最終的に私の総合的な精神錯乱の主な原因となっているのです。なぜなら私はひどい苦しみ、精霊の怒りを引き起こすこととひどい忘恩の罪を受けることを覚悟の上で、話をすることを命令されたのだから。そして同時に、私は話そうとするたびに、私に送られた（精）霊の言葉を使わないことを厳しくいましめられる。さらに話そうとすると、やはりいけない方向へ行ってしまう。心の中で「知らないうちにそうなってしまった」と思っても、虚偽と不実の念が、そして命じられたことに対して抵抗しているという思いが私を苦しめるのだ。すると私は我慢できなくなり、一気に言いたいことを言ってしまうのだ。私をおさえつけていたものは、恐怖心でも弱い意志でもないことを示そうとしてしまうのだ。しかし、これをしてしまうと、私は前と同じように口の中や喉の神経に痛みを感じる。それは私が神に逆らっているばかりか自然に対しても逆らっているということを悟らせるかのようだ。そして私は再び絶望と忘恩の思いに苦しめれるのだ。(15, pp. 32–3)

例6 1616年頃、日本の幕府はキリスト教への改宗者に対して一斉に迫害を開始した。彼らは死刑、またはパラドックスになるようにうまく作られた（キリスト教の）拒絶の二者択一を迫られることになった。この拒絶は誓いという形をとっている。このことは、サンソンによるヨーロッパとアジア文化の相互作用の研究に報告されている。

> キリスト教信仰を否定する際、背信者はそれぞれ、あらかじめ決められた信条と

いう形で、不信仰の理由をくり返さなければならなかった。信条とはキリスト教信仰の力への不本意ながらの賛辞であった。自分たちの宗教を捨てることを誓った（たいていは強制されて）改宗者たちは、奇妙な論理なのだが、たった今否定したばかりの権力の下に誓いをさせられるのだ。その誓いとは「父なる神、イエス・キリスト、精霊、聖母マリア、そしてすべての天使の下に誓います。もしも私がこの誓いを破ったなら、永遠に神の恩寵を失い、ユダ・イスカリオテのようなみじめな状態におちていくことも厭いません」といったものである。論理的にはさらにおかしくなるのだが、この後には仏教と神道への誓いが続くのである。(134, p.176)

　このパラドックスのなりゆきは詳しく調べてみる値打ちがある。幕府は集団全体の信仰を変えるという仕事を自分たちに課したのだ。いかなる信仰も強力であり、しかも実態のないものであるという事実からしてみると、とてつもなく困難な仕事である。説得、強制、転向の手段はきわめて不十分なことには最初から気づいていたに違いない。こうした手段は確かにリップサービスを強いることはできるが、キリスト教を捨てた者の心は"本当は"変わっていないのではないかという疑問を常に残すことになるからだ。もちろんこの疑いは背信者の非常に熱心な誓いを前にしても起きるであろう。なぜなら本気で改心を誓っている者だけでなく、死をまぬがれ、しかも心の奥底で信仰を守ろうとする者も、全く同じように振る舞うであろうから。
　人間の心に"真実の"変化をもたらす、というこの問題に直面した政府は誓いをさせるという手段に出た。そして明らかに改宗者に関する限り、そのような誓いは仏教、神道だけでなくキリスト教の名のもとに誓われてはじめて拘束力をもつのである。しかしこの"解決法"により幕府は自己再帰的声明の決定不可能性に追いこまれてしまった。（キリスト教）拒否の誓いのために書かれた信条とは、まさにその信条によって捨てられる神への祈りから拘束力を引き出そうとするものなのだ。言い換えるならば、声明は明確に定義された（キリスト教信仰という）準拠枠に関して、つまりそれ自身に関して何かを主張するような準拠体系の枠内でなされる。すなわち声明は準拠枠

を否定し、それに伴って誓いそのものも否定するのだ。前の文で強調した2語（〜に関して、〜の枠内で）は特に注意する必要がある。キリスト教信仰という枠内でなされるすべての声明の集合を C としよう。すると C に関するすべての声明はメタ声明（すなわち声明の集合体に関する声明）と呼ぶことができる。故に誓いは三位一体に訴えかけるのであるから、C の帰属要件であるということが言えるのと同時に C を否定するメタ声明（つまり、C を否定するもの）にもなっていることがわかる。しかしこのことは今までによく知られた論理的袋小路を作り出してしまう。ある準拠体系枠内でなされる声明はその枠を出ること（いわば否定すること）はできないのだ。これは悪夢にとらえられた者のジレンマだ。夢の中で何をしようと無駄である。[*9]唯一の回避法は眠りからさめること（つまり夢の外へ出ること）である。しかし眠りからさめることは夢の一部ではない。全く違う体系（現実の世界）なのだ。理論的には精神分裂病患者の夢のように、夢は永遠に続くこともあり得る。体系内にあるものに体系を否定する能力はないのだから。幕府の誓いはそれなりの変更は加えられたが、まさに同じことを試みようとしていたのである。

我々の知る限り、この誓いが改宗者または幕府側にどのような効果を及ぼ

[*9] （『不思議の国のアリス』と同様）再び『鏡の国のアリス』を通じてルイス・キャロルを参照されたし。この話も子どもというよりは論理に関する問題の入門書と読んだ方がはるかにふさわしい。トイードルダムとトイードルディーが眠っている赤の王さまについて話をしている。

「今、夢を見てる最中なんだよ」とトイードルディー、「その夢はなんだと思う？」
「そんなことわかりっこないわ」とアリスはいいました。
「なんだって、**君の**夢じゃないか！」と、トイードルディーは勝ちほこるように手をたたきながら、叫びました、「王さまが君の夢を見るのをやめたら、君はどこにいると思う？」
「むろん、今いるところよ」とアリス。
「いや、いるもんか！」とトイードルディーは、軽べつしたように、いい返しました。「君はどこにもいないんだ。だって、君はただ、王さまの夢の中のものに過ぎないんだぞ！」
（次ページの脚注へ続く）

したかを歴史的に記したものはないが、推測するのは難しいことではない。誓いを行なった改宗者にとって、ジレンマがあるのは明らかだ。信仰を捨てることを誓うことによってパラドックス的信条の枠内にとどまり、パラドックスにおちいってしまう。もちろん彼らが枠外にでる可能性はごくわずかであったに違いない。しかし誓いを強制された改宗者は自分たちが個人的・宗教的にとても大きなジレンマにおちいっているのがわかったであろう。強制されたか否かという問題はさておき、彼等の誓いは有効なものなのだろうか？　キリスト教徒であり続けようとした場合、この誓いというまぎれもない事実が誓いを有効なものにして破門されてしまうのではないか？　本当にキリスト教を捨てることを誓おうとしている場合、信仰による誓いは逆に彼等をしっかりとキリスト教に拘束してしまうのではないか？　分析していくと、最終的にはこの場合のパラドックスは形而上学の理論をおかしている。この誓いは本質的に改宗を誓うものだけでなく、訴えかけられた神をも拘束してしまうのだ。改宗者の経験の中で困った立場におかれたのは神自身ではなかったのか？　もしそうならば、解決される望みは一体どれほどのものだったのだろうか？

　しかし、このパラドックスは迫害者側をも悩ませたにちがいない。信条は

　　（前ページ脚注からの続き）
「そこの王さまの目がさめたなら」とトイードルダムがいいそえました、「君は消えちゃうのだ——ぱっ！と——ろうそくみたいにね！」
「消えないわ！」とアリスはおこって叫びました。「それにわたしが王さまの夢の中のものに過ぎないとしたら、**あなたたちは何なのか、知りたいわ**」
「御同様」とトイードルダム。
「御同様」とトイードルディーが叫びます。
　あまり大声で叫ぶので、アリスは、「しっ！　王さまを起こしてしまうじゃありませんか、そんなにさわぎ立てたら」といわずにはいられませんでした。
「なあに、**君**が王さまを起こすななんていったって、なんにもなりゃしないさ」とトイードルダム、「君はたかが、王さまの夢の中のものに過ぎないんだものな。君は自分がこの世のものじゃないってことは、よくわかってるんだろうな」
「わたし、この世のものです！」とアリスは叫んで、泣きだしてしまいました。(p.60 –1)

日本の神よりも高いところにキリスト教の神を据えたということを意識せざるを得なかっただろう。つまり"父なる神、イエス・キリスト、精霊、聖母マリアそしてすべての天使"を改宗者の心から一掃してしまうどころではなく、改宗者は日本独自の宗教によって賛美さえされたのだ。最終的に迫害する側は自分たちの作ったでっちあげに自分たちがはまってしまっているのがわかったことだろう。肯定する者の存在を否定し、否定する者の存在を肯定するといった具合のでっちあげなのだから。

　この辺で、洗脳の件について軽くふれることができる。洗脳とは結局、ほとんどの場合が語用論的パラドックスにもとづいているのだ。歴史的に、人間の心の変え方には2種類ある。相手を肉体的にやっつけてしまうことを問題の主たる解決法として、被害者側が"本当は"どう考えるのかという点はあまり気にしないタイプと、よりよい大義に値する終末論的関心から、被害者側の思いを非常に気にするタイプである。後者は、前者の驚くべき精神性の欠如を非難すると思われるが、実際にはどっちもどっちである。早い話、後者の場合、相手の心を変えるのと、相手の存在を消し去ってしまうことの優先順位がちょっと違っているだけなのだ。オーエルの『1984年 *1984*』に拷問者として登場するオブライエンは、この件に関して非常に詳しい。彼は被害者に向かって、このように説明している。

　「宗教裁判で異教徒が火刑に処されるたびごとに、何千もの民が立ちあがった。何故なのか。宗教裁判は敵を公の場で、しかもまだ悔い改めをしないうちに殺した。実は悔い改めをしないからこそ殺されたのだが。人は自分の本当の信仰を捨てようとしなかったがために死んでいったのだ。……後には……ドイツのナチスがあり、ソ連の共産党があった。……我々は同じ過ちをくり返さない。我々は彼等を本物（の信仰者）にする。……お前は未来ばかりでなく、過去においても全滅させられる。お前は存在し得なかったのだ」。

　「それならなぜわざわざ私を苦しめるのか」。ウィンストンは思った。

　オブライエンはわずかに微笑んだ。「お前は我々のやり方の傷なんだ、ウィンストン、お前はしみだ。しみは消さなければならない。我々は過去の迫害者と異なるということをたった今言ったばかりではないか。**我々は消極的な服従では満足**

しない。どんなにみじめな服従であっても満足などしない。**最終的な降伏は自由意志によるものでなければならないのだ**。我々は、抵抗するからといって異教徒を殺しはしない。抵抗しているうちは殺さない。我々は彼を改宗させるのだ。彼の内側の心をとらえて、人間を作りかえるのだ。彼の内のすべての悪と幻想を焼き払い、彼を我々の味方にする、外見の問題ではない。正真正銘の**心と魂からの味方**にするのだ。殺す前に我々の一員にするのである。たとえ極秘のうちに、極めて弱小なものであっても、世界のどこかに誤った思想が存在するのは我々には耐えがたいことなのだ」(113, p.258、ゴシック筆者)

これこそまさに、正真正銘の"自発的であれ"パラドックスである。明らかにオブライエンは狂人だと読者は思うだろう。しかしオブライエンは架空の人物にすぎないが、彼の狂気はまさにヒットラー、ヒムラーやヘイドリックなどの狂気と同じである。

例7 日本の改宗者と迫害者によく似た状況が1938年ジグムント・フロイトとナチス政権の間に起こった。今回は被害者が迫害側をパラドックスにおとし入れ、さらにフロイトは戦場を免れることができたという点は異なっているが。「ドイツ政権、特にゲシュタポは、私の科学的名声のため、あらゆる敬意と配慮をもって私に接してきた」などと書かれた文書にサインすることを条件として、フロイトにオーストリアからの出国ビザを出すことをナチス政権は約束した (81, p.226)。ウィーンのユダヤ人の受けたすさまじい迫害のことを考えるならば、フロイト個人にとってこの話はまんざらでもあるまい。しかし終局はフロイトの国際的名声をナチスの宣伝（プロパガンダ）に使うために、政権側が恥知らずにも正義をよそおっただけのことだ。そうしてゲシュタポ側はフロイトにサインをしてもらうことによって利益を得る。一方フロイトは自分がジレンマにおちいっているのがわかったはずだ。自分の潔白を犠牲にして敵に手を借すためにサインをするか、あるいはどのような結果になろうとサインを拒むかである。実験心理学の立場からいうと、フロイトは回避－回避型コンフリクトに直面していたのだ (6.434節)。彼はナ

チスを自分たちがつくったワナにはめることによって立場を逆転した。ゲシュタポの役人にサインを求められた際、もう1文付け加えてもいいかと尋ねたのだ。役人は、自分が明らかにワンアップ・ポジションにいることを確信して、それを了承した。そこでフロイトは手書きで「私はゲシュタポをどなたにも誠意をもって推薦致します」と書いたのだ。これで形勢は逆転してしまった。なぜなら最初にフロイトに対して自分たちを賞賛するように強制してしまったゲシュタポは、それ以上の賞賛に反対することができなくなってしまったのだ。しかし当時ウィーンで何が起きていたか、うっすらとでも気がついている者にとって（全世界は徐々にそのことに気がつきつつあった）、この"賞賛"は、強烈な皮肉であり、書類はプロパガンダ目的で使うには価値のないものになってしまった。フロイトは、1文をもって文書の意味を大きく変えてしまったのだ。その1文とは文書の一部であり、同時に皮肉的に文書全体を否定するものであった。

例8 『楽しみと日々 *Les Plaisirs et les Jours*』の中でプルーストは、社会的に認められた行動と個人の感情の間にしばしばおこる矛盾に起因する語用論的パラドックスの好例を示している。アレクシス（13歳）は不治の病におかされているおじの所へと向かっている。以下はアレックスと家庭教師の会話である。

　　彼が話し始めると、その顔は真っ赤になった。
「ルグランさん、小父さんはもうじき死んじゃうってこと知ってるのかな？」
「知らないさ、アレクシス！」
「でも、このこと言い出したらどうしよう？」
「アレクシスには言わないよ」
「僕には言わないって？」
　　アレクシスは驚いた。まさか、こんな返事が返ってくるとは思わなかったから。おじのところへ行くことを考え出すたびに、牧師さんのように優しく、死について話すおじの姿がうかんでくるのだった。
「でも、もしもそのこと言い出したらどうしようか？」

「そんなことないよって言ってあげればいいじゃないか」
「僕、泣き出しちゃうかもしれない」
「今朝たくさん泣いたから、おじさんの前では泣かないよ」
「僕、絶対に泣かないよ！」
　アレクシスはやけになった。
「でもそしたら僕は全然悲しんでないと思われちゃう。おじさんのこと好きでないと思われちゃう……大好きなおじさん！」
　アレクシスは泣き出してしまった。（118, pp.19–20）

アレクシスは、気をつかって、心配していることを隠すと、おじさんのことを心配していない、おじさんに愛情をもっていないように見られるのではないかと思ったのである。

　例9　ある若者は結婚を前提に現在交際中の女性に、両親が好意を持っていないと感じた。彼の父は金持ちで精力的な美男子。3人の子どもと、妻を完全に自分の権力下においている。妻はコンプリメンタリーにワンダウン・ポジションにいる。内気で物静かな女性で、時おり"休息のために"サナトリウムへ行ったこともある。ある日父親は息子を書斎に呼んだ。何か重大なことを言うときにだけとられる方法だ。「ルイス、お前に言っておきたいことがある。アルバラド家の男は、常に自分より優れた女性と結婚するのだ」。父親がきわめてまじめな顔で言うので息子は困ってしまった。父親の言葉が何を意味しているのかわからなくなったのである。どのように解釈しても矛盾に悩まされることになる。現在交際中の女性と結婚を決意することについて不安を感じるのだ。

　父親の言葉は以下のように拡大して解釈される。「アルバラド家は優れた家系だ。とりわけ結婚する時は自分よりも優れた人物と結婚する」。しかし家系の優秀さをあらわすこの二つの理由のうち、後者は息子自身が見た事実に全く反しているばかりでなく、アルバラド家の男性はみな妻よりも**劣る**ということを意味するのだ。これでは本来言いたかったことが打ち消されてしまう。優秀さを言い表わした声明（配偶者と自身の定義も含む）が本当であ

るならば、それは本当でなくなってしまう。

例10 ある若者の心理療法過程において、精神科医は、彼の両親は多少遠いところに住んでいるが、せめて1回だけでも一緒に合同家族療法の治療セッションがもてるように、彼らをつれてくるように頼んだ。セッションを通じて、両親ともそろって息子の言うことに反対している時に限り、両親の意見は一致するが、そうでないときわめて多くの点で意見がくい違うということが明らかになった。また父親は息子がまだ小さかった頃、不景気のため5年間働かず、金持ちの妻に頼って暮らしていたことも明らかにされた。面接中、少しあとになって父親は息子の責任感のなさ、自立心のなさ、出来の悪さを強く非難した。この時点でセラピストが介入し、本人たちが思っているよりも父親と息子には共通点が多いであろうことを慎重に指摘した。このあてこすりも父と息子には通じなかったが、突然母親が割って入り、セラピストをトラブルメーカーとして攻撃しはじめた。すると母親は愛情と感嘆の念とともに息子を見ながら言った。「結局は簡単なことなのよ。私たちが望んでいるのはジョージ（息子の名）も私たちと同じくらい幸せな結婚をしてくれることだけなのよ」。こうした形で定義されると、「結婚は不幸な時に幸せであり、同様に幸せな時に不幸だということを意味する」というのが唯一の結論となる。

　この面接の後、少年は沈んでしまい、次いで個人セッションに来た際も、元通りの状態に戻れなかったということはついでに触れておく価値があろう。母親の願いの持つパラドックスを指摘すると、彼はそのことを思い出し、急に電気がつけられたかのように反応した。「母親は"似たようなこと"を何年となく言い続けてきたが、今初めてその言葉の正体を正確につかむことができた」と彼は言った。いつも何か重たい物を背負わされ、何かと闘い何かに引きずられる夢を見てきたが、今までこの"何か"が何者であるのかわからなかったのである。

例11 精神分裂病の娘がかかっている精神科医のところへ母親が電話を

かけている。また娘の具合がおかしいと言っているのだ。このような場合この母親は、「娘の独立心が強くなり、自分と論争するようになった」という意味のことを話すことが多い。例えば、最近、娘は自分のアパートに引越したが、母親は多少困っているという。セラピストは、娘のどんな行動を困るというのか、母親に具体例を求めた。すると母親は、「たとえば今日みたいに、娘を夕食に招待したかったの。けど来たくないなんて言うもんだから大げんか」。それで最終的にどうなったのかとセラピストが尋ねると、母親は多少怒りながら「もちろん説得して来させたわ。本当は来たがっていることや私に『行きたくない』という厚かましさを持ってないことはわかっていたから」と言った。母親の考えでは、娘の「行きたくない」は「本当は来たい」という意味なのだ。母親は、娘の混乱した心の中がどうなっているかに関しては娘自身よりもよく知っているというのだから。しかし仮に娘が「来たい」と言ったらどうなるのか？ 「来たい」は「来たい」を意味しない。ただ娘が「行きたくない」と言う厚かましさを持ちあわせていないだけだ。母娘ともにこのようなメッセージのパラドックス的分類に束縛されているのだ。

例12 母親のコミュニケーションにみられる楽しくかつ恐ろしいパラドックスを集めたものがグリーンバーグによって最近発表された。その中の出色の出来のものを一つ。

息子のマービンに2枚のスポーツシャツをプレゼントしなさい。どちらかをはじめて着た時に、悲しそうに見つめながら低い声で言いなさい。
「もう一つの方は気に入らなかったの？」(58, p.16)

6.43 ダブルバインド理論

人間の相互作用におけるパラドックスの影響がはじめて記されたのはベイトソン、ジャクソン、ヘイリー、ウィークランドによる論文「精神分裂病の理論に向けて *Toward a Theory of Schizophrenia*」(18)（1956年）においてである。この研究グループは従来の仮定とは根本的に異なる立場から精神分裂病

患者のコミュニケーションの現象にせまっている。従来の仮定とは、精神分裂病を第一に精神内界の障害（思考混乱、弱い自我機能、一次過程素材による意識混濁など）ととらえ、そうした障害が二次的に患者の他人に対する関係、そして次第に他人の患者に対する関係に影響を及ぼす、というものであった。ベイトソンらは逆のアプローチをとり、精神分裂病の診断を正当化するような行動によって、どんな個人間の経験がひき起こされるかではなく、どのような個人間の経験が診断を正当化するような行動をひき起こすかということを問うたのだ。ベイトソンらは、精神分裂病患者は「**一連の出来事が患者の慣例にとらわれないコミュニケーションの習慣が、ある意味では妥当であるようなものである世界に生きているに違いない**」と仮定している（18, p.253）。こうして彼らは、そのような相互作用における、ある本質的な特性を仮定し、確認するに至った。その特性には**ダブルバインド**という名称があたえられた。本章の前節に出てきた諸例は共通点がなく、ただ並べられているようにも見えるが、この特性はそうした具体例に共通した分母にもなっている。

6.431　ダブルバインドの要素

多少の変更、拡大を加えた定義によれば、ダブルバインドの要素は以下のように述べられている。

（1）2人あるいはそれ以上の人間が、1人、数人あるいは全員にとって、身体的かつ心理的、またはそのどちらかの高度な生存価値をともなう強い関係にある。そのような強い関係が典型的にあらわれる状況は以下のものを含むが、それだけに限定されるわけではない。すなわち、家族の生活（特に親子の相互作用）、疾患、身体的（物質的）依存、監禁、友情、愛情、信条・大義・イデオロギーに対する忠誠、社会規範や伝統に影響された文脈、そして心理療法的状況などである。

（2）そのような文脈において、非常に精巧に組み立てられていて、(a) 何かを主張し、(b) それ自身の主張に関して何かを主張し、(c) 二つの主張が互いに相いれないようなメッセージが与えられる。つまり、メッセージが命

令であればそれに従うためにはそれに違反しなければならない。メッセージが自身あるいはもう一方の定義であれば、それによって定義された人間は、そういう人間でない時に限り、その種の人間になる。そして、その種の人間である場合はその種の人間でない。従って、3.333 節に書かれている意味ではメッセージの持つ意味は決定不可能である。

（3）最後に、メッセージを受け取る者は、メッセージについてメタ・コミュニケーション（コメント）したり、引き下がったりしてみても、メッセージによって作られる枠の外に飛び出すことはできない。従って、メッセージが論理的に意味をなさないものであっても、語用論的には真実なのだ。それに反応しないわけにはいかない。しかしメッセージ自身がパラドックスなのだから、メッセージに対して適切に（パラドックス的にならないように）反応することも不可能である。こうした状況は、少しでも矛盾に気づいたことや、そこで本当に問題になっていることを示すことが、多かれ少なかれ公然と禁じられていることから成立していることが多い。従ってダブルバインドの状況にある者は正しく認知していても、自分が罰せられている（あるいは少なくとも罪を感じさせられている）と思いやすい。そして自分に実際に見えるものと自分が見る"べき"ものとの間に不一致があることをほのめかすだけでも"悪人"とか"狂人"のレッテルを貼られてしまうのだ。[*10] 以上がダブルバインドの本質である。

[*10] これはある人が、他人の感情や行動をどのようにとらえるかということについても同様にあてはまる。ジョンソンらから以下を引用した。参照のこと。

　この子どもたちがこれまで何度もあったように、親の怒りや敵意を感じとると、親はすぐに自分が怒っていることを否定し、子どももそのことを否定すると主張する。すると子どもは親を信じるか、それとも自分の感覚を信じるかというジレンマにおちいってしまう。もしも自分の感覚を信じれば、現実をしっかりととらえつづけていることになるが、親を信じるとなると（親子間の）必要な関係は保たれるが、自分の現実認知を歪めてしまうことになる。(80, p.143)

基本的に同じパターンに対して、レインは、神秘化という概念を紹介した。(89)

6.432 ダブルバインドの病因性

ダブルバインド概念は、成立時から精神医学[*11]や行動科学一般 (156) の分野で多くの関心を集め[*11]、政治隠語 (97) にも加えられた。ダブルバインドの**病因性**の問題は、この理論中で最も議論が絶えない、誤解された側面である。従って、主題に入っていく前に注意を要する。

我々の生きている世界は論理的どころか、我々はみなダブルバインドにさらされて生活していることは明らかだが、多くの場合、何とか正気を保っている。しかし、こうした経験の多くは、その時点で心的外傷性のものであったとしても、孤立したにせものである。ダブルバインドへさらされる期間が長くなり、習慣的になってくると、話は大きくかわってくる。もちろん、このことは特に子どもに当てはまる。子どもは、自分たちの身に起こること、世界中で起こることを、まるで宇宙の法則であるかのようにとらえる傾向があるからだ。ここでは孤立した心的外傷の問題はない。むしろ我々が目にするのは相互作用の一定のパターンである。人間コミュニケーションにおいてダブルバインドは一方向の現象にはなり得ないことに注目すると、このパターンの相互作用的特色は、より明らかになるかもしれない。先に (3) で見たように、ダブルバインドがパラドックス的行動をひき起こせば、今度はその行動がダブルバインドした側を逆にダブルバインドする。[*12] 一度このパターンが動き出してしまうと、いつ、どのようにして、**何故**そのような状態になったかを考えるのは事実上無意味である。なぜなら、次章で述べるように、

[*11] その著者らは、精神分裂病の理解に大きく貢献したとして、国際精神分析学会の1961–62年度フリーダ・フロム・ライヒマン賞を受賞した。

[*12] この相互関係は例えば政治的迫害のようにすべての権力がどちらか一方に集中していて、他方は全く無力であることが明らかな場合にさえ存在する。なぜなら、サルトル (135) の説明するように、迫害者は最終的には被害者と同様に堕落してしまうのだ。ソ連の大粛正の被害者としてのワイスバーグの経験談 (163) や、洗脳者とその被害者の間の"不思議なマゾ的約束"について述べたメルルー (103) の考えも参考にせよ。

家族におけるダブルバインドの相互関係についての、より詳しい研究についてはウィークランド (160)、スラッキ等 (144) を参照せよ。

病理学上のシステムは奇妙な自己永続的、悪循環的性質をもっている。以上のように考えてみると、ダブルバインドの病因性の問題は、例えば感染と発病といった医学的モデルにみられる原因−結果関係からは説明できないことがわかる。ダブルバインドが精神分裂病を**ひき起こす**のではない。ダブルバインドがコミュニケーションで非常に目立ったり、診断者の関心が明らかに正常でない最も混乱した人にのみ向いているときに[*13]、その人の行動は精神分裂病の診断基準を満たすであろう、ということが言えるだけである。この場合に限ってダブルバインドが原因となり、従って病原であるとみなされ得る。この区別は非常にややこしいものであるが、"精神分裂病を個人の心の奇妙な病気という"見方から、"ある特定パターンのコミュニケーションという"見方への概念上の飛躍をなしとげるためには必要であると考える。

[*13] ダブルバインド理論のすべての側面や、細かい諸問題を本書で述べることは不可能である。しかし、混乱の度合いの問題は、多少本筋からそれても触れておく必要がある。精神分裂病患者の親は当初一貫性があり、うまく順応した人達であり、この家族は子どもが精神病でさえなければとても幸福であろうと思ってしまうような経験を繰り返ししてきた。しかし患者(子ども)を交えずに面接をしても、親の異常なコミュニケーションの矛盾はすぐに明らかとなる。レインとエスターソン(90)によって示された数多くの例に再び注目する必要がある。そして、それよりも先にサールスによって書かれたパイオニア的存在の論文から以下を引用する。

　例えば、重度の精神分裂病青年の母親はとても激しい性格で、マシンガンのような早口だった。彼女は私にとぎれることない言葉の洪水のように以下のことを言った。感情的口調は全くナンセンスで、私は一瞬気が遠くなった。「息子はとても幸せでした。こんなことになるなんて想像もできません。ふさぎこんだことなんてなかったんです。ルヴィストンにあるミッチェルさんのお店でラジオ修理の仕事がとても気にいっていたんです。ミッチェルさんはとても完全主義的な人でした。エドワード(息子の名)以外にこのお店で2、3ヶ月以上続いた人なんていないんです。でもエドワードとミッチェルさんはとてもうまくいっていました。前は家に帰ると(母は疲れきったため息を真似ながら)『もうこれ以上堪えられないよ』なんて言っていたんですから」(142, pp.3-4)

6.433　精神分裂病との関係

以上のことをふまえて、ダブルバインドと精神分裂病との関係を定義するために、これまでに述べてきたダブルバインドのもつ基本的な3つの特徴（6.431節）に、もう2つの基準を加えることができる。すなわち、

（4）ダブルバインドが長期にわたり慢性化してくると、それは人間関係や世間一般の性質に関して習慣的、自発的にあらわれるようになる。もはや強化する必要はない。

（5）ダブルバインド（6.431節において（3）と示した）によって起きるパラドックス的行動が、今度はダブルバインドする性質に変わっていき、自己永続的コミュニケーションのパターンに至る。非常に明らかな精神病徴候をもつ者の行動を隔離して観察すれば、精神分裂病の臨床基準を満たすのである。

6.434　矛盾対パラドックス的命令

以上のことから、ダブルバインドは単に**矛盾**した命令ではなく、真のパラドックスであることがわかる。我々はすでに矛盾とパラドックスの基本的な違いを考え、二律背反を検証した結果、すべての二律背反は論理的に矛盾しているが、論理的矛盾が必ずしも二律背反とはならないことを見いだした。矛盾した命令とパラドックス的命令（ダブルバインド）の間にも同じ違いがある。そして、それは最も高い重要度をもつ違いである。なぜなら、この2つの集合の命令の与える語用論的な影響は非常に異なったものだからである（次ページのイラストを参照のこと）。

我々の思想、言語の論理的構成、一般的な現実認知は「Aは同時に非Aであることはできない」というアリストテレスの法則に強く従っている。従って、この種の矛盾はあまりにも明らかで、真剣に考えるに値しない。日常生活から出た矛盾でさえも病因とはならない。2つの互いに相入れない選択に直面した場合、どちらかを選んですぐに間違った選択をしたことがわかるか、あるいは長いこと選択をためらいすぎて、結局失敗してしまうかのどちらかである。そのようなジレンマは、「ケーキを食べたいが、食べればなく

図1

図2

標識に示される矛盾とパラドックス

図1の2つの命令は、お互いに完全に矛盾している。故に、どちらか一方にしか従うことはできない。図2の標識は（いたずらだと思うが）、その自己再帰性を通じて真のパラドックスを作り出している。標識を無視せよという命令に従うためにはまず、その標識に気づかなくてはならない。しかし、この気づくという動作は、まさに命令自体に対する不服従なのだ。故にこの標識は従わないことによってのみ、従うことができる。そして、従うことによっては従われない。（単なる矛盾とパラドックスの違いについては、6.434節を参照せよ）

なってしまう」という軽いものから、「ビルの6階で火事にあい、焼死するか窓から飛び降りて死ぬかの選択しか残されていない」といった絶体絶命のケースまで実に様々である。同様に、人間をコンフリクト状態（接近－回避、接近－接近、回避－回避）におくという古典的実験では、コンフリクトは与えられた、あるいは課せられた選択肢の間に起こる矛盾に起因する。こうした実験で、どのような行動が結果としてあらわれるかというと、優柔不断な状態になったり、罪を逃れるために空腹を我慢するという間違った選択をしてみたりして、決してジレンマが真にパラドックスである時にみられる特殊な病状ではない。

　しかし、パラドックスの病状は有名なパブロフの実験にはっきりと表われている。この実験では最初、犬が円と楕円を識別するように訓練しておき、徐々に楕円を円に近づけていって、識別できないようにしていくのである。これこそ、上で述べてきたダブルバインドの要素をすべて含んだ文脈である。そして、その行動面にあらわれる影響をパブロフは"実験神経症"と名づけた。問題の最重要点は、この種の実験の実験者はまず動物に正しく識別する重大な必要性を課し、その後、同じ枠内で識別を不可能にさせるという点にある。そして犬は自分の生存が自己矛盾する法則への追従次第という世界にほうり出される。パラドックスがその恐ろしいかま首をもたげたのだ。この時点で、犬は典型的な行動の乱れを示す。すなわち、昏睡状態におちいるか、ひどく凶暴になり、加えて激しい懸念による生理的付随症状をも示すようになる。[*14]

　まとめ　矛盾した命令とパラドックス的命令の最大の違いを述べる。矛盾した命令に対して、一方の選択肢を選ぶと、もう一方の可能性を失ったり、もう一方の選択により害を受けたりする。結果は満足のいくものではない。

[*14] 最初に区別することをしつけされていない動物は、区別が不可能な状況になっても、このような行動を示さないことは重要である。

先に述べたようにケーキを食べた後にケーキをとっておくことはできないのだ。どちらかの選択の方が不幸は少かろうが、これでも不幸は不幸だ。しかし、矛盾した命令の場合、論理的には選択が可能だ。一方パラドックス的命令の場合は、**選択そのものを破産**させる。何もできないのだ。自己永続的な振動級数に運動は置かれる。

　ついでに、語用論的パラドックスの持つ、身動きを制限してしまうようなこの力は決して霊長類・哺乳類一般に対してだけあらわれるものではなく、比較的未発達の脳や神経系統しか持たない生物でさえも、やはりこの力には弱いのだ。このことは、生存に関する何らかの基本的法則が関係していることを意味している。

6.435　ダブルバインドの行動的効果

　人間コミュニケーションの語用論に話を戻すために、ダブルバインドによってどんな行動的影響が出やすいのかを手短に考えてみよう。4.42節で指摘したように、いかなるコミュニケーションの連続においても、メッセージが交換されるたびに、次の動きに関する可能性はせばめられていく。ダブルバインドの場合、パターンの複雑さは特に束縛力が強く、実際には可能な反応はごく限られたものである。以下に可能な反応の例をいくつか示す。

　自分の立場がどうにもならないほど理に合わないものであることがわかると、その状況に本来ある、あるいは他から与えられた重要なきっかけを見逃しているに違いないと思いやすい。他の人にとって状況は全く理にかなったもので一貫性もあるという明白な事実を見落した結果であると仮定をした場合に、この人の症状はさらに強くなる。こうした重要なきっかけが他人によって故意に隠されているかもしれないと考えるのは、このテーマの一つの変形にすぎない。どちらにせよ（これが中心の問題なのだが）、このきっかけを見つけること、そして自分の中、あるいは自分のまわりで起きていることに意味をもたせることに対する必要に悩まされることだろう。そして次第にこのきっかけ探しや意味探しは、およそありえない、そしておよそ関連性のない現象にまで拡げられるであろう。ダブルバインド状態の重要な要素は、

そこに関連している矛盾に気づくのを妨げることであるということを頭においておけば、こうして現実問題から反れていく動きは一層もっともらしいものとなる。

他方、軍隊生活で新兵がややこしい論理や論理性の欠如に対してとりうる最上の方法として、すぐに思いつくような反応をするかもしれない。つまり、すべてのどんな命令に対しても完全に文字通りに従い、自分自身の独立した考えは公然と慎むのである。こうして、隠された意味の限りない追求に関与するよりもむしろ、人間関係には文字通りの表面的な一面と異なるものもあり、さらに一つのメッセージには必ず別の意味があるという可能性を演繹的に捨ててしまうのである。想像できることだが、そのような行動は誰の目にも愚かに見える。ささいなことと重要なこと、もっともらしいものともっともらしくないものとの区別がつかないのが愚かさの本質であるのだから。

3番目の反応として可能なのは、人間の関わりあいから身をひいてしまうことだ。これは、物理的にできるだけ孤立して、それだけでは望ましい効果が上がらない時は、コミュニケーションのインプット手段をふさいでしまうことで達成できる。インプットを妨害することに関しては、3.234節で簡単に述べた"知覚的防衛"現象に再び触れなければならない。この方法で自分を守る者は、孤立して、近づきにくく、自閉的であるという印象を持たれてしまう。事実上、同じ結果（ダブルバインドとの関わりからの逃避）は極度に活動的な行動によっても得られると考えられる。非常に激しい行動が長く続くので、入ってくるメッセージの多くはかき消されてしまうのだ。

今実際に起きている、あるいは習慣的に起こることが予期されるダブルバインドのもつ決定不可能性に直面した場合に見られる、これら3つの行動は、この理論の提唱者らが自分たちの論文中で指摘しているように、精神分裂病の臨床例を示唆している。つまり、3つの例がそれぞれ妄想型（パラノイア）、破瓜型、（昏睡的・扇動的）緊張型のサブ・グループとなっている。さらに論文には、

この3つの選択は単独のものではない。重要なのは、他人が何を意味しているか

を見いだすのに役立つような選択肢を1つ選ぶことはできないということである。相当の援助がなくては、他人のメッセージの意味について考えることができない。これができなくては、人間は調速機の無くなった自動修正装置のようなものである。決して終わることのない、しかし常に規則正しい歪みに入り込んでいくのである。(18, p.256)

前に何回か指摘したように、精神分裂病患者のコミュニケーションはそれ自体がパラドックスであるから、コミュニケーションの相手にもパラドックスを課してしまう。そして、ここに悪循環が形成される。

6.44 パラドックス的予言[*15]

1940年代初期、極めて魅力的な新しいパラドックスが姿をあらわした。その起源はわからないが、間もなく関心を集めて多くの論文で広く扱われた。そのうち9つもが機関誌『精神 Mind』に掲載された。[*16] これから見ていくのであるが、このパラドックスは我々の研究と特に関連性がある。人間間に進行中の相互作用としてのみ考えられるという事実に、このパラドックスの力と魅力があるのだから。

6.441 校長先生の予告

このパラドックスの本質を表わしている数例のうち、次のものを選んでみた。

校長は来週中に（つまり月曜から金曜までのいずれか）に、抜き打ちテストをすることを生徒に発表した。生徒たち（異常なほどに世慣れた連中）は、校長に向かって、発表に反せずに来週中の**何時かに抜き打ち**テストをするつもりであるな

[*15] このセクションは部分的に (158) に初めて発表された。
[*16] 既出での記事の再考及びこのパラドックスの包括的な提示はネーリッヒ (111) を参照のこと。このパラドックスが違った形で示されているケースのほとんどを網羅している優れたレジュメはガードナー (54) を参考のこと。

らば、そんなテストはありえないことを指摘した。生徒たちの主張は、テストが木曜日の夕方までに行なわれなければ、金曜日は唯一可能性の残された日になるから、金曜日に抜き打ち的にテストをすることはできない、というものである。しかし、金曜日のテストの可能性がこうして除外されるならば、木曜日のテストの可能性も同様な理由によって除外される。水曜日の夕方の時点で可能性が2日（木曜日と金曜日）だけになるのは明らかなことだ。金曜日はすでに示したように除外することができる。こうなると、残るは木曜日だけになるから、木曜日に行なわれるテストも抜き打ちではなくなってしまう。同じ理由づけによって、水、火、そしてついには月曜日までも除外されてしまう。つまり、**抜き打ちテストはありえない**というのだ。校長は生徒たちの"証明"を黙って聞き、そこで「木曜日の朝にテストを行なう」と言った。**校長**は発表の時点からその日の朝にテストをすることを考えていたのだが、他方、**生徒たち**は今や全く予期せざるテストに直面することになってしまった。「抜き打ちにはなりえない」と自分たちで納得した、まさにその理由によりテストは予期せざるものとなってしまったのである。

ここでは、今までによく出てきたパラドックスの特徴を示すことはあまり難しいことではない。生徒側は、校長の発表の中の前提条件を一見厳密に論理的に演繹していって、次週抜き打ちテストはありえないと結論した。一方、校長は、自分の発言の言葉を少しも破らずに、その週のいかなる日にもテストをすることができるのは明らかだ。このパラドックスの最も驚くべき一面は、より詳しく調べていくと、金曜日にテストをすること、しかも抜き打ちで行なうことも可能であるという事実である。この話の一番大切なところは木曜日の夕方にある。他の曜日を含めることは、話を粉飾し、問題を二次的に複雑にしているにすぎない。木曜日の夕方までには、金曜日は唯一残された日になり、金曜日のテストは完全に予測可能なものになる。「とにかくテストがあるならば明日に違いない。でもそれでは抜き打ちでなくなってしまうから明日であるはずがない」。これが生徒の考えである。しかし、テストは予測できるから、抜き打ちテストはできないという演繹こそが、校長が自分の言葉に全く矛盾しないで、金曜日あるいは他のどの曜日にでもテストをすることを可能にしてしまうのである。仮に生徒側が、抜き打ちテストはあり

えないという自分たちの結論こそ、抜き打ちテストを可能にする理由であるということがわかったとしても、何の役にも立たない。そこでわかることは、木曜日の夕方の時点で金曜日のテストは予想されるが、校長自身の言った規則により、予想されるテストがある可能性は否定される。するとまた、抜き打ちテストの**可能性**が出てくるのだ。十分に予想できることであり、また全く予想が立たないことでもある。考え出したらきりがない。故に予言はできないのである。

　これも、また真のパラドックスのである。すなわち、
 (1) 発表は**対象**言語による予言（"テストがあるであろう"）を含んでいる。
 (2) 発表は（1）の予言可能性を否定する予言（**メタ**言語による）を含んでいる。つまり"（予言された）テストは実施の予想が不可能である"
 (3) 2つの予言は互いに相入れない。
 (4) 校長は、自分の発表によって作られた状況から生徒をはみ出させずに、しかも生徒がテストの日時を知るために、さらに情報を得るのを不可能にさせることができる。

6.442　明晰さの弱み

　校長の予言の論理構成を考えるのはこのくらいにする。次に、その語用論的な結果に目を向けると、2つの驚くべき結論が浮かび上がってくる。第一のものは、自分の発表中の予言を実現させるために、校長は生徒の出した結論（発表通りのテストは論理的に不可能）とは反対の結論が**必要となる**。なぜなら、自分の予言通りの抜き打ちテストが可能になるのは、抜き打ちテストの予想が立証され得るようなその状況の時だけなのだから。生徒たちの詭弁があったからこそ、このジレンマが起きたといってもよい。もしも生徒たちがこれほど機転をきかせなければ、この問題の微妙にからまった点を見逃していたことだろう。たぶん彼らはテストを抜き打ちで行なうことを受入れ、単純に校長の言うことに従っていたであろう。（非論理的なことだが）生徒たちが抜き打ちテストも予想されるに違いないという事実に身をまかせた途端、月曜日から金曜日までのいつ行なわれるテストも彼らにとっては、抜き

打ちではなくなってしまうからだ。不完全な論理の方が外見上、より現実的に見えるようだ。なぜなら、週のいかなる日にも抜き打ちテストが行なえない理由はない。ただ、詭弁家の生徒だけが、この否定できない事実を見落としているのだ。

　頭のいい精神分裂病患者との精神治療においては、患者がもう少し思考の鋭さを鈍らせることによって、自分の行動をマヒさせるような力を軽減することができれば、もっと豊かに、もっと"普通の"人に近くなれるであろうにと結論することがとても多い。いろいろなケースがあるが、患者はすべてドストエフスキー著『地下生活者の手記 Notes from Underground』に出てくる主人公（世捨て人）の子孫のようだ。その主人公は、こう説明している。

> みなさん、自意識の強すぎることは病気です。正真正銘、完全な病気であります。(38, p.132)
>
> ……中略……
>
> ……無力が私を襲った。自意識をもった結果として直接、当然現われてくるのが無力、つまり手をにぎりしめたまま座って、じっと自分を意識している状態である。このことについては、すでに触れた。"直接的な"人や行動的な人がすべて積極的であるのは、ただ愚かで無能力なためであることを私は何度も強調してきた。このことは、どのように説明されようか。無能力の結果、彼らは、根本的な原因と当面の二次的な原因とをとり違えてしまう。そうして彼らは普通の人よりも速く、しかも安易に自分たちの活動のもとになる絶対確実な根拠を見つけようとしてしまう。その結果、彼らの心は静まる。ここが大切なところだ。行動を起こすためには、まず完全に心を静め、疑いの気持ちが全く残らないようにしなくてはならない。では、どのようにして心を落ち着かせればいいのか。私が頼れる本来の原因とは、どこにあるのか。私の根拠とは、どこにあるのか。どこから得られるのか。私はよく考えてみる。するとその結果、根本的な原因が心にうかぶが、すぐに、さらに根本的な原因が現われる。そして、これが無限に続くのだ。これこそがあらゆる自意識と熟考の本質である。(38, pp.139-40)

『ハムレット Hamlet』（第4幕第4場）も参照してみよう。

おれが獣のようにわすれっぽいためか、それとも
ことの成り行きを考えすごしての小心な躊躇のためか──
すると思惟するということは四分すると、その一つだけが
智慧で、残り三つはいつも臆病だというわけか。──おれにはわからぬ。
何のためにおれはまだ生きながらえて「これがしなければならぬことだ」などと
しゃべりまわっているのだ。
それを行動に移すべき理由も意志も力も手段も立派に備わっているのに。

6.435節でみたように、ダブルバインドが精神分裂病のへ妄想型、破瓜型、緊張型というサブグループが個々にとるような行動と似ていると決定するならば、パラドックス的予言は単純な精神分裂病にみられる典型的な無気力や意志欠如（アブリア）を示す行動と関連している。

6.443 信用することの弱み
　第2の結論は、いいかげんな考えに対するこのようなみせかけの弁明よりも、さらにややこしいものとなろう。仮に、生徒たちが校長を盲目的に信用していないにしても、同様にジレンマは起こる。生徒たちの総合的な演繹は、校長が信用し得るし、校長に信用されなければならないという仮定に基づいている。校長が信用に値することを少しでも疑えば、パラドックスは論理的に解決しないが、語用論的に解決することは確かであろう。もしも校長を信用することができないならば、彼の発表を真剣に解釈しても無意味だ。そのような状況で、生徒がなし得ることといえば、月曜から金曜の間のある時に試験があるのを期することだけだ。(つまり、生徒は「来週テストがある」という発表の内容レベル、または対象言語レベルの部分しか受けとっていないわけで、その予測可能性に関するメタ・コミュニケーションの側面をおろそかにしている)。そこで我々は、論理的思考ばかりでなく、信用という問題も、この種のパラドックスの解決を難しくしているという結論に達する。

6.444　決定不可能性

　実際の生活においては、このようなパラドックスはあったとしても、ごく稀にしか起こらないように思われるかもしれない。しかし、精神分裂病患者のコミュニケーションの場合となると、話は違ってくる。"精神分裂病"と診断された者は、生徒と校長両者の役割を演じていると考えられる。彼は、先に触れた生徒のように、論理と信用のジレンマにおちいるのだ。しかし、彼には校長の役割を演じている部分も多い。校長と同じように決定できないメッセージを伝えているのだから。ネーリッヒは、自分の論文の結論が我々のテーマにどれほどうまくあてはまるかなどを知るよしもないが、この状況を見事にまとめている。つまり「何も言わないと言うことは、ある意味では矛盾したことを言うことである。自分は何も言っていないと言うことによって、矛盾を起こそうとするならば、最終的には少しも矛盾しないのである。ケーキを食べた後に、ケーキを残しておくことも**可能なのだ**」(111, p.513)

　2.23節と3.2節で仮定したように、もしも精神分裂病患者がコミュニケーションしないことを試みているならば、このジレンマは、「自分たちは何も言っていない」という内容の決定不可能なメッセージを使うことによって"解決"される。

6.445　実際例

　しかし、精神分裂病患者のコミュニケーション以外のところであっても、パラドックス的予言が人間関係をめちゃくちゃにしてしまうことがある。例えば、Pという人物が常にもう一方のOに盲目的に信用されているとする。そして、PがOに対して、P自身を信用に価しない人物にして（させて）しまうような何かをしようと言って脅しているような時に起きるのである。次の例がこの相互作用を示しているであろう。

　ある夫婦が、妻の過度の嫉妬心のために、精神科診断を求めている。両者とも生活が耐えられないのだ。夫は極度に厳格、道徳的であり、修行者のような生活や「今までに、自分の言葉を疑われるようなことをしたことがない」という事実に大きなプライドを持っている。妻は全く異なるバックグランド

を持っており、ただ一点を除いては、コンプリメンタリーにワンダウン・ポジションを占めている。その一点とは、食前の一杯をやめたがらないということだ。絶対禁酒主義者である夫にとってそれは強い反発を招き、まさに結婚当初から絶えることのない、喧嘩の種であった。およそ2年前、夫はかっとなって、「**お前が悪業（飲酒のこと）をやめなければ、俺の方でも何か始めてやるぞ**」と言ってしまった。それは他の女性と交渉を持つという意味だった。このことは二人の関係に全く変化を及ぼさなかったが、数ヶ月後、夫は家庭円満のために妻の飲酒を許すことを決めた。まさにこの時点で妻の嫉妬心が燃えあがったのだ。その論理的解釈は次の通りである。夫は絶対的に信用できる。故に夫は脅しで言ったことを実行に移し、浮気するに違いない。つまり信用に値しなくなるというのだ。一方の夫は、パラドックス的予言という、蜘蛛の巣にひっかかって途方にくれているのだ。脅し文句は衝動的なもので、真剣に受け止めなくてもいいということをうまく説得できないのだ。二人は自分たちのしかけた罠にはまってしまったが、脱け出す方法がないことを実感しているのだ。

　夫の脅し文句の構造は、校長の発表と同一である。妻が理解しているように、夫は以下のように言っている。

（1）　私は絶対的に信用に値する。

（2）　私は、これから信用に値しなくなる（浮気、ペテン）ことによって、お前をこらしめてやる。

（3）　故に、私は信用に値しなくなることによって、お前に対しては信用に値し続ける。なぜなら、もし私が私たち夫婦同士の信用における、お前の信用を打ち壊さないならば、私はもはや信用に値しなくなってしまうのだから。

　意味論的な見方をすると、パラドックスは"信用に値する"という話の2つの意味から発生している。(1) では、この語が彼の行動、約束、態度すべての共有財産を示すためにメタ言語として用いられている。(2) では、対象言語で用いられており、不倫に触れている。同じことが、校長の発表に用いられた"予期される"という語の2つの用法にもあてはまる。彼の予言は、**すべ**

て確実に実現することが予期されている。言い換えれば、予期可能性というのは、彼の予言の**集合**を決定する共有財産なのだ。だから、もしもこの集合のある**要素**の予期可能性（つまりある特定の予言）が否定されたならば、それは同じ用語で示されているとはいえ、異なる（つまりより低い）論理階梯の予期可能性である。語用論的な考え方をすると、校長と夫の発言は共に、どうにもならない文脈を作りあげている。

6.446　信用——囚人のジレンマ

　人間関係において、すべての予言は何らかの形で信用という現象と関わりがある。仮に P という人物が O という人物に小切手を渡す場合、この小切手が有効かどうかという問題は、この時点で O が入手できるすべての情報をもっているとしても、わからない。こうした意味で P と O の立場は大いに異なる。P はこの小切手が有効かどうかわかっているが、O は銀行へ小切手を持っていくまでわからないのであるから、P を信用するかしないかという手段しかとりようがない。[*17] 銀行に持って行くまでわからない。その瞬間、O は、P が小切手を渡す時に持っていた確証が信用か不信に置きかわるのである。人間コミュニケーションの性質として、自分だけの情報や知覚に他人を立ち入らせることはできないのだ。信用するか信用しないかという選択がせいぜいであって、決して他人を**知る**ことはできない。一方、人間が直接自分で入手できる情報や知覚だけに頼って行動しようものなら、人間の活動は事実上マヒしてしまうであろう。物事の決定のほとんどは、何らかの信用に基づいている。つまり、信用は常に将来の結果と、より具体的に言うならば、将来の結果の予言可能性と関わっているのだ。

　これまでのところでは、相互作用とは、一方が直接の情報を持っていて、もう一方はこの情報のやりとりを信用するか、しないかという選択しかない

[*17] O が P を信用するか、あるいは疑うかは、過去において P との関係があれば、その関係に影響を受ける。そして現在の問題の結果は、将来 O がどれだけ P を信用するかという点に影響を及ぼすということは言うまでもない。しかし、ここではその問題は考慮しなくてもよい。

形で考えられてきた。校長は木曜日の午前中にテストを行なうことを承知していたわけだし、夫にも妻を裏切る意志はなかったとわかっている。小切手を切る人物も（たいていは）その小切手が有効かどうかを知っている。しかし、"囚人のジレンマ"に見られる相互作用の例では、どちら側にも直接の情報がない。両者とも、もう他方を信用するしかないのである。相手の目から見て不確かなものではあっても、自分なりに相手を信用したり、相手の予言も実は両者の意志決定の過程に頼っている部分が大きいことを知っておきながら、相手の意志決定過程を予言しようという試みたりすることに頼らざるを得ないのである。これから示すように、これらの予言は常にパラドックスである。

囚人のジレンマ[*18]は次のような図で示される。

	b_1	b_2
a_1	5, 5	−5, 8
a_2	8, −5	−3, −3

A、B 二人は、それぞれ2つの選択が可能である。すなわち、A は a_1、a_2 の2つ、B は b_1、b_2 の2つのうちから1つをそれぞれ選ぶことができる。両者は共に、この表の意味（損得の関係）を充分に承知している。A は、自分が a_1 を選び、B も b_1 を選べば、両者とも5ポイント得られるが、仮に B が b_2 を選んだとすると、A は5ポイント失い、B は8ポイント得るのだ。B も A 同様の立場に置かれている。両者のジレンマは、相手がどちらを選ぶかわからないという点にある。二人は、同時に選択をせねばならず、しかも、意思決定に際して、情報交換は許されない。

[*18] 囚人のジレンマは、ゼロサムゲームではないことは覚えておかれたい。故に、それぞれのプレイヤーの目的は、もう一方が利益を得るか損をするかには関係なく、自分がどれだけ絶対的な利益を得るかということである。そこで（ゼロサムゲームの場合と同様に）協力は除外されないどころか、最も望ましい戦略にもなり得る。（何度も続けて）でたらめに動くことは、自動的に望ましい戦略とはならないのである。

ゲームが1回だけのものでも、あるいは100回繰り返されようとも、a_2、b_2を選ぶことが、最も安全であると考えられる。それは両者それぞれが3ポイント失う事態をひきおこすにも関わらず、である。[*19] 両者に5ポイントを保証するa_1、b_1の選択が、理にかなっていることはもちろんである。しかしこの決定は、両者の相互信頼という条件のもとにのみ起こり得る。例えば、Aが自分の利益を最大に、そして自分の損害を最小におさえるという観点からのみ、このゲームをしているとする。そしてBが自分のことを信用していて、自分のためにb_1を選んでくれることについて十分な理由があるとすれば、Aは当然a_2を選ぶであろう。a_2b_1という組み合わせがAに最大の利益をもたらすのだから。しかし、Aも冷静に考えれば、Bの側も似たような考えを持ち、b_1よりはb_2を選ぶであろうことが予想できるはずだ。BはAに信用されていると思い、AがA自身の為にa_1を選んでくれるとでも考えているとすれば、なおさらである。最終的に結果として言えることは、悲しいかな、A、B両者に損害を与えてしまうにも関わらずa_2b_2が唯一実現可能な選択なのである。

この結果は決して理論的なものにとどまらない。夫婦療法で繰り返し登場する問題が、最も適格に抽象的に表わされた例であろう。妻または夫がひっそりと絶望の人生を送り、夫婦の共同体験からは最小限の喜びしか得られない例は、精神科医にとって古くから知られているものである。しかし、伝統的に、夫婦の不幸は、夫婦どちらか、あるいは両者にあるとされている**個人的病理**に起因するとされている。夫婦は抑うつ的、受動－能動的、自罰的、サドマゾヒズム的などと診断されるかもしれない。しかし、これらの診断は、いずれも夫婦のジレンマの**相互依存的性質**をとらえていない。相互依存的性質とは夫婦の人格構成とは全く異なり、単に関係の"ゲーム"としての夫婦関係に存在するものかもしれない。まるで夫婦が「信用すると、私は弱い立場におかれてしまう。従って、安全策をとるしかない」とでも言っているようである。そして、そこに見られる固有な予言とは「相手は自分を利用する

[*19] より詳しい解説は、ラパポート（122）及びシェリング（140）をのこと。

であろう」ということである。

　多くの夫・妻（あるいは国家）が、自分たちの関係の評価や定義をする場合、この時点で止まってしまう。しかし、より鋭い考え方をするものは、ここでは止まらない。そして、ここにこそ囚人のジレンマのパラドックスが最も明白にあらわれている。A が、a_2b_2 という結論は小さな悪ではあっても悪にかわりはないということに気づけば、この結論は不合理なものとなる。そして、この結論に対する B の見方も同じであろう。つまり悪ということだ。すると当然、B の場合も A の場合と同様に、この結果（A の断定的思考に影響されやすい結論）を望む理由はほとんどない。A、B 両者が一度この洞察にたどりつけば、a_2b_2 は最も理にかなった決定ではなく、a_1b_1 という共同作業による決定がより理にかなっていることがわかる。しかし a_1b_1 をめぐっては、また同じ議論を一からやり直すこととなる。どんな見方をしようと"最も理にかなった"結論を考えついた途端に、"さらに良い"結論が出てきてしまうのが常である。つまり、このジレンマはテストが予期できないものである時に限って、テストが予期できた生徒たちのジレンマと同一のものである。

6.5　まとめ

　パラドックスとは、正しい前提条件を一貫した演繹にかけた後に得られる論理的矛盾のことである。パラドックスの3タイプ（論理数学的、意味論的、語用論的）のうち3番目のものが、ここでの興味の対象である。何故なら、それは行動的な意味を含んでいるからである。語用論的パラドックスと単純な矛盾との違いは、後者の場合、選択が可能な解決であるのに対して、前者の場合はそれすら不可能であるという点において顕著である。語用論的パラドックスは**パラドックス的命令**（ダブルバインド）と**パラドックス的予言**の2種類に分類される。

第7章　心理療法におけるパラドックス

7.1　二者択一の幻想

7.11　バースの女房の物語

　カンタベリー物語の『バースの女房の物語 The Wife of Bath's Tale』の中で、チョーサーはアーサー王のあるナイトの物語を書いている。ある日、そのナイトは強い欲望を覚えつつ馬に乗って鷹狩りに出かけ、家に戻る途中、道で出会った少女をレイプしてしまった。抗議の声があまりに大きかったので、もしも女王と女王の侍女たちがナイトの命を助けようとしなかったならば、この過ちのために彼は命を失うところであった。アーサー王はナイトの運命を女王に委ねた。女王はナイトに、「もしお前が次の質問の答えを見いだせたなら、貴方の命を許そう」と言った。その質問というのは、「すべての女たちほとんどが望んでいることは何か？」ということであった。女王はナイトに城に帰るまでに1年と1日の時間を与えた。もしそうしなければ死刑だと告げられたので、ナイトはその課題を引き受けた。ご想像の通り、1年が過ぎ、残りの最後の日が来て、ナイトは城に戻る道を辿っていたが、答えは見つかっていなかった。この時、彼は草の中に座っている老女（"想像できるかぎりの醜い魔女"）にたまたま出会った。彼女は彼に、ちょっと予言的なことを言った。「ここには通れない道が通っている」。彼の苦境におちいった状況のことを聞いて、老女は「自分はその答えを知っているが、もし『できることでありさえすれば、望むことは何でもやろう』と誓うのであれば、その答えを教えてあげよう」と言った。再び二者択一（打ち首か、それが何であろうと魔女の望みを聞くか）に直面して、彼はもちろん後者の魔女の望みを聞く方を選んだ。そして、その秘密、つまり答えを聞いた。それは「女たちの大部分の望みとは、主導権を握って夫を支配し統治して、自分の思い

どおりに愛すること」であった。この答えは、宮廷の女たちを充分に満足させたが、今度は魔女の方が、自分の契約は果たしたので、ナイトに自分と結婚するよう要求した。結婚の夜が来た。ナイトは魔女の側に絶望して横たわりながら、彼女の醜さに対する嫌悪感に打ち勝つことができずにいた。ついに、魔女は再びナイトに、彼が選ぶ事ができる２つの選択肢を与えた。一つは、彼が今の彼女の醜さを受け入れれば、彼女は一生彼に対して誠実で控え目な妻になる、というもの、もう一つは姿を若く美しい処女に変えるが、彼には決して忠実ではない、というものであった。長い間ナイトは２つの選択肢を考えたが、ついにどちらも選ばず、その選択自体を拒否した。この話のクライマックスは、次の一行に含まれている。「私は２つのどちらも選択しない」。この瞬間、魔女は美しい処女に変身したのみならず、忠実で素直な妻になった。

　ナイトにとって、女性は純潔な少女、女王、魔女、売春婦として現われる。しかし、彼を圧倒するその力は、彼がもはや選択を強要され、さらに苦しい状況に引き込まれると感じなくなり、選択そのもの必要[*1]性に疑問を提するまで、その外見に関わりなく等しく残されたままである。『バースの女房の物語』は、また女性心理の美しい一部分でもあり、スタイン (148) により、とても面白い分析がなされている。我々の概念の枠組みでいえば、この種の女性は、二者択一の決して終わりのない幻想の手段を用いて男性をダブルバインドに巻き込むかぎり（そして、もちろん男性がそこから脱出できないかぎり）、女性もまた自由になれないし、醜さか無分別さが唯一の選択肢だという、二者択一の幻想に捕らえられたままになってしまう。

7.12　定義

　二者択一の幻想という言葉は、ウィークランドとジャクソン (161) により、

[*1] このことを禅師による、警策を用いた有名な禅の公案（パラドックス的瞑想）と比べてみよう。「もしこれを警策というのなら、おまえはこれを有とみることになる。もしこれを警策といわないのなら、おまえはこれを無とみることになる。有無を越えたこれを何とみるか？」

精神分裂病のエピソードの、対人関係の状況についての報告の中で、はじめて使用された。彼等の観察では二者択一の中で正しい選択をしようとすると、精神分裂病の患者は典型的なジレンマに遭遇する。彼らは、コミュニケーションの状態の本質においては、正しい決定をすることはできない。なぜならば、選択肢の両方がダブルバインドの重要部分となっていて、患者はそれゆえ"しようがしまいが罰せられる"のである。実際の選択肢に関して、"正しい"ものが選ばれる"べき"などということは存在しない。選択が可能で、なされるべきであるという前提自体が幻想*²なのである。しかし、選択ができないことを理解することは、公然と提供された"選択肢"を認めることと同等であるだけでなく、ダブルバインドの実際の性質を認めることでもある。実際、6.431節で示されたように、ダブルバインド状態からのどんな逃避も阻止されていて、結果的に外部からそれを見ることも不可能になっていることがダブルバインドの本質的な要素である。この状態にある人々は、次のように質問されている被告としてとらえられる。「あなたは、奥さんをぶつことをやめましたか？『はい』か『いいえ』で答えなさい」。そして、彼は、今まで妻をぶったことなど決してないので、どちらもあてはまらないのに、拒否しようとしても法的侮辱罪を負う危険性に脅かされている。しかし、この例における質問者は、自分が卑劣なトリックを使っていることを知っているが、この知っているという事態やその際の意図は、実生活の状況では通常欠如している。我々が既に見てきたパラドックス的なコミュニケーションは、いつも決まって関係している全ての状況を束縛している。魔女は、ナイトが捕らえられているのと同様、自分も捕らえられており、6.445節の例の夫は彼の妻と同様、自分も捕らわれている、等々。これらの全てのパターンが共通して持っているものは、**内部**からは何の変化も起こすことができず、何らかの変化はこのパターンの**外部**に踏み出すことによってのみ起こすことができるということだ。こうしたシステムの中に変化をもたらす効果的な介入の

---

*² もちろんのことだが、ダブルバインドと単なる矛盾との基本的相違である（6.434節参照）。

問題を今度は考えてみよう。

7.2 "終わりなきゲーム"

　高度に理論的な例を始める前に、次のような状況を思い浮かべてほしい。
　二人の人間がゲームを始めようとしている。そのゲームというのは二人の相互のコミュニケーションは全て、肯定は否定で置き換え、逆に否定は肯定で置き換える。つまり"はい"は"いいえ"のこととなり、"欲しくない"は"欲しい"を意味する……ということになる。この彼等のメッセージの符号化は、意味論上の約束事であり、同様に共通言語をわかちあう二人の人間によって使用される、おびただしい数の他の約束事に対しても使用されることがわかる。しかし、一旦このゲームが始まってしまうとプレイヤーは、以前の"正規の"コミュニケーションの様式に容易に戻れないことにすぐには気づかない。意味を逆さまにとるというこのゲームの規則を守るならば、"ゲームを止めよう！"というメッセージは"ゲームを続けよう"という意味になる。このゲームを止めるためには、ゲームの外部に出て、ゲームに関してコミュニケーションする必要がある。そのようなメッセージは、明らかにメタ・メッセージとして構成されねばならないが、この目的のために止めさせようとする人がどんなことを試みようとも、そのようなメッセージは意味の逆転という規則にメッセージ自体が従わねばならないので、無効になってしまう。"ゲームを止めよう！"というメッセージは決定不可能である。何故ならば、

(1) （ゲームの部分としての）対象のレベルにおいても、（ゲームに関するメッセージとしての）メタレベルの上でも、このメッセージには意味があり。

(2) その2つの意味は、両立しない矛盾したものである。

(3) このゲームの特殊な性質として、ゲームのプレイヤーが、そのどちらかの意味に決着をつけることを可能にするような手続きが与えられていないから。

この決定不可能性のために、いったんゲームが始まってしまうと、プレイヤーはゲームを停止させることができない。このような状況を**終わりなきゲーム**と名付ける。

　単に逆のメッセージ、つまり"ゲームを続けよう！"というメッセージを使えば、このジレンマは解消できて、ゲームは意のままに終わるという人がいるかもしれないが、よく考えてみれば、厳密な理論的視点から見て、そうはいかない。何故なら、今まで繰り返し見てきたように、与えられた枠の中で（つまり、ここでは意味を逆さまにするというゲームの中で）作られるメッセージは、どれも同様にその枠に関しての有効性を有する主張にはなり得ないから。たとえ"ゲームを続けよう！"というメッセージが一人のプレイヤーから与えられたとして、逆さまにするという規則に従って、相手のプレイヤーから"ゲームを止めよう！"という意味に理解されたとしても、そのプレイヤーは彼がそのメッセージについて厳密に理論的であり続けようとすれば、さらに決定できないメッセージに直面してしまうだろう。何故なら、このゲームの規則はメタ・メッセージを許さないし、ゲームの終了を提案するメッセージはメタ・メッセージを必要とするからである。このゲームの規則に従うと、全てのメッセージはゲームの一部であるので、どんなメッセージもこの規則から免れることができない。

　我々は、この例を随分長く説明してきたが、それは、これが5.43節で説明された劇的な例の中の典型であるのみならず、実生活における数え切れない程の関係のジレンマの典型でもあるからだ。それは、我々が今検証しようとしている、ある種のシステムの重要な側面を強調している。それは、いったん意味の逆転についての最初の同意が取りつけられてしまうと、その同意は二人のプレイヤーの力ではもはや変えることができない。何故なら、それを変えるためには、二人がコミュニケーションしなくてはならないが、彼らのコミュニケーションが、まさにそのゲームの内に含まれるものになっているから。このことは、そうしたシステム内においては、**内側からはどんな変化を生じさせることも不可能である**ことを意味している。

7.21　3つの可能な解法

　ジレンマを避けるために、プレイヤーは何をすればよかったのだろうか？3つの可能性が彼等自身のために提供できる。

　(1) ゲームが始まってしまってから、ゲームについてのコミュニケーションが必要になることがありうると前もってわかっているならば、プレイヤーたちはゲームは英語で行なうが、メタ・コミュニケーションにはフランス語を使うことを取り決めておくべきだった。フランス語でのどんな言明も、例えば"ゲームをやめましょう"という申し出なども、これならば明らかに意味の逆転という規則に従うメッセージ全体の外側、つまり、言ってみればゲームそのものの外側に存在していることになるだろう。これはゲームにとってかなり効果的な決定の手続きとなるだろう。しかしながら、現実の人間コミュニケーションにおいて、それは応用できない。なぜなら、そこにはコミュニケーションについての、コミュニケーションのためだけに使われるメタ言語が存在していないからである。実際、行動や、もっと狭めて言うなら普通の言語というものは、対象レベルとメタ言語レベルの両方のコミュニケーションに用いられ、その結果1.5節で述べたような、いくつかの問題を生じさせている。

　(2) プレイヤーたちは、普通のコミュニケーション様式に戻る制限時間をあらかじめ決めておけばよかった。この解決法は、現実の人間コミュニケーションでは実行不可能だけれども、彼らのゲームに巻き込まれない外側の要素――時間――に頼っていることは注目すべきだ。

　(3) このことが3番目の可能性を導き出す。それは、一般的に唯一効果のある手続きのように思われ、さらにゲームが始まってしまった後に処置できるという利点を持っている。それは、プレイヤーがジレンマを第三者の所に持っていって、その第三者をもってプレイヤーは自分たちの正常なコミュニケーション様式を維持し、第三者にゲームを終えさせるということである。

　仲介者の介入という治療的特質は、状況の性質上、介入を当てにできるような仲介者が存在しない、終わりなきゲームの別の例と比較すると、より明らかになってくる。

ある想像上の国家の憲法が、際限なく議会で討論するという権利を認めると、この規則は、すぐに非実際的なものであることがわかる。なぜなら、どの政党もいつまでたっても終わらない演説に単に従事していれば、どのような決定でも決着させないようにすることができるからである。その憲法の修正が明らかに必要だが、その修正の採択そのものが、修正しようとする際限なき討論と同等の権利に従うので、それゆえ際限なき討論により、無期限に延期されてしまう。その国の政府機構は、結果としてマヒし、それ自身の規則を変えることができず、終わりなきゲームに取り込まれてしまっている。

　この例では、明らかに憲法に具現化されているゲームの規則の外に立つ仲介者が存在していない。考えられる限りにおいて、用いることのできる唯一の手段は、暴力的なもの、即ち、ある政党が他の政党をしのぐ力を得て、新しい憲法を課する革命である。終わりなきゲームに捕らわれた個々人の間の関係の領域でのそうした暴力的な変化に相当するものといえば、別居、自殺、殺人などであろう。第5章で既に見てきたように、この種のテーマのより暴力的でない変形は、ジョージが想像上の息子を"殺してしまう"ことで、そのことは彼とマーサの結婚ゲームでの古い規則をぶち壊すものである。

7.22　心理療法的介入のパラダイム

　我々の見解では、(外側からの介入という)この3番目の可能性は、**心理療法的介入のパラダイム**である。言ってみれば、部外者としてのセラピストは、システムそのものが作り出せないものを供給することができる。それは、システム自体の規則の変化である。例えば、6.445節で示された例における二人は終わりなきゲームに巻き込まれており、そのゲームの基本的規則は、夫の絶対的信頼性への要求と妻のこの自己定義に対する完全な承認によって定められている。この関係のゲームでは、夫が信頼できないこと(不誠実なこと)を約束した瞬間に変更のきかないパラドックスが起きた。この状況の逆転不可能性は、他の終わりなきゲームと同様に、このゲームがある規則によって支配されているけれども、ゲームのこの規則を変えるためのメタ規則を欠いているという事実の中に存在している。このような例の心理療法的介

入の本質は、新しく拡大されたシステム（夫と妻とセラピスト）の形成から成り立っており、そのシステムのなかでは、外側から古いシステム（結婚している二人）を見ることができるのみならず、セラピストにとっては、改善のためのパラドックスの力を利用することができる。つまり、セラピストは、この新しい関係のゲームに自分の治療目的[*3]に適した規則を課すことができる。

7.3　症状の処方

7.31　自発的行動としての症状

　治療的コミュニケーションは、友人や親戚だけでなく、その当事者自身によってもしばしば与えられるような、まるで効果のない助言よりも必然的にまさっているものでなければならない。「お互いに親切にしなさい」とか「警官のお世話にならないようにしなさい」といった訓令は、素朴に望ましい変化を定義しているが、治療的であるとはいえない。これらのメッセージというのは、"ちょっとした意志の力をもってすれば"物事は変えられるし、それゆえ健康か苦痛なのかを選択するのは当の本人やその関係者次第であるという前提に基づいている。しかし、この前提というのは、二者択一の幻想に

[*3] しかし、我々の経験、またはこの分野で働いている他の大勢の経験では効果的な治療介入は、時間の要素という影響をきわめて重大に受けている。治療者は、むしろ限定された猶予期間しか持ちえず、その中で自分の治療目標を遂行するというのが人間関係の特質であるようだ。比較的すぐにシステムは固まってしまう。そうなると治療者は、全く脱出できないほどシステムの中に巻き込まれ、その時からは治療の開始時にくらべ変化を生じさせることが、よりずっとできにくくなっている。これは、分裂病のメンバーを含んでいる家族において、特にそうである。硬直した安定性（混沌としたうわべの現われにも関わらず）を脅かすものは、どんなものであれ"吸収してしまおうとする"彼らの力は全く見事なものである。典型的にそして非常に適切に、治療者は自分が患者とともに、そのゲームに巻き込まれてしまったと感じた時には、他の治療者に相談する。他の治療者に、この問題を持っていくことによってのみ、治療者は自分が巻き込まれた枠の外に出ることができる。

第7章 心理療法のパラドックス

他ならない。少なくとも患者が、何時も隙を与えない言い返し「仕方がない」によって、助言を拒否する限りにおいては、誠実なる患者（この言葉からは、単に意識的にまねしているのではない人を意味しているだけだが）は、自分の悩みを他人に打ち明けて「しっかりしなさい」と言われるよりもずっと以前に、通常見られるあらゆる種類の自己統制や、意志力による実行を試みて失敗しているのだ。悩みが何か意志によらない、他律的なものであるということが、症状の本質である。しかし、このことは単純に次のようにも言える。つまり、症状自体が一つの自然に起こる偶発的な行動であって、それゆえ患者自身も何も支配できないもののように、それを体験しているのだ。患者の体験においても、その体験の他人への影響においても、症状をパラドックス的にするのは、この偶発性と強制の間の振動である。

　もしある人が、他人の行動に影響を与えたいと思うなら、それをするには基本的に2つの方法しかない。まず始めの方法は、相手が普段と違うふうに振る舞うようにさせることである。今見たように、患者は行動を故意に支配できないので、この接近法は症状が残って失敗する。もうひとつの接近法は（この例は7.5節で挙げる）、患者が既に振る舞っているままに行動させるものである。やめようとする立場から考えると、これは"自発的である"ことのパラドックスということになる。もしも自発的に起こると見える、ある特殊な種類の行動を積極的にやるように求められたら、それはもはや自発的に起こるものではありえない。なぜなら、命令が自発的に起こることを不可能[*4]にしてしまうからである。その証拠に、もしセラピストが患者に症状をやっ

[*4] この種のコミュニケーションの不可避な効果は容易に検証できる。P が O に次のように言ったとする。「その椅子にあなたが座っている様子を見ると、とてもリラックスしているようですね」。そして O をじっと見ている。彼は O の行動を命令したのではなく、単に説明しただけである。しかし、O はおそらく急に不安で窮屈な感じを受けるだろう。そして、ゆったりリラックスした感じを取り戻すために、言われた姿勢を変えなければならないだろう。ある物語で、ゴキブリがムカデに向かって、「どうやって百本の足をそんなにもしなやかに完璧に作用させて動かせるのか？」と聞いた。その時からムカデは、もう動けなくなってしまった。

てみるよう指示すると、セラピストは自発的行動を命令していることになり、このパラドックス的な命令によって、セラピストは患者に行動変容を強制する。この症候行動は、もはや自発的なものではない。患者は、自分自身をセラピストの命令に従わせることによって、その時まで症状自体の規則を変えるメタ規則を持たなかった終わりなき症候ゲーム枠の外側に出る。「仕方がなかったから」やっていたことと、「セラピストが私にやれといったので」やった行動が同じであっても、非常に大きな違いがある。

7.32　症状の除去

　症状を取り除くためのダブルバインドの技法としての**症状処方**の技法は、症状と直接関わることを禁じている精神分析志向の心理療法のやり方とは、真向から相反するもののようにみえる。しかし、もしも症状が取り除かれてしまえば、ひどい結果は次に起こらないという説を支持するような証拠が近年数多く蓄積されてきている。もちろんどのようにして症候行動に接近するか[*5]によるが。例えば、無理やり食べさせられているような食思不振症の患者は抑うつ的になったり自殺したりするので、こういう場合は疑いなく我々がここで述べていこうとする治療的介入のやり方には向かない。さらにいえば、調査結果について人が期待するものは、その人の治療哲学にかかっていることを、心にとめておくべきだ。例えば、いわゆる行動療法家と呼ばれる人々（ウォルピー、アイゼンク、ラザルスら）は、情緒障害に対して、精神分析理論ではなく学習理論を適用しているので、単なる症状の治癒によって起こりうる病的影響［代理症状、行動般化］についてはほとんど心配していない。症状が除去されれば、新たなもっとひどい症状は起こらないし、患者が自殺的行為に走ることもないという彼らの主張は、今日真剣に取り上げられねばならない。同様に、患者が自分の症状をやりなさいと言われ、そうする過程でその症状を取り除くことができることがわかったなら、全ての洞察

[*5] 症候行動に接近しない一つの方法は、親しい関係にあるたった一人の人間にだけに変化をもたらすことであろう（7.33節参照）。

が得られるとは思われないが、我々としては、このことは伝統的精神分析の"洞察"の結果に事実上等しいと考える。しかも、実生活においてさえ、常に存在している変化という現象が、"洞察"によって得られるということは滅多にない。大抵、人は変化をしても、何故かがわからないものである。コミュニケーション論の見地からすると、多分ほとんどの伝統的心理療法は、表に現われているよりもずっと症状志向であるといえるだろう。クライエントの自らの症状についての訴えを一貫して、かつ慎重に無視するセラピストは「当分の間症状を持っていても構わないし、むしろ問題は症状の"背後"にある」と多かれ少なかれ明白な方法で告げるであろう。こうした症状に向き合った許容的態度は、もしかしたら治療に役立つ要因としてほんの少しだけだが注目を集めるかもしれない。

7.33 対人間の文脈における症状

しかし、一つ重要な問題がある。それは、我々のシステム志向の精神病理学の相互作用的見地から、行動療法家と意見を同じくするそれゆえに、より広い意味で、単なる症状の除去に対して精神力動的な警告をしなければならない。私たちは、一つの単位としての患者を考えるかぎりにおいて、行動（条件づけを解く）療法の効果を確信するが、報告された症例においても理論においても、患者がしばしばかなり劇的な回復をすることにおける相互作用的効果を顧みることを見逃してはいけない。我々の経験では（4.44節、4.443節）、このような変化は、たいてい別の家族メンバーの中での、新たな問題の現われ、もしくは現状の悪化に伴って起きるものである。行動療法の文献からすると、患者と一対一で関わるセラピストは、これら2つの現象の間の相互的関係を考慮していないような印象を受けるし、また、言うなれば、反相互的な孤立の中で、再び新たな問題を考えているような印象を受ける。

7.34 まとめ

症状を処方する技法は、おそらく長い間、直観的な精神科医によって使用されてきた。我々の知るかぎりでは、ダンロップの1928年に書いた文献で、

否定的教示を扱った一節に載っていた (39、40)。ダンロップは、簡単にしか述べていないが、彼の方法は、患者は自分がしようとするからできないのだと患者に伝えるものだ。フランクルは、この介入を"パラドックス的志向"と言っているが、この効果については、何の理論的根拠もあげていない (46、47)。分裂病の心理療法において、これと同じ技法は、ローゼンの**指示的分析**の重要な戦術である (129)。彼は、それについて、"精神病症状の再行動化"(*reductio ad absurdum*) と言っているが、彼の技法についての詳しい記述は、シュフリンの詳細な評論にみられる (137)。"症状を処方すること"という用語は、ベイトソンの"精神分裂病の家族療法"のプロジェクトの研究で初めて用いられたものである。このグループでは、この技法のパラドックス的でダブルバインド的性質をはっきり明示した。例えば、ヘイリーは、この手のパラドックス的な命令が、実際にはトランス状態での命令におけるすべての技法で本質的役割をはたしているものだということを示し、ミルトン・エリクソンの技法の観察や自分の催眠の体験から催眠療法における、この命令の使われ方の例を多く示した (60、pp.20–59)。ジャクソンは、特に妄想型の患者に、この方法を適用した例について書いている (71、72、77)。これについては、この章の後の方でかなり詳しく述べるつもりだ。初期の論文で、ジャクソンやウィークランドは家族療法における、このような技法について論じている (75)。

7.4 治療的ダブルバインド

症状を処方することは、治療的ダブルバインドという用語の範疇に含まれる。しかしそれは、様々なパラドックス的な介入の内の、単に一つの形態にすぎない。それらの介入は、もちろん、治療的なコミュニケーションの一つの集合にすぎないし、心理療法では伝統的によく用いられてきた。またその他の様々なアプローチがある。この章で我々がパラドックス的なコミュニケーションを治療的要因として集中的にとりあげるのは、それが、コミュニケーション的視点から、我々の知るかぎりで最も複雑でパワフルな介入である

からで、またダブルバインド的症状は、カウンター・ダブルバインドでしかうち破ることができないからであり、また終わりなきゲームは、カウンターゲームのような複雑でないものによってのみ終結されるからである (155)。
人々を狂気にかりたてるもの（*Similia similibus curantur*）として見いだされたものは、究極的には人々を正気に戻すことにおいても役に立つに違いない。これは、セラピストの患者に対する人間的態度の圧倒的な重要性を否定するものではないし、堅い意志、理解、誠実さ、思いやり、共感が、この文脈においていらないというわけではない。重要なのは策略やゲームや戦略のみだ、と言っているのではない。心理療法はセラピストにおけるそれらの特性なしには考えられない。また、解釈や理解のより伝統的な技法がダブルバインド的な介入と、しばしば同じような働きをしていることがのちに示す例で見られるだろう。しかし、今ここで言おうとしているのは、これらの特性のみでは混乱した相互作用のパラドックス的な複雑さを取り扱うには不充分だということだ。

構造的には、治療的ダブルバインドはダブルバインドと鏡像的なものである（6.431 節参照）。

(1) それは、積極的な人間関係を前提としており、この場合では治療的条件のことだが、それは、患者に対する高い人としての評価と期待を含むものである。

(2) これに関係して命令は非常に構造化して与えられるので、それは、(a) 患者が変化するよう期待している行動を強化し、(b) この強化が変化の手段であることを意味し、(c) それによって、変化しないでいることによって変化するように言われているので、パラドックスを生じる。患者は自分の病理に関して、防衛しきれない状態に落し込まれる。もし、患者がそれに従うならば、彼はもはや"それをせざるをえず"、彼は"それ"をする。そしてこのことが、私たちの示そうとしたように"それ"をできなくさせる。これが治療の目的である。また、もし彼が命令に抵抗するならば、症状行動を**示さない**ことによってのみ、彼は抵抗することができる。これも治療の目的なのである。もし、病因となったダブルバインド状況において患者が"何かして

も、しなくても非難されていた"のなら、治療的ダブルバインドにおいて彼は"何かしてもしなくても変化させられる"のである。

(3) 治療の場では、患者は引っ込んでいることはできないし、パラドックスについてコメントすることによってパラドックスの意味を失わせることはできない。*6 それゆえ、たとえ命令が論理的にばかげたものであろうと、それは語用論的な現実なのである。患者はそれに反応せずにいられないが、自分の普段の症状をあらわすような方法で、それに反応することもできないのである。

次にある諸例は、どのようにして治療的ダブルバインドが患者を自らのジレンマにより設定した枠の外側に出るよう常に強制しているかを示すことを目的としたものである。これは、患者が自分だけの力ではなしえないステップであるが、もとのシステムが個人とその人の症状から、または2人以上の人間とその終わりなきゲームから（ただし、多く見られるのは、この両方の結合だが）拡大されて、今度は専門的な部外者（セラピスト）を含んだもっと大きなシステムになる時に、そのステップが可能となる。このことは、すべての人が古いシステムを外から見て考えることができるようにするだけでなく、古いシステム内では生み出すことのできなかったメタ規則を導入することも可能にする。

治療的ダブルバインドの理論面は、もうこれで充分であろう。この実際の適用の方がもっと大変な問題なのである。パラドックス的な命令を適切に選択することは非常に難しく、もしもわずかな逃げ道でも残してしまったら、患者はたいてい難なくそこをみつけて、セラピストが設定し、防衛しきれないだろうと思われた状況から逃げ出してしまうだろうということだけは言っておこう。

---

*6 このことは確かなこととは思えないかも知れないが、実際最もばかげた命令（たとえば、「私はあなたに自分の苦しみをもっと増やしてほしいのです」）でさえ、受け入れない患者は非常にまれである。つまり、どんな命令でもたいした疑問もなしに患者は受け入れてしまう。

7.5 治療的ダブルバインドの例

　次のいくつもの実例は、特別典型的なものでもなければ、7.34節で引用した参照の中にあるものよりも、よい例となるものではない。しかし、これから挙げる例は、この治療技法の考えられる適用の例をいくつか示している。また個人治療と合同治療の両方から例を引いてきており、診断上様々な例を含むものである。

　例1　ダブルバインド理論に関する議論において、次のことがすでに述べられてきた。つまり、妄想型の患者は、しばしば意味の吟味を拡大して、全く外面的で無関係な現象にしてしまう。なぜなら、中心となる問題（パラドックス）の正しい知覚や、それについて批評することが不可能となっているからだ。実際、妄想型の患者の行動で驚かされるのは著しい疑い深さで、そしてそれは、何とかしてその疑いを解くような決定的手段でその疑いを試す実質的能力が伴っていないのである。それゆえ、患者は一見超然として、全てを知っているように見えるが、実は生きた体験の中に存在するひどいギャップに苦しんでおり、常に存在する正しい知覚に関する命令が、二重の効果をもっている。それは、患者が適切な情報で、それらのギャップをうめることをできなくし、さらに疑いを強めさせている。ジャクソンは、彼のパラドックス的コミュニケーションの概念に基づいて、患者と相互作用するための特別な技法について述べている (72, 77)。それは単に、**患者にもっと疑うよう教える**ことだと言っている。次に二つの実例をあげよう。

　(a) ある患者が、誰かが見えないマイクロフォンをセラピストの診療室に設えつけたという恐れを表明した。セラピストは、この疑いを解釈しようとするのでなく、"その場にふさわしく"考慮して、患者にそのセッションを続けるまえに診療室を徹底的に一緒に捜してみようと提案することで患者をダブルバインド状況に陥れた。このことは、患者に二者択一の幻想を持つ状態にした。つまり、その探索を受け入れるか、それとも妄想型の考えをやめるかのどちらかである。患者は、前者の探しまわる方を選択し、そして、そ

の探索が念入りに行なわれると、次第に自分の疑い深さに不安になり当惑した。しかし、セラピストは部屋のすみずみまで二人で探しつくすまでやめなかった。すると患者は突然自分の結婚について意味のあることを言いはじめ、このことに関連して疑い深くなるだけの充分な理由があることがわかった。ところが、真の問題とは無関係な疑いに焦点をしぼっておくことで、自分の考えや疑いについて役に立つようなどんなことも、自分ができないようにしていたのだった（つまり、他の疑いをもつことで、本当の問題に関わることからのがれていた）。一方、もし患者が診療室を探してみようというセラピストの提案を拒否したのであれば、患者は暗黙のうちに自分の疑いをどうでもよいものにしてしまっているのか、あるいは、真面目に受け取る価値のない考えであるというレッテルをはったことになったであろう。どちらにしても、疑いという治療的機能によって適切な分脈にシフトすることができたのであった。

(b) 精神科医の実習生に対する治療のデモンストレーションにおいて、ひきこもっている分裂病患者とラポールをつける技法が示された。患者の一人で、背の高い髭をはやした若い男がいたが、彼は自分が神だと信じており、他の患者やスタッフからは完全に離れて超然としていた。講義室に入ってくると、その患者は故意に自分の椅子をセラピストから20フィート離して座り、どんな質問や批評も無視した。セラピストは患者に次のように言った。神であるという考えは危険なものだ。というのは、患者は簡単にその考えに落ち着いてしまい、全知全能であるという誤った考えにおちいる。それゆえに、自分を守らなくなったり、自分のまわりで何が起きているのかいつもチェックするのもやめてしまう。セラピストは、もし患者がこのチャンスを利用したいのなら、それは全く彼の問題であるし、もし神であるかのように扱ってほしいのなら、セラピストもそうすると言った。このダブルバインド状況が構造化されている間、患者は次第に神経質になってきたと同時に、何が起きているのかに興味をもってきた。そこで質問者は、ポケットから病棟の鍵を取り出し、患者の前にひざまずき、うやうやしく鍵を患者に差し出して言った。「患者であるあなたは神なのだから、私にこの鍵は必要ありません。

もし、あなたが神ならば医師よりもこの鍵を持つに値するでありましょう」。質問者が机の方に振り返るやいなや、患者は椅子をつかんで質問者から2フィートの近くまでもってきた。前に乗り出すようにして患者は熱意をこめて、心からの考えを述べた。「君、私たち二人のうちのどちらかが、明らかに狂っている。」

例2 精神分析だけでなく、もっと一般的な多くの心理療法場面にも、暗々裡のダブルバインドがたくさんある。精神分析のパラドックス的な性質を、フロイトの初期の共同研究者であったハンス・ザックスはこう解釈した。彼は、**患者が分析が永遠に続くのだと考えるとき、分析は終わるのだ**と言っており、この言葉は、不思議にも禅宗の教えを思いおこさせる。その禅の教えというのは、秘伝とか究極の答えなどというものは存在せず、それゆえ、質問し続けても意味がないということを弟子が理解した時、悟りがおこるのだというものである。この手の広範囲な治療に関しては、ジャクソンとヘイリーの文献を参考にせよ (76)。その研究をここに簡単にまとめておくと、次のようになる。

　伝統的には、感情転移状態において患者は、行動がより初期の"不適切な"パターンに"退行する"と仮定されている。ジャクソンとヘイリーは、再び逆のアプローチをとり、次のように自問した。「精神分析の状況において適切な行動とは何であろうか？」この見方からすると、寝椅子での全ての儀式や、自由連想や強制された自発性や、謝礼、厳格なタイムスケジュールなどに対する唯一の（分別ある）返答とは、全ての状況を拒否することになるだろう。しかし、これはまさに、援助を必要としている患者にはできないことである。このステージは非常に特殊なコミュニケーションの文脈に対して定められている。そこに含まれている、もっと顕著なパラドックスのいくつかを次に挙げる。

　(a) 患者はもちろん、分析者が自分に何をすべきかを教えてくれる専門家であることを期待している。分析者は、患者を主体的に行動させ、治療の進行に責任をもたせ、自発的であることを要求すると同時に、完全に患者の行

動を制限するルールを定めることによって対応する。患者は事実上、「自発的でありなさい」と言われている。

　(b) この状態において、患者が何をしようと、患者はパラドックス的な応答に直面するであろう。もし患者が自分はよくなっていないと指摘したなら、それは患者が抵抗しているためだと言われるが、またそれは、自分の問題を理解するよい機会を提供しているからよいことだとも言われる。もし患者が自分はよくなっていると思うと言ったなら、今度は、患者が真の問題が分析される前に健康であると言って逃げ出そうとして治療に抵抗していると言われる。

　(c) 患者は大人のやり方で振る舞うことができない状況にあるが、患者が大人らしく振る舞わないと、分析者はその子どもっぽい振る舞いを幼児期からの解決されずに持ち越されたもので、不適切なものだと解釈する。

　(d) もっと大きなパラドックスが、分析的関係は強制的なものか、あるいは自発的なものかという、非常にトリッキー的な質問に存在している。一方では、患者は常に関係は自発的である。つまり、**シンメトリカル**なものだといわれている。しかし、もし患者がセッションに遅刻したり来なかったり、その他、そのルールの一つにでも違反するようなことをすれば、関係が強制的、つまり分析者がワンアップ・ポジションにいる**コンプリメンタリー**なものだということが明らかになる。

　(e) 無意識という概念が持ち出されるとなると、分析者のワンアップ・ポジションは特にあからさまになる。もし患者が解釈を拒否したとすると、分析者はいつも患者が無意識であるがゆえに、当然気が付いていないに違いない何かを指摘しているのだと説明することができる。一方で、もし患者が何か無意識的なものを主張しようとすると、分析者は、もしそれが無意識なら患者自身がそれについて述べることはできないはずだといって、これを拒否することができる。[*7]

　[*7] この対象関係を指摘することは、無意識というものの存在を否定しているものではないし、その概念の有効性を否定するものでもない（6.2 節参照）。

以上のことから、分析者がこの他、変化をもたらすために何をしようと、状況そのものは事実上、患者が"変化してもしなくても、変化した"といわれるような複雑な治療的ダブルバインド状況にあることがわかる。これは、厳格な精神分析的治療状況においてだけでなく、もっと広い意味での心理療法でもあてはまる。

例3 医者というものは、治すものだと思われている。相互作用的視点から見ると、これは非常に奇妙な立場である。なぜなら医者は、治療が成功し効果的であるかぎりにおいて、医師と患者の関係でコンプリメンタリーなワンアップ・ポジションをとる。一方で、もし治療がうまくいかなかったときはポジションは逆転する。医師と患者の関係の本質というのは、患者の状態に対する処置の難しさに支配されていて、医者は自分がワンダウン・ポジションにいるのがわかる。つまり、このことがどんなに苦痛で不快であるにも関わらず、しばしばよくわからない理由のために良い方向への変化を受け入れることができない患者や、医者を含むどんなパートナーとの関係においても、ワンアップ・ポジションにいることが何より大切な患者によって、医者はダブルバインド状態におかれているようだ。どちらにしても患者というのは、症状を通じて次のようにコミュニケーションしているようだ。「私を助けてください。でも私はあなたには助けさせません」

そのような中年の女性の患者が、頭痛のために精神科医のところにやってきた。しつこい、そのおかげで何もできくなるようなこの痛みは、彼女が事故で頭蓋骨に損傷を受けたすぐ後に始まった。この怪我は、合併症もなく治癒し、あらゆる医学的検査でも彼女の頭痛を説明する原因は発見できなかった。この患者は、保険会社に充分な補償金をもらっており、裁判ざたになるとか、これ以上賠償を請求するといった交渉中の問題もなかった。精神科医にかかる前に、彼女は大病院で何人もの専門家に検査、治療を受けていた。その診察を通して彼女は、びっくりするほど莫大な量のファイルをためていて、それが医者たちの専門家としての不満の種になっていた。

彼女のケースを調べてみた精神科医は、この医学的な過去の"失敗"もあ

り心理療法が**援助**できるかもしれないという意味合いから、最初から精神科的処置を受けるべきだったと了解した。そこで彼は、患者にまず、次のようなことを言うことから始めた。「これまでの検査の結果からしても、どんな治療もまるできめがなかったということから考えても、あなたの状態はもう取り返しのつかないものだというのは疑いのないことです。ですから、残念ながら、私があなたにしてあげられるのは、どうやって頭痛と一緒に暮らしていくかを学ぶのを助けることだけです」。患者はこの説明に対して、狼狽するというより怒ってしまったようだった。そして、これが精神科医のしてくれることのすべてなのかと辛辣にあてつけがましく尋ねた。精神科医は、彼女のずっしり思い診療記録を空でひらひらさせて、迎え撃った。「これだけの治らないという証拠を目の前にしては、もう良くなる見込みはないとしか言えないし、あなたもこの事実に身をまかせて諦めるようにすべきだ」と繰り返した。1週間後、2度目の面接に現われた時、彼女は1週間の間に頭痛がだいぶ良くなったと言った。このとき、精神科医は大いに懸念を示し、彼は自分が事前に彼女にそのような一時的で、全く主観的な頭痛の軽減がみられる可能性のあることを警告しておかなかったことを自己批判し、その痛みは元の強さにどうしても戻ってしまうだろうし、単に痛みの知覚が一時的に薄らいだことに非現実的な希望を抱いてしまうと、もっと惨めなことになってしまうだろうという彼の恐れを述べた。彼は再び彼女の診療記録を取り出して、その徹底的にやりつくしたことを指摘して、彼女が良くなるという望みを早くすっかり放棄すればするほど、自分がこの状態で暮らしていくことを早く学べるだろうと繰り返し言った。この指摘をした時から、彼女の心理療法はかなり激しい変化をきたし、精神科医はますます彼女に対する自分の有効性に疑いを表明したのである。なぜなら、彼女がどうしても"自分の状態が取り返しのつかないものである"ことを受け入れようとしなかったから。そして、患者の方は、怒りながらイライラしながら、いつも良くなっていると訴えた。しかしながら、このゲームの繰り返しの間の面接時間の大部分は、この女性の対人関係の他の重要な面を明らかにするのに役立った。そして彼女はついに、彼女の精神科医とのゲームが永久に続くことがはっきり

わかったので、彼女自身の決定で治療をやめ、さらにずっとよくなった。

　例4　上のような心因性疼痛のケースは、普通パラドックス的なコミュニケーションに基づく、短期的な心理療法に特に適している。治療的ダブルバインドの強制は、しばしば最も最初の接触のときから始まる。それは、初めての患者が予約をとるためにかけた電話であることもある。もし、セラピストが不平という心因性の病を確かだと思うことができるなら（たとえば前の内科医との話し合いで、そのようだったのだから）、セラピストは、その電話をかけてきた人に次のように警告する。「はじめての面接に来る前にずいぶん良くなったと感じることがしばしばあるが、この良くなったことというのは単に一次的なものだから、それに期待してはいけない」。もし患者が最初のアポイントメントの日にやって来るまで全然良くなったと感じないなら、何の害もなくて患者はセラピストの考えや見通しを認めるだろう。しかし、もし患者が良くなったと感じたとしたら、その時は、治療的ダブルバインドがさらに組み立てられ、設定されている。とられるべき次のステップは、心理療法で痛みをやわらげることはできないが、患者自身が普通、"やがては痛みを何とかのりこえて"、"痛みの強さを縮めることができるのだ"、と説明することである。たとえば患者は、もっと痛みを感じても、それ程不都合ではないような、毎日2時間の時間帯を空けるように言われる。そして患者はその2時間にもっと痛みを増すようにと言われる。そこに暗黙に含まれている意味としては、患者がその2時間以外の残りの1日の間は、もっと気分が良いことになるだろうということだ。これについての奇妙な点は、患者は普通指示に従って選択された時間により気分悪く感じようとし、この経験を通じて患者が自分の痛みを何とかしてコントロールすることを間違いなく理解するということだ。もちろん、セラピストが、患者はもっと良く感じるようにすべきだと指示したことはない。むしろ例3のように、セラピストは良くなることに対して、懐疑的な態度をとり続けている。このパラドックス的な技法の、もっと多くの例は、ヘイリーを参照せよ。そこには、不眠症や夜尿症やチックやその他様々な症状の例がのっている（60, pp.49-59）。

例5 若い大学生が、落第の危機にあった。なぜかというと、彼女は8時からの授業に出席するのに間に合うように起きることができなかったからだ。どんなに頑張ってみても、彼女は10時以前の授業に出ることができなかった。セラピストは彼女に言った。「この問題は、とても簡単だが不快なやり方でしか治すことはできない。私は、あなたがこれに協力しないだろうと思う」と言った。このことによって（自分のすぐ目先のことを非常に心配していて、前の面接の際、セラピストに多大な信頼をおいていた）彼女は、セラピストがやるように言うどんな事でも一緒に協力していくことを約束せざるを得なくなった。そこで彼女は7時に目覚しをセットするように言われた。次の日の朝、目覚しが鳴ったとき、彼女は2つの選択肢に直面していることに気づくだろう。それは、起き上がり朝食をとって、8時までに授業に行くこと、その場合、それ以上のことは何もしなくてよい。それとも、いつものようにベッドに寝たままでいるか、である。しかし、後者の場合、彼女はいつものように10時ちょっと前に起きることも許されず、午前11時に目覚ましをセットしなおして、この日と次の朝もそのベルが鳴るまでベッドにいなけれはならない。その朝は2日とも、ベッドで眠るか、横になっている以外、本を読んだり、書いたり、ラジオを聞いたり、その他のことは全て許されない。11時をすぎれば何をしてもかまわない。2日目の夜、彼女は再び午前7時に目覚しをセットし、そしてもしそれが鳴ったとき起きられなかったなら、再び11時までその次の日もベッドにいなければならない。最後にセラピストは、その約束は彼女が自分の意志で受け入れたものだったが、もし彼女がこの合意した期限を約束通りに行なえないなら、セラピストとして彼は彼女にとって、何の役にも立たない、それゆえ治療はやめにしなければならないと、彼女に告げることで完全にダブルバインドをかける。その少女は、この指令が明らかにうれしいらしく、とても喜んだ。彼女が3日間後の次の面接に現われたとき、次のように報告した。彼女はいつも通り最初の日には、間に合う時間に起きられなかった。そして指示された通り、11時までベッドにいたが、この強制的にベッドで休んでいることは、特に10時〜11時の間の時間に関して、ほとんど耐えがたいほど退屈なものだった。次の日の朝

はさらに最悪で、彼女は7時以降全く眠ることができなかった。つまり7時にちゃんと起きてしまった。目覚しは、もちろん11時まで鳴らなかったのだけれど。その時以来彼女は朝の授業に出席し、そうなってはじめて彼女が大学を落第しそうになっている本当の理由を解明することに足を踏み入れることができるようになったのだった。

例6 17歳と15歳の2人の娘と両親からなる家族の合同家族療法で、両親の長年の関係が明らかになりはじめるところまで治療が進んできた。ここのところで、姉の行動にはっきりとした変化があった。彼女は、考えられるかぎりのあらゆるやり方で論争をしはじめ、話題を脇道にそらそうとした。父親がどんなに彼女をコントロールしようとしてもダメで、その少女はついにセラピストに、「もうこれ以上どんな仕方であっても治療に協力できない」と言った。セラピストは彼女に、「あなたの不安は理解できる。私はあなたにできるかぎり妨害し、非協力的であって*ほしい*」と告げることでこれに対処した。この単純な命令によってセラピストは彼女をどうにもならない立場に追い込んだ。もし彼女が、セラピーの進行を妨げようとすれば、彼女は協力していることになり、このことは彼女がそうしないように決めたことなのである。彼女がこの命令に従わないようにしようと思うと、妨害すること、協力しないことをしないことによってのみ、従わないことができる。そしてこのことは、セラピーが妨害されずに進められることになる。彼女はもちろん、面接に来つづけることを拒否したが、セラピストは「それでは彼女が家族の話し合いでの唯一の話題となるだろう」と言った。そしてそのことに彼女が簡単には直面できないのをセラピストは知っており、それをほのめかすことによって、この逃避を防いだ。

例7 アルコール中毒症の夫や妻は、普通どちらかというとステレオタイプ的なコミュニケーションを自分の配偶者との間にもっている。簡単に説明するために、次のように仮定してみよう。夫がアルコール中毒である。しかし、その役割は全てのパターンを大きく変化させることなく、逆さにするこ

ともできる。

　まず第1の難しさは、しばしば一連の事象の分節化における食い違いにある。たとえば、この夫は自分の妻が非常に支配的で、彼はほんのちょっと酒を飲んだ後にだけ少しは男らしくなれるのだと言うかもしれない。妻はすぐにこれに対して、もし夫がほんのちょっとでも今よりも責任感を示してくれれば、喜んで命令するのを止めると言う。でも夫は毎晩飲んでばかりいるから、彼女が世話してやらなくちゃならないと言って、逆襲するだろう。彼女はさらに、もし彼女がいなければ夫は寝煙草で家を火事にしてしまったであろうことが何度もあったと言うだろう。夫はそこで、おそらく自分がまだ独身だったなら、そんな危険はゆめゆめ起こさないと言い返すだろう。おそらく、夫はさらに付け加えて、これを妻が自分を骨抜きにする影響力のいい例だと言うだろう。どちらにしても、あと数ラウンド繰り返した後には、それに巻き込まれていない部外者には、彼等の終わりなきゲームが非常に明らかになる。彼等のみせかけの不平不満や非難の陰で代わりの手段でお互いを確認している (73)。つまり、夫は、妻をしらふで理性があり、保護的であるようにすることによって、そして妻は、夫を無責任で子どもっぽく、そして一般には誤解による過ちをおかすようにさせることによって、お互いを確認しているのである。

　そのカップルに与えられる治療的ダブルバインドの一つとしては、彼等に一緒に酒を飲むようにと指示することだろうが、さらに付け加えて、妻がいつも夫より1杯よけいに飲むようにと言う。彼らの相互作用にこの新しいルールを導入することは、古いパターンを実質上壊す。まず飲むことが今では課題となり、もはや夫が"そうせずにはいられない"ことではなくなる。次に、彼らは二人とも常に飲んだ量を見ていなくてはならない。3番目に、もし飲むにしても一般的には節度ある飲み方をする妻の方は、すぐに**夫が妻の世話をしなくてはならなくなる**ような酔っぱらった状態にすぐに至ってしまう。このことは、彼らの習慣的なルールが全く逆転するだけでなく、夫の酒飲みに関して、その夫を耐えられないようなポジションにおくことになる。もし夫がセラピストの指示に従って行動すると、夫は飲むのを止めるか、そ

れとも妻が病気になり、もっと絶望的になる危険をおかして、妻にもっと飲むように強制するかのどちらかになる。妻がこれ以上飲めなくなった時に、夫がひとりで飲み続けることによって、妻が夫より1杯多く飲み続けることというルールを破ろうとしたなら、夫は自分を守ってくれる天使を奪われていて、さらに自分と妻の両方に対して責任を持つという、不慣れな状況に直面する。(我々は、もちろんこのような指示にカップルが協力するようにするのは簡単なことだとか、このような介入がそれだけでアルコール中毒の"治療"だといっているわけではない)

例8 ある夫婦が、あまりに言い合いが多いと感じて援助を求めてきた。セラピストは、彼らの葛藤の分析に注意を集中するのでなく、むしろ「あなた方は本当に愛しあっているのだ、二人が言い合いをすればするほど、ますます愛が深まるのだ。なぜなら、お互いに充分に関心をもちあい、あなた方が戦うやり方で戦うというのには、深い情緒的な関りが前提となっているから」と、二人に告げることで彼らの喧嘩を再定義した。この解釈をどんなにばからしいものとその夫婦が考えたとしても、と言うかまさに、この定義が彼にとってばかばかしいものであるからこそ、彼等はセラピストがどう間違っているかを証明しようとしはじめる。こうするためには、お互い愛しあっていないのだということを示すために、二人が言い合うのを止めることが一番である。しかし、彼らが言い合うのを止めた瞬間、二人はもっとうまく一緒にやっていけることがわかる。

例9 パラドックス的なコミュニケーションの治療的効果が決して近頃発見されたものでないことは、次の禅の話で示されている。この話は、治療的ダブルバインドのすべての要素を含んでいるものである。

若い妻が病気にかかり、死にそうなところだった。彼女は夫に言った。「愛しているわ、あなた。私はあなたをおいて死にたくないのよ。私を忘れて、他の女の元にいったりしないで。もしそんなことをしたら、私は亡霊になって戻ってきて、

あなたに次々と災難を起こしてやるわ」。

　そしてすぐ、この妻は死んだ。夫は彼女の遺言を3ヶ月は守ったが、新しい女に出会って恋におち、結婚の約束を交わすまでになった。

　その婚約をした後、すぐに夫のところに毎夜、幽霊があらわれ、約束を守らなかったと言って彼を責めた。その幽霊は、またとてもずる賢かった。彼女は夫に、彼と新しい恋人の間に起こったことを正しく言い当てた。彼が婚約者にプレゼントを贈るといつも、幽霊はそれを詳細に描写した。幽霊は二人の会話を繰り返して言うこともできて、これが夫を非常に悩ませたので彼は眠れなかった。ある人が彼に、その村の近くに住む禅の老師に、この問題を相談するよう助言した。絶望して、ついにそのかわいそうな夫は、助けを求めに行った。

　禅の老師は言った。「あなたの前の妻が幽霊になり、あなたのすることをすべて知っている。あなたが何をしようが、何を言おうが、あなたが恋人に何をあげても彼女は知っている。彼女はとても賢い幽霊に違いない。実際にあなたは幽霊をほめなくてはいけない。次に彼女が現われたときには、彼女と取り引きをしなさい。彼女に次のように言いなさい。彼女は何でも知っているので、あなたは彼女に何も隠し事ができない。もし彼女があなたのある一つの質問に答えてくれたら、婚約を解消し、独身のままでいると約束しなさい」。

　夫は聞いた。「その質問とは何ですか？」

　老師は答えた。「手いっぱいの大豆を持って、彼女に今手の中にいくつの豆があるか、正確な数をたずねなさい。もし彼女が答えられないようなら、あなたはその幽霊が自分の想像の作り出したものにすぎないことがわかって、もう悩まされることはなくなるでしょう」。

　次の夜、幽霊が現われたとき、夫は彼女におべっかをつかい、彼女は何でも知っていると言っておもねた。幽霊は言った。

　「確かに。そして私はあなたが今日禅の老師のところに行ったのも知っているわ」。

　そこで夫が言った。「あなたはそれほどまでに知っているのだから、私がこの手の中にいくつの豆を持っているか教えてください」。

　そこにはもはや質問に答える幽霊は存在していなかった。(131, p.82)

7.6 遊び、ユーモア、創造性におけるパラドックス

　無脊椎動物から人間にいたるまで、なぜ有機体がパラドックスの効果にかくも影響されやすいのかは未だほとんどわかっていないが、それらの効果が単に文化的あるいは種や種の特性を越えたものであることは明らかである。この章ではそのことを示そうとしてきたのだが、パラドックスが病理的のみならず、治療的になりうるという事実のために、人間のレベルにおいては、さらに複雑なことが起こってくる。しかし、治療的なことだけが、パラドックスの肯定的な面だけでない。他にも肯定的な面はある。なぜなら、人間の精神の最も気高い働きや業績の多くは、人間のパラドックスを体験する能力に深くつながりがある。空想や遊び、ユーモア、愛、象徴性、広い意味における宗教的体験（儀式的なものから神秘的なものまで）、そして何よりも**創造性**は、芸術と科学の両方において本質的にパラドックス的だと思われる。

　しかし、それらの領域はあまりに広く、この本の範囲をはるかに越えているものなので、ここでは、最もむき出しのヒントと参考となるものだけを取りあげておく。論理階梯の理論と、（それからパラドックスに基づく）**遊び**と**空想**の理論の概略は1954年のベイトソンの論文にみられる。サンフランシスコにある、フライシャッカー動物園での観察についての報告をする中で、彼は次のように述べている。

2匹のサルが**遊ん**でいた、つまり、個々の動作や信号は喧嘩の場合と似てはいるのに、それとは同一ではない一連の相互行動をやっていたのである。はたから見ている人間の眼にも、その一連の行為全体が喧嘩でないのはわかったし、当事者のサル同志にとっても"喧嘩ではない"ことが、こちらからみてとれた。

　とすれば、こうした遊びという現象は、当事者の生物にある程度のメタ・コミュニケーションが可能な場合に、言い換えると、"これは遊びだ"というメッセージを伝達する信号を交換することが可能な場合に生ずることになる。

　次には、"これは遊びだ"というメッセージを検討してみて、このメッセージにはラッセルもしくはエピメニデスのパラドックス——暗黙のうちに否定のメタ陳述を含む否定の陳述——を必ずや形成するような要素が含まれていることに気が

ついた。"これは遊びだ"という陳述を詳しく言うと次のようになる。「私たちが目下従事している行為は、それによって**表わされる**行為が表示するところのものを表示してはいません」。(8, p.41)

ベイトソンの仲間の一人であったフライは、この展望を**ユーモア**の現象に適用し、ジョークの多くの形式についての広範囲な研究において、彼の発見したものを次のようにまとめている。

> ユーモアが展開していく間、落ちがくると（聞いていた）人は、突然、はっきり暗示されたものと暗黙のうちに含まれていたものの逆転を突き付けられる。この逆転がユーモアを遊びや夢などから区別するのに役立つ。ユーモアにおける落ちの瞬間を特徴付けるその突然の逆転は、遊びとは区別でき、遊びとは無関係なものだ（心理療法においてのみ、この種の逆転の作用が、その体験の一般的構造と両立しうる）。しかし、その逆転はまた、そのユーモアに関わっている人たちを現実の内的な再定義に集中させるようなユニークな効果をもつ。どうしてもその落ちはコミュニケーションとメタ・コミュニケーションを結合させてしまう。ある人は、落ちの明確なコミュニケーションを受け取る。また、抽象観念のようなより高次のレベルにおいては、落ちはそれ自身についてと、またジョークによって実証された現実感についての暗黙のメタ・コミュニケーションをそなえている……この隠されていて今では明らかになった落ちの材料は（コミュニケーションの例として）一般にジョークの内容に関するメタ・コミュニケーション的なメッセージとなる。この内容の逆転において、真実であると思われるものは、真実でないと思われるものの言葉で表わされる。内容は、「これは真実でない」というメッセージを伝えており、そうすることにおいて、それが一部あるところの全体へと言及している。我々は、そこで再び全体を定義している否定的な部分というパラドックスに直面する。真実は真実でなく、真実でないものは真実である。この落ちは、ジョークの内容に**独特の内的パラドックスを生じさせ、とりかこまれた遊びの枠組み**により生じるパラドックスの反響を刺激する。(53, pp.153–4)

創造性は、ついには多くの重要な研究のテーマとなってきたが、その中で最も最近のものは、ケストラーの『創造活動の理論 *The Act of Creation*』で

ある。この記念すべき価値のある作品の中で、芸術的創造と同様に、ユーモアや科学的発見も bisociation（異種観想複合とでも訳すべき人工語）と呼ばれる精神過程の結果であると述べられている。bisociation は、次のように定義されている。「各々、それ自体は筋が通っているが、慣習的に相互に矛盾しあう２つの準拠枠から……ある状況ないし観念を認識すること」(87, p.35)。著者は次のように日常的な考察と創造活動を区別している。

> 　月並みな行為というのが、あたかもただ１つの"平面"で思考するのに対し、創造活動というのは、常に２つ以上の平面で作用しているものである。前者は、１つのことに熱中しているのに対し、後者は２つの感情、もしくは考えの均衡のとれない過度的な不安的な均衡状態だといってよい。そこでは、感情と思考の両方のバランスが乱されている。(87, pp.35-6)

この本の中において、著者は bisociation がパラドックスの構造をもっている可能性を考えてはいないけれども（つまり、"２つの自己一致、しかし慣習的には矛盾する２つの準拠枠"が、レベルとメタレベルの関係にお互いを置いている）、彼の創造性に対する見方は、病理学や精神療法の領域で我々が出してきた仮説と多くの点で類似している。たとえば、結論の章で、ケストラーが出している部分的まとめを比べてみよう。

> この本の主な論点の一つは、形態から象徴的思考に至るまで、生命が表わすところにおいて、生命過程が"ゲームのルール"に支配されており、それは一貫性、秩序、多様性の中に統一性を与えている。それらのルール（あるいは数学的意味での関数）は、生まれつきであれ、習得したものであれ、染色体から象徴的思考をつかさどる神経系システムの構造まで、多様なレベル上の符号化された形式で表わされる……そのルールは固定化しているが、各ゲームには終わりなきバリエーションがあり、それらの可変性はさらに高い秩序を増やしている。そこにはまた、ゲーム全体に関するルールがあり、それは、どんなルールも絶対に最終的ではないということを示している。つまり、ある状況のもとでは、それらは変えられて、より精巧なゲームに結合される。そして、それはより高度な統一の形式を

生み、多様性を増す。これは、その対象の創造的潜在能力とよばれる。(87, p.631)

　この著者の研究の広範囲な視界を心にとめながらも、彼が一単位としての個人の範囲から思索を拡張しなかったという事実を批判でなく、ひたすら残念に思う。

エピローグ
実存主義と人間コミュニケーション理論：展望

> 我々を困らせるのは、物事そのものではなく、その物事について我々が持つ考えである。
> ——エピクテトス（1世紀）

8.1 実在的関係における人間

　我々はこれまでに、社会的関係（他の人間との相互作用）における個人について考えてきた。そして、この相互作用を伝えるものがコミュニケーションであることを見てきた。これは人間コミュニケーションの理論が適用される範囲であるかもしれないし、または、そうでないかもしれない。いずれにせよ、人間を"社会的動物"としてだけ考えるのでは、**実存主義的関係における人間**の説明はできないことは明らかである。人間の社会的関わり合いは、非常に重要なものではあるけれども、実存主義的関係の一つの側面にすぎない。

　すると、人間コミュニケーションの語用論に関する我々の理論の原則のいずれもが、焦点が個人間のものから、実存主義的なものへ移された時に、はたして役に立つものなのか否か、そして、もしも役に立つならばどのように役に立つのかという問題が起こってくる。ここでは、この問題に答えることはできないし、おそらく最後まで答えられないだろう。なぜなら、この問題を追及していく上で、我々は科学の領域を離れ、主観的にならざるを得ないことを認めなければならない。人間の存在は、人間の社会的関係と同じ意味で観察することはできないから、我々は本書7章まで貫いてきた客観的な"部外者"の立場をすてざるを得ない。何故なら、我々の調査はこの時点で、すでに"部外者"はなくなっているのだ。人間は自分の精神によって作った限

界を越えることはできない。つまり、主観と客観とは究極的に同一であり、精神が自らを研究しているのだ。そして、実存主義的関係における人間についての、いかなる声明も自己再帰性と同じ現象におちいりやすく、そこには、すでに見たようにパラドックスが発生する。

　ある意味では、この章は信念についての声明である。つまり、人間は、人生と広く複雑で個人的な関係にあるという信念である。人間に関する純粋な心理学的理論ではあまりにもしばしば軽視されているこの分野を開拓する上で、我々の概念のいくつかが役に立つ可能性について考えてみたい。

8.2　生物にとっての環境

　現代の生物学では、最も原始的な生物ではあっても、環境から人為的に切り離して研究するというのは、考えられないであろう。一般システム理論(4.2節中)で、特に仮定したように、生物とは、エネルギーや情報を環境と常に交換しあうことによって、定常的な状態（安定性）を保つオープン・システムである。我々が、いかなる生物も生きのびていくためには、外界から新陳代謝に必要な物質だけでなく、十分な情報も得なければならないことに気づいているならば、コミュニケーションと存在とは、切っても切れない概念であることがわかる。すると、環境とは、生物の存在に関する一連の教えとして主観的に経験されるものであり、この意味では、環境の持つ影響はコンピューター・プログラムに似ている。N. ウイーナーは、かつて世界とは"宛て先不特定の無数のメッセージと考えることができる"と言った。しかし、コンピュータ・プログラムは、機械が完全に**理解**できる言語で提示されるのに対して、環境が生物に与える影響は、その意味が決して自明でなく、むしろ解読は生物側にまかされているような一連の命令から成り立っている。このことは、重要な違いである。さらに、生物の反応が逆に環境にも影響を及ぼすという明白な事実を加えて考えれば、非常に原始的なレベルの生活ではあっても、でたらめではなく、プログラムに従って、あるいは実存主義者の用語である**意味**によって支配されている複雑な教えが続いていることが明らか

になる。

　こうして考えてみると、存在とは、生物とその環境間の関係の**関数**（1.2節で定義したように）である。人間のレベルでは、生物－環境間の、この相互作用は、最も複雑の度合いが高いものとなる。現代社会では生物学的生存の問題はすっかり影をひそめ、生態学的な意味での環境が人間によって、大いに支配されてはいるが、正しく解読されなければならない環境からの極めて重要なメッセージは、単に生物学的な領域から、より心理学的な領域への移行を受けたにすぎない。

8.3　自己定義する人生

　人間とは、現実を具象化して考えるという頑固な性質を持っている。そしてそこから、友人や敵対者が生まれ、何らかの関係を結ばなければならなくなる。自殺に関するジルボーグの古典的研究の中に、極めて関連性の高い考察が見うけられる。

> もともと人間は人生を自分なりの用語で受け止めていたようだ。つまり、病気、ある種の不快、強い感情的緊張があると、人間はいわば**人生が自分と結んだ契約に反した**と思うのだ。そして人間は、その不貞なパートナーのもとを去ろうとする……パラダイス（の考え）は人によって、アダムとイブの誕生を通じてでなく、**自分の人生の理想を放棄するよりも、むしろ自発的な死を好んだ**原始人の死の選択を通してつくられたことは明らかである（170, pp.1364-6、ゴシック筆者）。

　人生（現実、運命、神、自然、存在、その他どんな呼び方をしてもよいのだが）とは、我々が受け入れたり拒否したりするパートナーであり、そのパートナーによって、我々は自分たちが受け入れられているか拒否されているか支持されているか裏切られているかを感じるのである。この実存主義的パートナーに対して人間は、おそらく人間のパートナーに対する時と同じように、自分自身の定義を申し出て、それが認定されたか否かを見るのである。そし

て、このパートナーから彼等の関係の"本当の"性質について理解する鍵を得ようと努力するのである。

8.4　知識の階梯、サード・オーダーの前提

　しかし、人間が人間としての生存を確かなものにするために、できるだけうまく解読しなければならない、その重要なメッセージに関して何が言えるだろうか。パブロフの犬（6.434節）に少し戻って、そこから人間の経験に限った領域に踏み込んでみようと思う。まず、我々は2つの種類の知識があることを知っている。物事の知識と物事に関しての知識である。前者は物体の認識であり、我々の感覚が伝達するものだ。それはバートランド・ラッセルの言うところの"面識による知識"であり、ランガーに言わせれば"最も直接的で感覚的な知識"である。それは、パブロフの犬が円と楕円を感じとる時の知識であり、そこで感じとられたものについては何も知らない知識である。しかし、実験的状況では、犬は敏速に、この2つの幾何学的図形に関して、何かを学びもした。つまり、この2つの図形は、それぞれ快と不快を示すものであり、故に生存する上で意味を持っている。このように、もしも感覚的認識がファースト・オーダーの知識と呼べるとすれば、後者の知識（物体に関しての知識）は、セカンド・オーダーの知識となる。それはファースト・オーダーの知識についての知識であるから、メタ知識となる。（これは1.4節ですでに提案した区別と同じものである。そこでは言語を知っていることと、言語について知っていることは、2つの全く異なる階梯の知識であることを示した）[*1]。一度犬が自分の生存に関連づけて、円と楕円の意味を理解するなら、犬はまるで「ここは円と楕円を区別している限りは安全な世界である」と結論づけてしまったかのような行動をするであろう。しかし、この結論は、もはやセカンド・オーダーの知識ではない。それはセカンド・オーダーの知識について得られた知識であるから、サード・オーダーの知識となるのだ。知識を習得していき、異なるレベルの意味を環境や現実に帰していくこのプロセスは人間の場合も本質的に同じものである。

大人の人間にとって、ファースト・オーダーの知識だけというのは、おそらく非常に稀なことであろう。過去の経験や現在の文脈が認知の上で説明を与えないといっているのと同じだからである。そしてその不可解性と予想不可能性をもってしては、認知は非常に不安を生みやすくなるであろう。人間は、自分の経験の対象に関する知識を求めることを決してやめない。自分の存在にとって、対象がどんな意味があるかを理解し、その理解に従って、その物体に対応していくためである。最後に、人が自分の環境にある多数の物体一つひとつとの接触から推測した意味を総合したところから、自分がその中に"投げ込まれて"いる（再び実存主義の用語を用いた）世界について統一した見方が育ってくる。この見方が、サード・オーダー的なものなのだ。それが、自分の存在のために意義のある前提を与えてくれる限り、このような世界に対するサード・オーダー的な見方が強力な理由により何から成立しているかを考えることは極めて筋違いであると信じる。妄想型患者の妄想的システムは、患者の世界にとって説明的原則として、その機能を満たしているようだ。それは他の人の"通常の"世界観が機能するのと同じである。[*2]
しかし、重要なのは人間は自分が認知した現象についての一連の前提で動く

[*1] この書を通じて、我々の住む世界及び我々自身と他人の経験には、レベルの階梯が浸透しているという事実、及びあるレベルについての妥当な声明はもう一段階高いレベルからのみなされ得るという事実を我々は指摘している。この階梯は以下のものの中に明らかになっている。

(1) コミュニケーションとメタ・コミュニケーションの関係（1.5 節、2.3 節）と並んで、数学とメタ数学の関係（1.5 節）
(2) コミュニケーションの内容と関係の側面（2.3 節、3.3 節）
(3) 自己と他者の定義（3.33 節）
(4) 論理数学的パラドックスと論理階梯の理論（6.2 節）
(5) 言語レベル理論（6.3 節）
(6) 語用論的パラドックス、ダブルバインド及びパラドックス予言（6.4 節）
(7) 二者択一の幻想（7.1 節）
(8) 終わりなきゲーム（7.2 節）
(9) 治療的ダブルバインド（7.4 節）

ということと、最も広い意味での現実との相互作用（つまり対人間ばかりではないということ）はこうした前提によって決定されるであろうということである。我々が推測する限りでは、これらの前提自体は、莫大な量の個人の経験全体の結果であり、故にその起源は事実上探求不可能である。しかし、人間は対人関係における一連の出来事を分節化するばかりでなく、自分の内的・外的環境から絶えず受けている何万という感覚的印象を評価したり分類したりするという常に必要なプロセスにおいて、これと同じ分節化プロセスが働いていることに関して疑いの余地は有り得ない。3.42節での考察を繰り返すと、現実とは主として我々が作り出していくものなのだ。実存主義の哲学者は、人間と現実の間にとてもよく似た関係のあることを提唱する。彼らは人間は不透明で、形も意味もない世界に投げ込まれたものであり、人間はそこから自分の状況を作り出すと考えている。故に、人間が"この世に存在する"ための特定な方法は選択の結果であり、客観的な人間の理解を超えていると考えられているものに、**人間が与える意味である**。

[*2] この件については、後者の見方の方が、前者よりも現実にはよりよく適合しているとの反論もあろう。しかし、現実に関して多く引き合いに出される基準は、極めて慎重に扱わなければならない。ここで、おちいりやすい誤りは、"客観的現実"などというものが存在するということ、及び異常な人々よりも正気な人々はそれをより多く意識しているということを、暗黙のうちに仮定してしまうことである。概して、この仮定は不快なことではあるが、ユークリッド幾何学における、同様の前提を思い起こさせる。空間の現実を正しく十分に把握したユークリッドの公理の仮定は、2000年もの間、疑問視されることはなかったが、ついにはユークリッドの公理も、互いに異なるばかりか互いに相入れもしないこともありうる、多数の幾何学の一つにすぎないことがわかった。ナーゲルとニューマンを引用する。

> 幾何学の原理（あるいは、**いかなる分野の原理**）が、その明らかな自明性によって確立され得るという伝統的な信念は、こうして根本的に揺るがされた。さらに、純数学者に適した仕事とは、**仮定された仮説から定理を引き出すこと**であり、自分で仮定した原理が実際に正しいか否かを判断するのは、数学者として関心をもつことではないということが、徐々に明らかになってきた。(108, p.11、ゴシック筆者)

8.41 サード・オーダーの前提に対する類推

　サード・オーダーの前提に等しいまたは類似した概念は、行動科学において定義されてきた。学習理論において、これまでに仮定した知識レベルに相当する学習レベルは重要なものだけでも 1940 年にはハルら (66)、1942 年及び 60 年にはベイトソン (7, 13)、1949 年にはハーロー (63) によって、独立した形で確認及び調査された。手短に言えば、この派の学習理論は、知識または技能の習得と並んで、習得そのものを段々に容易にしていくプロセスも発生することを仮定している。言い換えれば、人間は学ぶばかりでなく、**学ぶことを学ぶ**のである。この、より高等な学習タイプをベイトソンは deutero–learning（**第二次学習**）という新語で呼び、以下の説明をしている。

　半ゲシュタルト的または半擬人観的な表現をすれば、被験者は自分自身をある種の文脈に方向づけるのを学ぶこと、または問題解決の文脈への"洞察力"を習得することであると言えるかもしれない。……適切な文脈や道筋を探す習慣、あるタイプの意義深い結果を連続させるために一連のでき事に"分節化"を与える習慣を身につけたと言えるかもしれない。(7, p.88)

　ケリーの不朽の名作『個人的構成概念の心理学 *Psyhchology of Personal constructs*』(83) には、同様な概念が根底に流れている。しかし、ケリーはレベルの問題は考慮せず、彼の理論は相互作用的ではなく、ほとんど精神内部の心理学的な立場をとっている。『プランと行動の序論 *Plans and the Structure of Behavior*』(104) でミラー、ガランター、プリブラムは、目的にかなった行動は、コンピューターがプログラムで動いているのと同じように、プランに導かれるということを提唱している。**プランに関与する**彼らの概念は、この章で取り上げた考えと非常に関連性が高く、彼らの研究は行動を理解するにおいては、近年で最も重要な成功例であると考えても、決して誇張にはならない。この作品に関連して、**随伴性のない報酬**についてのすばらしい**実験**がスタンフォード大学バヴェラス博士のもとで行なわれた。(もっとも、彼らの示した目的は、この章で扱う問題とは異なるが)。その中でも次のことは、特に言及に値する (169)。実験装置は、多数の押

しボタンである。被験者はこれらのボタンのいくつかをある順序で押さなければならず、何度も試しながらボタンの押し方のある順序を見つけなければならない。正しい順序で押すとブザーが鳴るように知らされている。しかし実際はボタンはどこにもつながれておらず、被験者の押すボタンとは全く関係なしにブザーがなる。それも徐々に頻繁に、つまり実験の始めは幾分少なく、終わりに近づくにつれて段々と回数が増すのだ。この実験を受けたものは、必ず、我々がサード・オーダーの前提と呼んでいるものをすぐに作り出す。そしてボタンの押し方とブザーは何の関係もないことを知らされた後でも、その前提を捨てることを異常なほど嫌うのである。ある意味では、この実験装置は、我々が独自のサード・オーダーの前提とこの世に存在するための方法を発達させてきた世界のマイクロモデルとなるのだ。

8.5　意味と無

人がセカンド・レベルとサード・レベルの変化を受け入れたり、耐えたりするときの能力をそれぞれ比較してみると、驚くべき違いが明らかになる。人はセカンド・レベルの変化に適応する際には、ほとんど信じ難いような能力を持っている。最も耐えがたい状況で人間が耐え忍んでいるのを見たことがある人ならば、誰も反対はしまい。しかし、この忍耐が可能なのは、サード・オーダーが自分の存在について前提となっているときと自分が生きている世界の意味がおかされていない場合に限られている。[*3] これは、ニーチェ

[*3] 例えば、この違いは、様々な等級の政治的犯罪を犯したとしてナチスに死刑を宣告された囚人たちの手紙 (57) にあらわれている。自分たちの行動が、政権打倒に多少なりとも効果があったと感ずる者は、ある平静さをもって死に直面することができた。一方、真に悲劇的、絶望的な叫び声は、連合国側のラジオ放送を聞いたり、ヒトラーの悪口を言ったりなどという無意味な犯罪のために、死刑を宣告された者から聞こえてくる。彼等の死は、明らかに重要なサード・オーダーの前提をおかすものである。つまり、人の死は意義深いものであり、とるにたらないものではないのだ。

が生きる**理由**を持っている者は、ほとんどどんな生きる**方法**でも耐えるであろうと仮定した時に、思っていたことに違いない。しかし、人間は、おそらくパブロフの犬以上に、自分のサード・オーダーの前提を脅かす矛盾に対して著しく弱いものだ。人は自分のサード・オーダーの前提が通じない世界、自分にとって意味のない世界に生き延びることは心理的に不可能だ。すでに見たようにダブルバインドは、ひどい結果をもたらす。しかし、人間の制御や意志を超えた状況や改善を通じても同じ結果がもたらされることがありうる。ドストエフスキーからカミュに至る実存主義作家は広範囲にわたって、大昔から存在するこのテーマを扱ってきた。例えば、ドストエフスキーの『悪霊 Possessed』に登場するキリロフは"神は存在しない"と決めつけたために、それ以上生きる意味を見失ってしまう。

> ……「聞きたまえ」。彼の前で恍惚として一点を見据えたままキリロフは立ちつくしている。「すばらしい考えを聞きたまえ。ある日、地に3本の十字架が立っていた。十字架にかかった一人は、信仰心が厚く、もう一人にむかって『今日、汝は私と天国に召されるであろう』と語った。その日は終わったが、二人とも死んでしまい、天国も復活もみられなかった。彼の言葉は実現しなかったのだ。聞きたまえ、その男すなわち神はこの世で最も高尚であり、人生に意味を与えたのだ。地球は、地球上にあるすべての物を含めて、その男なしでは単なる狂気である。彼にならぶことのできるのは、奇跡以外にありえない。それは奇跡であるから、第二の彼は過去にも未来にもいないのだ。もしも、自然の法則が彼を容赦さえしなかったなら、彼等の奇跡を容赦さえせずに、神を嘘のために生かし、嘘のために死なせたならば、地球全体は嘘となり、嘘とまがいものに基づくことになる。すると、地球の法則はまさに嘘となり、悪魔の喜歌劇となる。何の生きる目的があろう。お前が人間ならば、答えたまえ」

そしてドストエフスキーは、こう問いかけられた人物に、驚くべき答えをさせた。それは「それは違う問題だ。お前は2つの異なる原因を混同している。そして、それはとても危険なことだ……」であった (37, pp.581–2)。

このテーマが現われると、いつも**意味**という問題がからんでくる。そして、

ここでの"意味"は、意味論的にではなく実存主義的な意味合いでとらえるべきのものであるというのが我々の主張だ。意味の欠如は実存主義的な無の恐怖である。それは現実が後退ないし完全に消失してしまった主観的状況であり、それに伴って、自己と他者に関するあらゆる意識も後退ないしは消失してしまう。ガブリエル・マルセルにとって、「人生とは無に対する闘いである」。そして100年以上も前、キルケゴールは「精神病院へ行って、深い狂気が私の人生の謎を解決するかどうかを見てみたい」と言っている。

　この意味では、人間が神秘的なパートナーに対してとる態度は、基本的には、パブロフの犬の場合と変わらない。犬はすぐに円と楕円の**意味**を学ぶが、実験者がこの意味を突然破壊すると、その犬の世界は粉砕されてしまう。我々が似たような状況における主観的経験を探してみると、我々は自分たちの人生の浮沈の影で、秘密の"実験者"の行動をとりやすいことがわかる。人生における意味の欠如または喪失は、おそらく、あらゆる型の感情的悩みの最大公約数であろう。それは特によく話題になる"現代"病なのだ。痛み、病気、喪失、失敗、絶望、失望、死の恐怖、あるいは単なる退屈など、これらすべてが人生は無意味だという感情を導く。最も基本的な定義において、実存主義的絶望とは**現実**と**理想**の間の、知覚とサード・オーダーの前提との間の痛ましい矛盾のように思われる。

8.6　サード・オーダーの前提における変化

　人間の現実経験において、3つのレベルの抽象化だけを仮定する理由はない。少なくとも理論的には、一つのレベルが他のレベルを上まわることは永遠に続くのである。故に、もしも人が自分のサード・オーダーの前提（心理療法の必須的機能であると思われる）を変えたいと思えば、**第4のレベル**によるしかない。しかし、人間の精神は、数学的符号体系やコンピュータに頼ることなしに、より高次元レベルの抽象化を扱うことができるかどうかは疑わしい。第4のレベルでの理解については、おぼろげにしか見ることができないというのは重要なことだ。その理解をはっきりさせるのは不可能では

ないにしても、極めて難しい。"それ自身が要素ではない集合の集合"（6.2節）の意味をとらえるのが、いかに困難であったかを覚えているだろうか。複雑さの点からみて、それはサード・オーダーの前提と等しい。あるいは同様に「私はあなたを見ている私を見ているあなたをこのように見ています」（3.34節）というのは、まだ理解が可能であるが、もう一つ高いレベル（第4のレベル）の「私は私を見ているあなたを見ている私を見ているあなたをこのように見ています」は、事実上、理解は不可能である。

　もう一度、この欠かすことのできないポイントをくり返しておこう。それは、コミュニケーションを行なうあるいはサード・オーダーの前提について考えるということは、第4のレベルでなければ不可能であるということだ。しかし、第4のレベルとは、人間精神の限界に近いように思われ、全くないことはないにしても、このレベルが現われるのはまれである。これは直感と感情移入の領域であるように思われる。おそらくLSDまたは同様の薬物がすぐにもたらす"ああ、わかった"というような意識であろう。それは確かに、治療上の変化が起こるところではあるが、たとえ治療が成功しても、その変化がどのようにして何故起きたのか、その変化は何からできているのかといったことはわからないのである。なぜなら、心理療法はサード・オーダーの前提と、このレベルでの変化を引き起こすことに関心を持っているからである。しかしながら、自分のサード・オーダーの前提を変化させたり、自分の行動と環境の一連のパターンに気づいたりするのは、もう一つ高いレベル、つまり第4のレベルでの有利な条件があってこそ可能なのである。このレベルから見たときに初めて、真実とは我々の生存にとって、善の意味も悪の意味も持たない客観的で不変な"外にある"ものでなく、事実上我々が、存在を主観的に経験することだとわかるのだ。つまり、真実とは客観的な人間の立証などおそらく、遠く及ばないようなものを我々がパターン化したものなのである。

8.61　証明理論に関する類推

　我々が今、関心をもっているような階梯は、我々の研究と大きな類似性の

ある現代数学の一派で、最も徹底して研究されている。ただし、数学とは我々が望むべくもないほどに一貫性があり、厳密なものではあるが。ここで、問題にしている一派とは証明理論すなわちメタ数学である。後者の用語が明確に示しているように、この分野の数学はそれ自体、つまり数学に固有な法則や数学に一貫性があるかどうかといった問題を扱う。故に、人間コミュニケーションの分析者がその存在にすら気づいていない頃に、基本的には同じ自己再帰性のパラドックス的結果が数学者によって見付け出されたり研究されていたとしても、驚くことではない。実をいうと、この分野の研究は、シュローダー (1895)、ローエンハイム (1915)、そして、特にヒルベルト (1918) にまで遡る。当時、証明理論つまりメタ数学とは、いわば数学の主流の外におかれた、聡明ではあるが、小さな数学者グループによる高度に抽象化した関心事だったのだ。2つの出来事が結果的に証明理論を大いに注目させるに至らしめた。一つは、1931年にゲーデルが公式的に決定できない命題について書いた画期的な論文 (56) の発表である。これはハーバード大学教授陣に、この4半世紀で数学論理における最も重要な前進であると称された論文である (108)。もう一つは、第2次大戦後、ほとんど爆発的といってもいいほどに出現したコンピュータの存在である。コンピュータは当初、厳密にプログラムされた自動装置であったが、たちまちのうちに非常に融通のきく人造組織となり、いくつもあるコンピュータ過程から一つ最適なものを機械が自分で決定できるほどに構造的複雑性を増した途端に、根本的な証明理論の問題を提出しはじめたのである。言い換えれば、プログラムを実行するばかりでなく、同時にプログラムに変化を及ぼすことができるようなコンピュータの設計が可能かどうかという問題が起こったのである。

証明理論において**決定手続き**という用語は、ある声明あるいは声明全体の真偽の証明を公式化したシステム内で見いだす方法を指している。それと関連した**決定問題**という用語は、ここに書かれたような種類の過程が存在するかしないかを指している。故に、もしも決定問題を解決することのできる決定過程が見つかれば、決定問題は正の解答を持つ。一方、そのような決定過程がないとなれば、決定問題は負の解答を持つことになる。よって、決定問

題は算定可能か不可能かという問題というふうにも呼ばれる。

　しかし、第3の可能性もある。決定問題の明確な解決（正あるいは負）は、該当する問題が特定の決定過程の**範囲内**（適用可能領域）にあるときのみ得られる。もしも、この決定過程が**範囲外**の問題に適用されると、解決は（正・負を問わず）得られないことを証明すらできないままに、計算が果てしなく続くであろう。[*4] 我々が**決定不可能性**の問題に再び遭遇するのはこの地点である。

8.62　ゲーデルの証明

　この概念は先に触れたゲーデルの論文の中心的な問題であり、そこでは公式的に決定不可能な命題が扱われている。一般原理として、彼が選んだ公式システムはホワイトヘッドとラッセルが数学の基礎を探究した記念碑的名作『プリンキピア・マテマティカ *Principia　Mathematica*』である。ゲーデルは、このシステムあるいはこれに相当するシステムを使って、(1) システムの前提と公理から証明可能であるが、(2) 自ら証明不可能であることを示すような文、G の構成が可能であることを示した。これは、もしも G がこのシステム内で証明可能であれば、その証明不可能性（G が自ら示していること）もまた証明可能であることを意味している。しかし、証明可能性と証明不可能性の両者を、システムの原理から導くことができ、原理そのものには一貫性がある（これはゲーデルの証明の一部である）ならば、G は**システムによって決定不可能である**。それはちょうど 6.441 節で示したパラドックス的予言が、その "システム"（校長の発表に含まれていた情報と、その発表が

[*4] これは、いわば決定過程における**休止問題**である。人間コミュニケーションにおける終わりなきゲームに対して、我々が持っている概念に暗示的類推を与えてくれる（7.2 節）。

[*5] 関心を持った読者の注意は、ゲーデルの証明を見事に非数学的に示したナーゲルとニューマンに注がれる (108)。我々の知る限りでは、ゲーデルの定理とパラドックス的予言の類似性を最初に指摘したのは、ネーリッヒ (111) である。そのパラドックスは、おそらく定理を最も的確に非数学的類推したものであり、フィンドレイの非数学的アプローチよりも、さらに望ましいものであると我々は確認している (44)。

なされたコンテクスト）によって決定不可能であったのと同じである。*5 ゲーデルの証明は、数学的論理をはるかに超えた結論に達する。どんな形式的なシステム（数学的、象徴的など）も、上に示した意味からすると必然的に不完全となることを、きっぱりと証明しているのだ。そしてさらに、そのようなシステムの一貫性は、システム自身が作り出すことのできる証明方法よりも、より一般的な証明方法に頼らなくては証明できないということも証明している。

8.63 ヴィトゲンシュタインの論考と存在に対する究極のパラドックス

我々が人間存在の究極的パラドックスとでも呼ぶようなものを数学的に類似させてとらえるので、我々はゲーデルの研究にかなり詳細に取り組んできた。人間とは、結局自分の追求の主体であり、客体である。前節で定義したように、人の精神が形式化したシステムのようなものと考えられるかどうかという問題はおそらく解答不可能であろうが、自分の存在の意味を理解する追求を形式化しようという試みではある。まさに、この意味においてのみ、我々は証明理論のある結果（特に自己再帰性や決定不可能性の分野での）が、妥当であると感じるのだ。これは決して我々が発見したことではない。実はゲーデルの卓越した考えが発表される10年も前に今世紀のもう一人の偉人が、このパラドックスを哲学的な面から公式化していたのである。それはL. ヴィントゲンシュタインが著書『論理哲学論考 Tractatus Logico–Philosophicus』(168)で行なっていたことである。おそらく、この実存主義的パラドックスがこれほど明快に定義されたことも、その神秘さがこのパラドックスを超える最終的なステップとして、これほど威厳のある地位を与えられたこともなかろう。

我々が世界の外に出られた時に限り、我々はその全体性において、世界について何かを知ることができる。しかし、もしもそのことが可能だとすれば、その世界は、もはや全世界ではなくなってしまう、ということをヴィントゲンシュタインは示している。しかし、我々の論理では、その外側にあるものについては何もわからない。

論理は、世界を満たしている。世界の限界も、またその限界なのだ。
故に、我々は「これとこれは世界の中にあり、あれは世界の中にはない」と論理的に考えて言うことができない。
なぜなら、それは、我々があるかないかの可能性を除外することを明らかに前提としている。さもなければ、論理は世界の限界を超えてしまわなければならないのだから。このことは真実ではなくなってしまうのである。つまり、違った面からもこの限界を考えることができれば、ということである。
我々が考えられないことを、我々は考えることはできない。故に、我々は我々が考えられないことを口に出して言うことはできないのである。(168, pp.149–51)

すると、世界は有限であると同時に、無限でもある。内側にあるものと境界を作ることができる外側のものがないからこそ無限なのである。しかし、もしもそうだとすれば、「世界と人生は一つ。私は私の世界だ」(p.151) ということになる。つまり、主体と世界とは補助用言 "to have"（一方が、もう一方を**所有する**。一方を含む、あるいは一方に属する、の意）によってある種支配される関係的機能を持つ存在ではもはやなくなり、実存主義的な "to be"（主体は世界に属しているのではなく、それは世界の限界**である**）によって支配される機能を持つ存在である。(p.151、ゴシック筆者)
この限界の中で、意義のある問答が行なわれる。すなわち、「仮にある質問を出すことができるなら、それはまた解答が**可能**でもある」(p.187)。しかし、「空間と時間における人生の謎に対する解答は、空間と時間の**外側**にある」(p.185)。なぜなら、ここまでの時点で十分に明らかになっているはずであるが、ある**枠内**にあることは、その枠について述べたり何かを**尋ね**たりすることすらできないのだ。すると結論は、実存の謎に対する解答を見いだすことではなく、謎は存在しないということを悟ることである。これは、美のエッセンスであり、禅の**公案**の結びの文章のようでもある。

表現できない解答に対しては、質問もまた表現することができない。謎は存在しないのだ……
我々は、たとえ科学的に考えられるすべての質問が解答されたとしても、人生に

関する問題には全く触れられていないと感じる。もちろん、問題は何も残っていないわけで、これこそが解答なのである。

生命に関する問題が消えうせていく中に、この問題の解答は見いだされる。(長く疑った後に、やっと生命感が明らかになってきた人でも、この感覚がいったいどこにあるのかがわからないというのは、このためではあるまいか？)

表現できないというものは確かに存在する。これは、それ自身を**表わ**しており、それは神秘的なものである。……

話すことができないところでは、人は沈黙しなければならない。(pp.187-9)

参考文献

1. Albee, Edward, *Who's Afraid of Virginia Woolf?* New York : Atheneum Publishers, 1962.
「ヴァージニア・ウルフなんかこわくない」鳴海四郎 訳, 早川書房, 1969.
2. Apter, Julia T., "Models and Mathematics. Tools of the Mathematical Biologist." *Journal of the American Medical Association,* 194 : 269–72, 1965.
3. Artiss, Kenneth L., ed., *The Symptom as Communication in Schizophrenia.* New York : Grune & Stratton, Inc., 1959.
4. Ashby, W. Ross, *Design for a Brain.* New York : John Wiley & Sons, Inc., 1954.
5. Ashby, W. Ross, *An Introduction to Cybernetics.* London : Chapman & Hall, Ltd., 1956.
6. Bateson, Gregory, "Culture Contact and Schismogenesis." *Man,* 35 : 178–83, 1935.
「精神の生態学」佐藤良明 他 訳, 思索社, 1986.
7. Bateson, Gregory, "Social Planning and the Concept of 'Deutero–Learning' in Relation to the Democratic Way of Life." *Science, Philosophy and Religion, Second Syrnposium,* New York : Harper & Brothers, 1942, pp. 81–97.
「精神の生態学」佐藤良明 他 訳, 思索社, 1986.
8. Bateson, Gregory, "A Theory of Play and Fantasy." *Psychiatric Research Reports,* 2 : 39–51, 1955.
「精神の生態学」佐藤良明 他 訳, 思索社, 1986.
9. Bateson, Gregory, "The Message 'This is Play.'" In *Trans–actions of the Second Conference on Group Processes.* New York : Josiah Macy, Jr., Foundation, 1956, pp. 145–242.
「精神の生態学」佐藤良明 他 訳, 思索社, 1986.
10. Bateson, Gregory, *Naven,* 2 nd ed. Stanford : Stanford University Press, 1958.
「精神の生態学」佐藤良明 他 訳, 思索社, 1986.
11. Bateson, Gregory, "The New Conceptual Frames for Behavioral Research." Proceedings of the Sixth Annual Psychiatric Institute. Princeton : The New Jersey Neuro–Psychiatric Institute, 1958, pp. 54–71.
「精神の生態学」佐藤良明 他 訳, 思索社, 1986.
12. Bateson, Gregory, "The Group Dynamics of Schizophrenia." In Lawrence Appleby, Jordan M. Scher, and John Cumming, eds., *Chronic Schizophrenia. Exploration in Theory and Treatment.* Glencoe, Illinois : The Free Press, 1960, pp. 90–105.
「精神の生態学」佐藤良明 他 訳, 思索社, 1986.
13. Bateson, Gregory, "Minimal Requirements for a Theory of Schizophrenia." *Archives of General Psychiatry,* 2 : 477–9 1, 1960.
「精神の生態学」佐藤良明 他 訳, 思索社, 1986.
14. Bateson, Gregory, "The Biosocial Integration of the Schizophrenic Family." In Nathan W. Ackerman, Frances L. Bcatman, and Sanford N. Sherman, eds., *Exploring the Base for Family*

Therapy. New York : Family Service Association, 1961, pp. 116–22.
「精神の生態学」佐藤良明 他 訳, 思索社, 1986.
15. Bateson, Gregory, ed., *Perceval's Narrative, A Patient's Account of his Psychosis, 1830–1832*. Stanford : Stanford University Press, 1961.
「精神の生態学」佐藤良明 他 訳, 思索社, 1986.
16. Bateson, Gregory, "Exchange of Information about Patterns of Human Behavior." Paper read at Symposium on Information Storage and Neural Control, Houston, Texas, 1962.
「精神の生態学」佐藤良明 他 訳, 思索社, 1986.
17. Bateson, Gregory, personal communication.
「精神の生態学」佐藤良明 他 訳, 思索社, 1986.
18. Bateson, Gregory ; Jackson, Don D. ; Haley, Jay ; and Weakland, John, "Toward a Theory of Schizophrenia." *Behavioral Science,* 1 : 251–64, 1956.
「精神の生態学」佐藤良明 他 訳, 思索社, 1986.
19. Bateson, Gregory, and Jackson, Don D., "Some Varieties of Pathogenic Organization." In David McK. Rioch, ed., *Disorders of Communication,* Volume 42, Research Publications. Association for Research in Nervous and Mental Disease, 1964, pp. 270–83.
「精神の生態学」佐藤良明 他 訳, 思索社, 1986.
20. Bavelas Alex, Personal communication.
21. Benedict, Ruth, *Patterns of Culture.* Boston : Houghton–Mifflin Company, 1934.
「文化の型」米山俊直訳, 社会思想社, 1973.
22. Berdyaev, Nicholas, *Dostoevsky.* New York : Meridian Books, 1957.
23. Berne, Eric, *Transactional Analysis in Psychotherapy.* New York : Grove Press, Inc., 1961.
24. Berne, Eric, *Games People Play.* New York : Grove Press, Inc., 1944.
「人生ゲーム入門」南 博訳, 河出書房新社, 1980.
25. Bertalanffy, Ludwig von, "An Outline of General System Theory." *British Journal of the Philosophy of Science,* 1 : 134–65, 1950.
26. Bertalanffy, Ludwig von, "General System Theory." *General Systems Yearbook,* 1 : 1–10, 1956.
27. Bertalanfy, Ludwig von, "General System Theory–A Critical Review." *General Systems Yearbook,* 7 : 1–20, 1962.
28. Birdwhistell, Ray L., "Contribution of Linguistic–Kinesic Studies to the Understanding of Schizophrenia." In Alfred Auerback, ed., *Schizophenia. An Integrated Approach.* New York : The Ronald Press Company, 1959, pp. 99–123.
29. Bochénski, I. M., *A History of Formal Logic.* Notre Dame, Indiana : University of Notre Dame Press, 1961.
30. Bolzano, Bernard, *Paradoxien des Unendlichen* [Paradoxes of the Infinite], 2 nd ed., Fr. Přihonsky, ed., Berlin : Mayer und Müller, 1889.
「無限の逆説」藤田伊吉訳, みすず書房, 1978.
31. Boole, George, *Mathematical Analysis of Logic ; Being an Essay towards a Calculus of Deductive Reasoning.* Cambridge : Macmillan, Barclay, & Macmillan, 1847.

「論理の数学的分析」西脇与作訳，公論社，1977.
32. Buber, Martin, "Distance and Relation." *Psychiatry,* 20 : 97–104, 1957.
33. Carnap, Rudolph, *Introduction to Semantics.* Cambridge : Harvard University Press, 1942.
34. Cherry, Colin, *On Human Communication.* New York : Science Editions, 1961.
「ヒューマン・コミュニケーション」都丸喜成・木納　崇訳，光琳書院，1961.
35. Cumming, John, "Communication : an approach to chronic schizophenia." In Lawrence Appleby, Jordan M. Scher, and John Cumming, eds., *Chronic Schizophrenia. Exploration in Theory and Treatment.* Glencoe, Illinois : The Free Press, 1960, pp. 106–19.
36. Davis, R.C., "The Domain of Homeostasis." *Psychological Review,* 65 : 8–13, 1958.
37. Dostoevsky, Fedor M., *The Possessed,* translated by Constance Garnett. New York : The Macmillan Company, 1931.
「悪霊」江川　卓訳，新潮社，1971.
38. Dostoevsky, Fedor M., *Notes from Underground,* translated by Constance Garnett. New York : The Macmillan Company. (In *The Short Novels of Dostoevsky.* New York : The Dial Press, Inc., 1945, pp. 127–342.) London : William Heinemann, Ltd.
「ドストエフスキー全集5（地下生活者の手記）」小沼文彦訳，筑摩書房，1968.
39. Dunlap, Knight, "A Revision of the Fundamental Law of Habit Formation." *Science,* 67 : 360–2, 1928.
40. Dunlap, Knight, "Repetition in the Breaking of Habits."*Scientific Monthly,* 30 : 66–70, 1930.
41. Durrell, Lawrence, *Clea.* New York : E. P. Dutton & Co., Inc., 1960.
「クレア」高松雄一訳，河出書房新社，1976.
42. Ferreira, Antonio J., "Family Myth and Homeostasis." *Archives of General Psychiatry,* 9 : 457–63, 1963.
43. Ferreira, Antonio J., "Psychosis and Family Myth." Unpublished manuscript.
44. Findlay, J., "Goedelian Sentences : a non–numerical approach." *Mind,* 51 : 259–65, 1942.
45. Frank, Lawrence K., "The Prospects of Genetic Psychology."*American Journal of Orthopsychiatry,* 21 : 506–22, 1951.
46. Frankl, Victor E., *The Doctor and the Soul.* New York : Alfred A. Knopf, Inc., 1957.
「フランクル著作集第2巻（死と愛）」霜山徳爾訳，みすず書房，1961.
47. Frankl, Victor E., "Paradoxical Intention." *American Journal of Psychotherapy,* 14 : 520–35, 1960.
48. Frege, Gottlob, *Grundgesetze der Arithmetik begriffsschriftlich abgeleitet* [Basic Laws of Arithmetic], Volume 1. Jena ; Verlag Hermann Pohle, 1893.
「フレーゲ哲学論集」藤本竜雄訳，岩波書店，1988.
49. Freud, Sigmund, *New Introductory Lectures on Psychoanalysis.* New York : W. W. Norton & Company, Inc., 1933.
「フロイト著作集第3巻（文化・芸術論）」高橋義孝他訳，人文書院，1970.
50. Freud, Sigmund, "The Interpretation of Dreams." In *The Basic Writings of Sigmund Freud.* New York : The Modern Library, Inc., 1938.

「フロイト著作集第4巻（日常生活の精神病理学)」池見酉次郎・高橋義孝他訳，人文書院，1970．

51. Fromm-Reichmann, Frieda, "A Preliminary Note on the Emotional Significance of Stereotypies in Schizophrenics." *Bulletin of the Forest Sanitarium,* 1 : 17-21, 1942.
52. Fry, William F., Jr., "The Marital Context of the Anxiety Syndrome." *Family Process,* 1 : 245-52, 1962.
53. Fry, William F., Jr., *Sweet Madness : A Study of Humor.* Palo Alto : Pacific Books, 1963.
54. Gardner, Martin, "A New Paradox, and Variations on it, about a Man Condemned to be Hanged." In section "Mathematical Games," *Scientific American,* 208 : 144-54, 1963.
「数学ゲーム」高木茂男訳，講談社，1974．
55. George, F. H., *The Brain as a Computer.* Oxford : Pergamon Press, Ltd., 1962.
56. Gödel, Kurt, "Ueber formal unentscheidbare Sätze der Principia Mathematica und verwandter Systeme I." *Monatshefte für Mathematik und Physik,* 38 : 173-98, 1931. [English translation : " On Formally Undecidable Propositions of Principia Mathematica and Related Systems I." Edinburgh and London : Oliver and Boyd, 1962.]
57. Gollwitzer, Helmut, *et al.,* eds., *Dying We Live. The Final Messages and Records of the Resistance.* New York : Pantheon Books, Inc., 1956.
58. Greenburg, Dan, *How to be a Jewish Mother.* Los Angeles : Price/Stern/Sloan, 1964.
59. Haley, Jay, "Family Experiments : A New Type of Experimentation." *Family Process,* 1 : 265-93, 1962.
60. Haley, Jay, *Strategies of Psychotherapy.* New York : Grune & Stratton, Inc., 1963.
「戦略的心理療法・ミルトン・エリクソン心理療法のエッセンス」高石　昇・横田恵子訳，黎明書房，1986．
61. Haley, Jay, "Research on Family Patterns : An Instrument Measurement." *Family Process,* 3 : 41-65, 1964.
62. Hall, A. D., and Fagen, R. E., "Definition of System." *General Systems Yearbook,* 1 : 18-28, 1956.
63. Harlow, H. F., "The Formation of Learning Sets." *Psychological Review,* 56 : 51-65, 1949.
64. Hilbert, David, and Bernays, Paul, *Grundlagen der Mathematik* [Foundations of Mathematics], 2 volumes. Berlin : J. Springer Verlag, 1934-39.
「数学の基礎」吉田夏彦・渕野　昌訳，シュプリンガー・フェアラーク東京，1993．
65. Hora, Thomas, "Tao, Zen, and Existential Psychotherapy." *Psychologia.* 2 : 236-42, 1959.
66. Hull, C. L., Hovland, C. L., Ross, R. T., *et al., Mathematico-Deductive Theory of Rote Learning : A Study in Scientific Methodology.* New Haven : Yale University Press, 1940.
67. Jackson, Don D., "Some Factors Influencing the Oedipus Complex." *Psychoanalytic Quarterly,* 23 : 566-81, 1954.
68. Jackson, Don D., "A Note on the Importance of Trauma in the Genesis of Schizophrenia." *Psychiatry,* 20 : 181-4, 1957.
69. Jackson, Don D., "The Question of Family Homeostasis." *Psychiatric Quarterly Supplement,*

31 : 79–90, part 1, 1957.
70. Jaclcson, Don D., "Family Interaction, Family Homeostasis, and Some Implications for Conjoint Family Psychotherapy." In Jules Masserman, ed., *Individual and Familial Dynamics.* New York ; Grune & Stratton, Inc., 1959, pp. 122–41.
71. Jackson, Don D., "Interactional Psychotherapy." In Morris I. Stein, ed., *Contemporary Psychotherapies.* Glencoe, Illinois : The Free Press, 1962, pp. 256–71.
72. Jackson, Don D., "A Suggestion for the Technical Handling of Paranoid Patients." *Psychiatry,* 26 : 306–7, 1963.
73. Jackson, Don D., "Family Rules : The Marital *Quid Pro Quo.*" *Archives of General Psychiatry,* 12 : 589–94, 1965.
74. Jackson, Don D., "The Study of the Family." *Family Process,* 4 : 1–20, 1965.
75. Jackson, Don D., and Weakland, John H., "Conjoint Family Therapy. Some Considerations on Theory, Technique, and Results." *Psychiatry,* 24 : 30–45, supplement to No. 2, 1961.
76. Jackson, Don D., and Haley, Jay, "Transference Revisited." *Journal of Nervous and Mental Disease,* 137 : 363–71, 1963.
77. Jackson, Don D., and Watzlawick, Paul, "The Acute Psychosis as a Manifestation of Growth Experience." *Psychiatric Research Reports,* 16 : 83–94, 1963.
78. Jackson, Don D., and Yalom, Irvin, "Conjoint Family Therapy as an Aid to lntensive Psychotherapy." In Arthur Burton, ed., *Modern Psychotherapeutic Practice. Innovations in Technique.* Palo Alto : Science and Behavior Books, 1965, pp. 81–97.
79. Joad, C. E. M., *Why War?* Harmondsworth : Penguin Special, 1939.
80. Johnson, Adelaide M. ; Giffin, Mary E. ; Watson, E. Jane ; and Beckett, Peter G. S., "Studies in Schizophrenia at the Mayo Clinic. II. Observations on Ego Functions in Schizophrenia." *Psychiatry,* 19 : 143–8, 1956.
81. Jones, Ernest, *The Life and Work of Sigmund Freud,* Volume 3. New York : Basic Books, Inc., 1957.
「フロイトの生涯」竹友安彦他訳，紀国屋書店，1969.
82. Kant, O., "The Problem of Psychogenic Precipitation in Schizophrenia." *Psychiatric Quarterly,* 16 : 341–50, 1942.
83. Kelly, George A., *The Psychology of Personal Constructs,* 2 volumes. New York : W. W. Norton & Company, lnc., 1955.
84. Koestler, Arthur, *Darkness at Noon.* New York : The Modern Library, Inc., 141.
85. Koestler, Arthur, *Arrival and Departure.* New York : The Macmillan Company, 1943. London : Jonathan Cape, Ltd.
86. Koestler, Arthur, *The Invisible Writing.* New York : The Macmillan Company, 1954.
「ケストラー自伝・目に見えぬ文字」甲斐　弦訳，彩流社，1993.
87. Koestler, Arthur, *The Act of Creation.* New York : The Macmillan Company, 1964.
「創造活動の理論」（上・下）大久保直幹，中山末喜，松本　俊共訳，ラテイス，1966.
88. Laing, Ronald D., *The Self and Others, Further Studies in Sanity and Madness.* London :

Tavistock Publications, Ltd., 1961.
「自己と他者」志喜春彦・笠原　嘉訳, みすず書房, 1975.
89. Laing, Ronald D., "Mystification, Confusion, and Conflict." In I. Boszormenyi–Nagy and J. L. Framo, eds., *Intensive Family Therapy : Theoretical and Practical Aspects.* New York : Harper & Row, 1965, pp. 343–63.
90. Laing, Ronald D., and Esterson, A., *Sanity, Madness, and the Family.* Volume 1, *Families of Schizophrenics.* London : Tavistock Publications, Ltd., 1964.
「狂気と家族」笠原　嘉・辻　和子訳, みすず書房, 1972.
91. Langer, S. K., *Philosophy in a New Key.* Cambridge : Harvard University Press, 1942.
「シンボルの哲学」矢野万里他訳, 岩波書店, 1960.
92. Lasègue, Ch., and Falret, J., "La folie à deux, ou folie communiquée." Annales Médico-Psychologiques, t. 18, novembre 1877. [English translation by Richard Michaud, *Amercan Journal of Psychiatry,* supplement to Volume 121, No. 4, pp. 2–18, 1964.]
93. Lee, A. Russell, "Levels of Imperviousness in Schizophrenic Families." Paper read at the Western Division Meeting of the American Psychiatric Association, San Francisco, September 1963.
94. Lennard, Henry L., and Bernstein, Arnold, with Hendin, Helen C., and Palmore, Erdman B., *The Anatomy of Psychotherapy.* New York : Columbia University Press, 1960.
95. Lidz, T. ; Cornelison, A. R. ; Fleck, S. ; and Terry, D., "The Intrafamilial Environment of Schizophrenic Patients. II. Marital Schism and Marital Skew." *American Journal of Psychiatry,* 114 : 241–8, 1957.
96. Lorenz, Konrad Z., *King Solomon's Ring.* London : Methuen, 1952.
「ソロモンの指輪」日高敏隆訳, 早川書房, 1968.
97. Luce, Clare Boothe, "Cuba and the Unfaced Truth : Our Global Double Bind." *Life,* 53 : 53–6, 1962.
98. Luft, Joseph, "On Non-verbal Interaction." Paper presented at the Western Psychological Association Convention, San Francisco, April 1962.
99. Mach, Ernst, *The Science of Mechanics.* La Salle, Ill. : The Open Court Publishing Co., 1919.
100. Maruyama, Magoroh, "The Multilateral Mutual Causal Relationships among the Modes of Communication, Sociometric Pattern and the Intellectual Orientation in the Danish Culture." *Phylon,* 22 : 41–58, 1961.
101. McCulloch, Warren S., and Pitts, Walter, "A Logical Calculus of the Ideas Immanent in Nervous Activity." *Bulletin of Mathematical Biophysics,* 5 : 115–33, 1943.
102. McGinnies, Elliott, "Emotionality and Perceptual Defense." *Psychological Review,* 56 : 244–51, 1949.
103. Meerloo, Joost A. M., *The Rape of the Mind : The Psychology of Thought Control, Menticide and Brainwashing.* Cleveland : The World Publishing Company, 1956.
104. Miller, George A. ; Galanter, Eugene ; and Pribram, Karl H., *Plans and the Structure of Behavior.* New York : Henry Holt and Company, Inc., 1960.

「プランと行動の構造：心理サイバネティクス序説」十島雍蔵他訳, 誠信書房, 1980.
105. Miller, James G., "Living Systems : Basic Concepts ; Structure and Process ; Cross-Level Hypotheses." *Behavioral Science,* 10 : 193-237, 337-411, 1965.
106. Morris, Charles W., "Foundations of the Theory of Signs." In Otto Neurath, Rudolf Carnap, and Charles W. Morris, eds., *International Encyclopedia of Unified Science,* Volume 1, No. 2. Chicago : University of Chicago Press, 1938, pp. 77-137.
「記号論理の基礎」内田種臣・小林昭世訳, 勁草書房, 1988.
107. Muggeridge, Malcolm, "Books." *Esquire,* Volume 63, No. 4, April 1965, pp. 58-60.
108. Nagel, Ernst, and Newman, James R., *Gödel's Proof.* New York : New York University Press, 1958.
109. Nagels, Ivan, in *Spectaculum, Moderne Theaterstücke,* Volume 7. Frankfurt/M., Suhrkamp Verlag, 1964.
「フィガロの誕生」野村美紀子訳, 音楽之友社, 1992.
110. Nash, Ogden, "Don't Wait, Hit Me Now!" In *Marriage Lines.* Boston : Little, Brown and Company, 1964, pp. 99-101. London : J. M. Dent & Sons Ltd.
111. Nerlich, G. C., "Unexpected Examinations and Unprovable Statements." *Mind,* 70 : 503-13, 1961.
112. Northrop, Eugene P., *Riddles in Mathematics.* New York : D. Van Nostrand Co., Inc., 1944.
113. Orwell, George, 1984. New York : Harcourt, Brace & Co., 1949.
「1984」新庄哲夫訳, 早川書房, 1972.
114. Oster, Gerald, and Nishijima, Yasunori, "Moiré Patterns." *Scientific American,* 208 : 54-63, 1963.
115. Parkinson, C. Northcote, *Parkinson's Law and Other Studies in Administration.* Boston : Houghton Mifflin Company, 1957.
「新編パーキンソンの法則：先進諸国病の処方箋」上野一郎訳, ダイヤモンド社, 1981.
116. Potter, Stephen, *One-upmanship.* Harmondsworth : Penguin Books, 1947.
117. Pribram, Karl H., "Reinforcement Revisited : A Structural View." In M. Jones, ed., *Nebraska Symposium on Motivation, 1963.* Lincoln : University of Nebraska Press, 1963, pp. 113-59.
118. Proust, Marcel, *Les plaisirs et les jours,* 13 th ed. Paris : Gallimard, 1924.
119. Quine, Willard van Orman, *Methods of Logic.* New York : Henry Holt and Company, Inc., 1960.
「論理学の方法」中村秀吉・大森荘蔵訳, 岩波書店, 1961.
120. Quine, Willard van Orman, "Paradox." *Scientific American,* 206 : 84-95, 1962.
121. Ramsey, Frank Plumpton, *The Foundations of Mathematics and Other Logical Essays.* New York : Harcourt, Brace & Co., 1931.
122. Rapoport, Anatol, and Chammah, Albert M., with the collaboration of Carol J. Orwant, *Prisoner's Dilemma ; a study in conflict and cooperation.* Ann Arbor : University of Michigan Press, 1965.
「囚人のジレンマ：紛争と協力に関する心理学的研究」広松　毅他訳, 啓明社, 1983.

123. Reichenbach, Hans, *Elements of Symbolic Logic.* New York : The Macmillan Company, 1947.
124. Renaud, Harold, and Estess, Floyd, "Life History Interviews with One Hundred Normal American Males : 'Pathogenicity' of Childhood." *American Journal of Orthopsychiatry,* 31 : 786–802, 1961.
125. Richardson, Lewis Fry, "Mathematics of War and Foreign Politics." In James R. Newman, ed., *The World of Mathematics,* Volume 2. New York : Simon and Schuster, Inc., 1956, pp. 1240–53.
126. Rilke, Rainer Maria, *Duino Elegies,* trans. by J. B. Leishman and Stephen Spender. New York : W. W. Norton & Company, Inc., 1939.
「リルケ全集3巻（ドゥイノの悲歌)」富士川英郎訳，弥生書房，1973.
127. Rioch, David McK., "The Sense and the Noise." *Psychiatry,* 24 : 7–18, 1961.
128. Rioch, David McK., "Communication in the Laboratory and Communication in the Clinic." *Psychiatry,* 26 : 209–2 l, 1963.
129. Rosen, John N., *Direct Analysis.* New York : Grune & Stratton, Inc., 1953.
130. Rosenthal, Robert, "The Effect of the Experimenter on the Results of Psychological Research." In B. A. Mahr, ed., *Progress in Experimental Personality Research,* Volume 1. New York : Academic Press Inc., 1964, pp. 79–114.
「行動研究法入門：社会・心理科学への手引」池田　央訳，新曜社，1976.
131. Ross, Nancy Wilson, ed., "The Subjugation of a Ghost," in *The World of Zen.* New York : Random House, Inc., 1960.
132. Ruesch, Jurgen, and Bateson, Gregory, *Communication : The Social Matrix of Psychiatry.* New York : W. W. Norton & Company, Inc., 1951.
「コミュニケーション：精神医学の社会的マトリックス」佐藤悦子訳，思索社，1989.
133. Russell, Bertrand, Introduction to Ludwig Wittgenstein, *Tractatus Logico-Philosophicus.* New York : Humanities Press, 1951.
「新説・哲学入門」中村秀吉訳，社会思想社，1983.
134. Sansom, G. B., *The Western World and Japan, A Study in the Interaction of European and Asiatic Cultures.* New York : Alfred A. Knopf, Inc., 1950.
「西欧世界と日本」金井　圓他訳，筑摩書房，1966.
135. Sartre, Jean-Paul, Introduction to Henry Alleg, *The Question.* New York : George Braziller, Inc., 1958.
136. Scheflen, Albert E., "Regressive One-to-One Relationships." *Psychiatric Quarterly,* 23 : 692–709, 1960.
137. Scheflen, Albert E., *A Psychotherapy of Schizophrenia : Direct Analysis.* Springfield, Illinois : Charles C. Thomas, Publisher, 1961.
138. Scheflen, Albert E., "Quasi-Courtship Behavior in Psychotherapy." *Psychiatry,* 28 : 245–57, 1965.
139. Scheflen, Albert E., *Stream and Structure of Communicational Behavior. Context Analysis of a Psychotherapy Session.* Behavioral Studies Monograph No. 1. Philadelphia : Eastern Pennsylvania Psychiatric Institute, 1965.

140. Schelling, Thomas C., *The Strategy of Conflict.* Cambridge : Harvard University Press, 1960.
141. Schimel, John L., "Love and Games." *Contemporary Psychoanalysis,* 1 : 99–109, 1965.
142. Searles, Harold F., "The Effort to Drive the Other Person Crazy–An Element in the Aetiology and Psychotherapy of Schizophrenia." *British Journal of Medical Psychology,* 32 : 1–18, Part 1, 1959.
「ノンヒューマン環境論：分裂病者の場合」殿村忠彦訳，みすず書房，1988.
143. Sluzki, Carlos E., and Beavin, Janet, "Simetría y complementaridad : una definicion operaciónal y una tipología de parejas" [Symmetry and Complementarity : An Operational Definition and a Typology of Dyads]. *Acta psiquiátrica y psicológica de América latina,* 11 : 321 –30, 1965.
144. Sluzki, Carlos E. ; Beavin, Janet ; Tarnopolsky, Alejandro ; and Verón, Eliseo, "Transactional Disqualification." To be published in *Archives of General Psychiatry,* 1967.
145. Smith, Michael, in *The Village Voice,* Volume 7, No. 52 (October 18, 1962).
146. Spengler, Oswald, *The Decline of the West, Form and Actuality,* Volume 1. New York : Alfred A. Knopf, Inc., 1926.
「西洋の没落・世界史の形態学の素描」村松正俊訳，五月書房，1989.
147. Stegmüller, Wolfgang, *Das Wahrheitsproblem und die Idee der Semantik* [The Truth Problem in Semantics]. Vienna : Springer–Verlag, 1957.
148. Stein, L., "Loathsome Women." *Journal of Analytical Psychology,* 1 : 59–77, 1955–56.
149. Stern, David J., "The National Debt and the Peril Point." *The Atlantic,* 213 : 35–8, 1964.
150. Styron, William, *Lie Down in Darkness.* New York : The Viking Press, 1951.
「闇の中に横たわりて」須山静夫訳，白水社，1966.
151. Szasz, Thomas S., *The Myth of Mental Illness, Foundations of a Theory of Personal Conduct.* New York : Hoeber–Harper, 1961.
「精神医学の神話」河合　洋他訳，岩崎学術出版社，1975.
152. Taubman, Howard, in *The New York Times,* Volume 112, No. 38, 250 (October 15, 1962), p. 33.
153. Tinbergen, Nicolaas, *Social Behavior in Animals with Special Reference to Vertebrates.* London : Methuen, 1953.
154. Toch, H. H., and Hastorf, A. H., "Homeostasis in Psychology." *Psychiatry,* 18 : 81–9 1, 1955.
155. Watts, Alan Wilson, "The Counter Game," in *Psychotherapy, East and West.* New York : Pantheon Books, Inc., 1961, pp. 127–67.
156. Watzlawick, Paul, "A Review of the Double Bind Theory." *Family Process,* 2 : 132–53, 1963.
157. Watzlawick, Paul, *An Anthology of Human Communication ; Text and Tape.* Palo Alto : Science and Behavior Books, 1964.
158. Watzlawick, Paul : "Paradoxical Predictions." *Psychiatry,* 28 : 368–74, 1965.
159. Watzlawick, Paul, "A Structured Family Interview." *Family Process,* 5 : 256–71, 1966.
160. Weakland, John H., "The 'Double–Bind' Hypothesis of Schizophrenia and Three–Party

Interaction." In Don D. Jackson, ed., *The Etiology of Schizophrenia,* New York : Basic Books, Inc., 1960.

161. Weakland, John H., and Jackson, Don D., "Patient and Therapist Observations on the Circumstances of a Schizophrenic Episode." *Archives of Neurology and Psychiatry,* 79 : 554–74, 1958.

162. Weiss, Paul, "Cell Interactions." In *Proceedings Fifth Canadian Cancer Conference,* New York : Academic Press, Inc., 1963, pp. 241–76.

163. Weissberg, A., *The Accused.* New York : Simon and Schuster, Inc., 1951.

164. Whitehead, Alfred North, and Russell, Bertrand, *Principia Mathematica,* 3 volumes. Cambridge : Cambridge University Press, 1910–13.
「プリンキピア・マテマティカ序論」岡本賢吾他訳，哲学書房，1988．

165. Whorf, Benjamin Lee, "Science and Linguistics." In John B. Carroll, ed., *Language, Thought, and Reality. Selected Writings of Benjamin Lee Whorf.* New York : John Wiley & Sons, Inc., 1956, pp. 207–19.
「言語・思考・現実」池山嘉彦訳，講談社，1993．

166. Wiener, Norbert, "Time, Communication, and the Nervous System." In R. W. Miner, ed., *Teleological Mechanisms.* Annals of the New York Academy of Sciences, Volume 50, Article 4, pp. 197–219, 1947.

167. Wieser, Wolfgang, *Organismen, Strukturen, Maschinen* [Organisms, Structures, Machines]. Frankfurt/M., Fischer Bücherei, 1959.

168. Wittgenstein, Ludwig, *Tractatus Logico–Philosophicus.* New York : Humanities Press, 1951.
「ヴィトゲンシュタイン全集第1巻（論理哲学論考）」奥　雅博訳，大修館，1975．

169. Wright, John C., *Problem Solving and Search Behavior under Non–Contingent Rewards.* Unpublished doctoral thesis, Stanford University, 1960.

170. Zilboorg, Gregory, "Suicide Among Civilized and Primitive Races." *American Journal of Psychiatry,* 92 : 1347–69, 1935–36.

用語解説

　この用語解説は、本文では意味が明確にされていない、または日常語ではない用語のみから成っている。引用した資料はドーランズ医学辞典(DMD)とヒンジー・シャッキー精神医学辞典(H&S)である。

IP　精神科診断または非行のレッテルを貼られた家族の一員。
アクティングアウト　緊張の原因とは関係のない状況において、直接的行動をもって感情的緊張状態を表出すること。しばしば衝動的、攻撃的、つまり一般的にいう反社会的行為に出る。(H&S 参考)
意志欠如（アブリア）　意志の力の不足または欠乏。(DMD)
エディプス・コンプレックス　エディプス・ティラノスはギリシャ神話の登場人物で、養父に育てられ、実父を争いの末殺害し、その後実母と結婚した。後に彼はその実の血族関係を知り、自分の目をつぶした。(DMD)この神話はフロイトによって子どもとその異性の親との誘因の典型として、その誘因に由来する特有の家族内葛藤とヒトの性心理学的発達に関するその広範にわたる密接な関係という点で、精神医学に持ち込まれた。
エソロジー　動物行動学。(DMD)
エンテレキー　人間が特有な最終段階に向かって発達する、生得的もしくは潜在的に仮定された特質。
キネシクス　①非言語コミュニケーション（ボディーランゲージ）　②それについての研究
強迫症状（強迫的）　適切な判断や意志に反した何らかの行為への避けがたい衝動。(DMD)
恐怖症　特定の事物や状況に関する病的な恐怖。
結婚療法→合同家族療法
ゲームの理論　人間の社会関係の分析に関する数学的手段。1928年にフォン・ニューマンにより紹介され、もとは経済学の消費者行動における戦略的意思決定に応用され、現在は多岐にわたる対人行動に広がっている。①**ゼロサムゲーム**　一人のプレイヤーの勝

ちと敵の負けの合計がいつも零になる状態。すなわち、一方のプレイヤーの負けが他方の勝ちとなるゆえに、純粋な競争である。②ノンゼロサムゲーム　勝ちと負けが逆比例して固定されておらず従って必ずしも合計が零ではない。それらは全く固定されて（純粋な共同行為）、または一部だけ固定されて（様々な動機）いる。

ゲシュタルト　形態、パターン、構造、または形状。

ゲシュタルト心理学　心理的過程と行動を、独立のあるいは断片的な構成単位ではなく、ゲシュタルトとして捉えた研究。

現象学的　実際のデータを、説明しようとせずに調査する特定のアプローチ（現象学）に関すること。

行動療法　学習理論に基づいた精神療法の一形態。症候的な行動を含む行動は学習過程の結果と考えられ、従って"反学習"（脱条件付け）に従う。

合同家族療法　夫婦または家族全員の精神療法。そのメンバーは全員が同時に集まった合同セッションにおいて一緒に治療される。（参考文献の 75 を参照）

サドマゾヒズム（嗜虐被虐的共生）　一方のパートナーから他方のパートナーへ与えられる身体的な、または道徳的苦しみによって特徴づけられる人間関係の一形態。

疾病利得　神経症患者が自分の状態から得る、間接的な個人間の利得に関する精神分析用語。例えば、同情、注目を集める、日常的責任からの自由など。

食思不振症　食欲の欠如または欠乏。特に、食欲をなくしてほとんど食物を食べないので痩せ衰える、といった患者が示す神経性の状態。(DMD 参考)

進行不全麻痺　（精神病、梅毒、ベールズ病による進行麻痺）精神的、身体的症状に特徴づけられる精神病の状態で、中枢神経系の梅毒による。(H&S)

自閉症　主観的、自己中心的傾向の思考と行動が支配的な状態。(DMD)

精神神経学的　精神病生成因的な特質や（器質というよりはむしろ）機能的症状（例、→恐怖症、→ヒステリー）によって特徴づけられる、感情障害に関すること。

精神身体医学　精神と身体の関係；精神的、感情的または心理的起源による身体的症状がみられる。(DMD)

心的外傷　心に継続的印象を残す精神的ショック。(DMD)

精神病生成因　精神内界（心理）因；器質的ベースに対立するものとして、（症状に関して）感情的または心理的要因がある。(DMD)

精神病の 精神病に関すること、すなわち、患者の個人的、知的、専門的、社会的、等の機能が著しく障害される程の、器質的または機能的（→精神病生成因）特質に関する精神病的状態。一方精神神経学的障害の患者においては、この障害は部分的でその生活のある一部に限られている。

精神病理学 ①感情的な、または、精神的な病気もしくは障害を示す属名　②これらの症状を扱う医学の分科。

精神分裂病 アメリカにおける精神病院の患者の約半数、全ての病院の患者の約四分の一を占める精神病。その用語はスイスの精神科医E・ブロイラーによって創られ、患者の現実、概念形成、感情、その結果としての行動全般にわたる認知の根本的な障害が特徴的な精神病を表わしている。症候学によれば、精神分裂病は一般的に様々な下位の類型に分けられる。例えば、妄想型、破瓜型、緊張型そして単純型である。

ゼロサムゲーム→ゲームの理論

ダイアッド 二つの実体の間の関係に帰する本源的構成単位。比較として→モナド；三者要因の構成単位の「トライアッド」と同様。

転移 精神分析における幼少期の忘れられ、抑圧された経験の再生。再生または再演は一般的に夢もしくは精神分析治療中に起きる反応の形をとる。(H&S)

逃避 逸脱への志向の拡大により、システムの中に安定していられないこと。

トライアッド→ダイアッド

ノンゼロサムゲーム→ゲームの理論

ヒステリー 身体表現による感情的葛藤の転化によって特徴付けられる神経症症状。例えば、疼痛、無感覚症、麻痺状態、強直性発作。臓器が傷んでいるといった実際の身体的損傷はない。

病因性 病理上の変化や疾病を作り出す能力または生産能力。(DMD)

夫婦療法→合同家族療法

フォリ・ア・デゥー フランス語の「二人精神病」。この用語は、互いに親しい二人が同時に精神病に罹る時、また一方が他方に影響を与えていたと思われる時に適用される。その状況は当然二人に限られるが三人やそれ以上のこともある（三人精神病、等々）。(H&S)

二人精神病→フォリ・ア・デゥー

メタ　「立場の変化」「更に越えた」「より高い」「より優れた」等を意味する接頭辞。ここでは一般的に知識の体系、研究の分野に関して用いられる。例、メタ数学、メタコミュニケーション。

モナド　これ以上分離できないと考えられる、最終的構成単位。ここでは主にコミュニケーションの連鎖がない一個人を意味している。比較として→ダイアッド、トリアッド。

抑うつ　不幸からひどい憂うつと失意にまで及ぶ、混乱した感情。それはしばしば自己破壊的傾向ばかりでなく、罪悪感、失敗そして無価値感といったいくぶん不合理な感情に伴われる。その身体的付帯状況として睡眠と食欲の障害そして多くの生理学的過程の全般的遅滞がよくみられる。

離人症　アイデンティティー、個性、「私」というものが失われ、消えていく過程。自分自身の現実感の喪失により特徴づけられる精神的現象。しばしば他者と環境の現実感の喪失も伴う。(H&S)

索　引

あ行

アーチス，K. L.，Artiss, Kenneth L., *65*
アイゼンク，H. J.，Eysenck, H. J., *240*
アクティングアウト　acting-out, *96*, **287**
悪夢　nightmare, *202*
悪霊（書名）　Possessed, The, *269*
アシュビー，W. R.，Ashvy, W. Ross, *7-8, 14-5, 27, 122* 脚注
遊び　play
　　「これは遊びだ」というメッセージ
　　　　the message "This is play," *257*
　　──におけるパラドックス　paradox in, *256-7*
アナログ・コミュニケーション
　　analogic communication, **44-51**, *86-94*
安定性　stability, *13, 95, 97, 121, 125, 126,* ***136-7****, 153, 180, 262*
　　平衡状態，ホメオスタシス，定常状態も参照
イアトムル族　Iatmul tribe, *51*
言い間違いと失敗　slips and errors, *18*
意識と無意識　consciousness and unconsciousness, *26*
意志欠如　abulia, *96, 233*
異種観想複合　bisociation, **259**
一次過程　primary prosess, *50* 脚注, *210*
一枚うわ手意識　oneupmanship, *69, 98*
一般システム理論　General System Theory, *110-39, 262*
意図的な動き　intention movements, *46, 47*
イド　id, *50* 脚注

意味　meaning, *16, 20, 22, 27, 270*
　　意味論的──　semantic, *3*
　　実存主義的──　existential, *262, 265, 266*
意味論　semantics, *3, 16-7*
　　──的パラドックス　paradoxes, *186*
イルカ　dolphins, *47* 脚注, *90*
ヴァージニア・ウルフなんてこわくない（書名）　Who's Afraid of Virginia Woolf?, *141-81*
　　あらすじ　plot synopsis, *142-4*
ヴィエタ，F.，Vieta, François, *5*
ヴィトゲンシュタイン，L.，Wittgenstein, Ludwig, *189, 274-5*
ウィークランド，J. M.，Weakland, John H., *209-10, 212* 脚注, *232-3, 242*
ウィーナー，N.，Wiener, Norbert, *10, 262*
ウィザー，W.，Wieser, *Wolfgang, 14, 121* 脚注
ウォルピー，J.，Wolpe, Joseph, *240*
ウォルフ，B. L.，Whorf, Benjamin Lee, *17, 38*
エスカレーション　escalation, シンメトリー的エスカレーションを参照
エスターソン，A.，Esterson, *Aaron, 79, 84, 131-4, 137, 213* 脚注
エディプス・コンプレックス　Oedipus conflict, *152,* **287**
エネルギー　energy, *10-1, 118, 262*
エリクソン，M.，Erickson, Milton, *242*
エンテレキー　entelechy, *12,* **287**
オーウェル，G.，Orwell, George, *94, 204-5*

オールビー，E., Albee, Edward, *141-81*
恐ろしい二人性　"gruesome twosome," *96*
思い込み的予言　self-fulfilling prophecy, *85, 147*
終わりなきゲーム　"game without end," *173-8, 234-8, 243, 244, 250, 273* 脚注
階梯　hierarchy, *265* 脚注
　システムにおける──　in systems, *113, 147*

か行

カウンターゲーム　counter-game, *243*
科学哲学　philosophy of science, *11*
鏡の国のアリス（書名）　Through the Looking Glass, *59, 203* 脚注
家族　family, *67, 120,* **210**
　システムとしての──　as a system, *13,* **126-39**
　──神話　myth, *166-73*
　精神分裂病患者のいる──　with a schizophrenic member, *13, 73-6, 84, 119-20, 131-6, 196-7, 208-9*
　──のホメオスタシス　homeostasis, *126, 131-9*
　──のルール　rules, *126-39*
　病理的な──　pathological, *125, 136-7, 180* 脚注
　普通の──　normogenic, *180* 脚注
　心理療法の家族の項も参照
家族神話　myth, family, *166-7*
過程　process
　一次──　primary, *50* 脚注, *210*
　ストカスティックな──　stochastic, *16*
　二次──　secondary, *50* 脚注
カミング，J., Cumming, *John, 70* 脚注

カルナップ，R., Carnap, Rudolph, *3, 16, 189*
環境（システムの）　environment, of a system, *112-4*
関係　relations
　一方向的──　unilateral, *11, 119, 149, 212*
　原因-結果──　cause-effect, *11, 83-5, 213*
　システムにおける水平的な──と垂直的な──　horizontal and vertical, in systems, *114*
　進行の──　ongoing, **121-3**
　多次元的相互同時因果──　"multilateral, mutual, simultaneous, causal," *149* 脚注
　内容と関係，関係のルールも参照
入出力──　input-output, *26*
感情転移　transference, *64* 脚注, *72, 247-9*
関数　function
　関係の──　relational, *93, 107, 263*
　心的──　psychic, *7*
　数学的──　mathematical, *5-9,* **6**, *55*
カント，O., Kant, O., *120* 脚注
ガードナー，M., Gardner, *Martin, 219* 脚注
概念形成実験　"concept formation" experiment, *21* 脚注
学習　learning, *19, 136, 267-8*
記憶　memory, *7-9, 27*
記号学　semiotic, *3*
キャリブレーション　calibration, **137-9**, *181*
キャロル，L., Carroll, *Lewis, 62, 195* 脚注, *203* 脚注

休止問題 halting problem, 273 脚注
級数 series
　無限収束—— infinite converging, 184
　無限振動—— infinite oscillating, 42–3, 217
強化 reinforcement, 136
共謀 collusion, 96
キリスト教弾圧（日本の）Christians, Japanese, persecution of, 200–4
キリロフ Kirillov, 269
キルケゴール, S., Kierkegaard, Søren, 270
近親相姦 incest, 93
儀式 ritual, 91–2
擬似的シンメトリー pseudo-symmetry, 54
クワイン, W. van O., Quine, Willard van Orman, 184
グリーンバーグ, D., Greenbrug, Dan, 209
軍拡競争 arms races, 42, 82
ゲーデル, K., Gödel, Kurt, 272–3
経済学 economics, 6
ケストラー, A., Koestler, Arthur, 67, 88–89, 114, 199, 259–60
結果対原因 effect vs. cause, 27–8
　原因－結果関係も参照
結婚の歪み schism, marital, 96
決定不可能性 undecidability, 24, 73, 201, 211, 218, 224, 234, 273
決定問題, ——手続き decision problem, procedure, 272
決定論 determinism, 12, 118
ケリー, G. A., Kelly, George A., 267
ゲーム game, 28 脚注
　カウンター—— counter-game, 243

——の理論 theory of games, 28 脚注, **287**
　関係の—— relationship, 72, 124, 146–81, 228
　完全な情報をもった—— with complete information, 8
ゲシュタポ Gestapo, 205–6
ゲシュタルト gestalt, 116, 148, **288**
ゲシュタルト心理学 gestalt psychology, 116, **288**
原因－結果関係 cause–effect relations, 11, 27–8, 82–4, 213
言語 language, 16
　対象—— object-language, **190**, 193, 221, 223, 225, 236
　——のレベル理論 theory of levels of, 188–90, 214
　ボディ・ランゲージ body, 4
　メタ—— meta, language, **190**, 193, 221, 225
非言語的コミュニケーション nonverbal communication, 4, 36–7, 46–7
現在対過去 present vs. past, 27
原始の言葉の正反対の意味 antithetical sense of primary words, 50
現実 reality
　——体験 human experience of, 266 脚注, 270, 271
　——との相互作用 interaction with, 263, 266
　——の具体化 hypostasis of, 263–4
公案 koan, 232 脚注
構造的家族面接 Structured Family Interview, 97–107, 196
行動療法 behavior therapy, 240–1, **288**
個人的構成概念の心理学（書名）Psy-

chology of Personal Constructs, *267*
この世に存在する being-in-the-world, *266, 268*
コミュニケーション communication
　アナログ・―― analogic, **44**–*51, 86–93*
　生体内―― intraorganismic, *44*
　デジタル・―― digital, **44**–*51, 86–93*
　――としての症状 symptom as, *64–6*
　――につきものの関わり合い commitment inherent in, *34–5, 58, 60, 63, 124*
　――の拒否 rejection of, *60–1, 72*
　――の受諾 acceptance of, *61*
　――の単位 units of, *33*
　――の統語論，意味論，語用論 divided into syntactics, semantics and pragmatics, **3**–*4, 16–18, 185–6*
　――の否定 denial of, *34, 57–8*
　　――の不可能性も参照
　パラドックス的―― paradoxical, *183–229*
　非言語的―― nonverbal, *4, 37, 46*
　病理的―― pathological, *25, 57–107*
　コミュニケーションの公理、分裂病の諸症状、分裂病のコミュニケーションも参照
コミュニケーションしないことの不可能性 impossibility of not communicating, ***31***–***35****, 57–66, 224*
　コミュニケーションにつきものの関わり合い commitment inherent in communication, *34–5, 58, 60, 63, 124*
　コミュニケーションの拒否 rejection of communication, **60**, *72*
　コミュニケーションの公理 axioms of communication, *31–55*
　コミュニケーションしないことの不可能性 impossibility of not communicating, ***31***–***5***, *58–66, 224*
　シンメトリー的およびコンプリメンタリー的相互作用 symmetrical and complementary interaction, *51*–***4****, 94–106*
　デジタルおよびアナログ・コミュニケーション digital and analogic communication, *44*–**51**, *86–93*
　内容と関係のレベル content and relationship levels, *35*–***8****, 66–79*
　分節化 punctuation, *38*–***43****, 34–84*
コミュニケーションの受諾 acceptance of communication, *61*
コミュニケーションの否定（分裂病者による） denial of communication, schizophrenic, *34, 58–9*
コミュニケーションの報告の側面 report aspect of communication, *35–8*
　内容と関係も参照
コミュニケーションの命令の側面 command aspect of communication, *35–8, 36*
　内容と関係も参照
コンピュータ computer
　アナログ・―― analogic, *45, 48–9*
　――からの類推 analogy to, *21, 123, 262, 267, 272*
　デジタル・―― digital, *45, 48–9*
　――における報告と命令 report and command in, *36*
　論理マシーンとしての―― as a logical machine, *49*
コンフリクト conflict

索　引　　　　　　　　　　　　　　　　　295

回避－回避── avoidance–avoidance, 205–6, 216
接近－回避── approach–avoidance, 216
接近－接近── approach–approach, 216
コンプリメンタリー complementarity, 51–4, **53–4**, 91, 118, 124, 125, 127–8, 147–8, 150, 160–2, 181, 192, 207, 225, 249
　──の病理 pathologies of, 54, 94–106, 198
　シンメトリー的およびコンプリメンタリー的相互作用も参照
合同家族療法 conjoint psychotherapy, **288**
　心理療法の合同家族の項も参照
語用論 pragmatics, 3–4, 17–8
　──的パラドックス paradoxes, **186**, 192–229

さ行

サード・オーダーの前提 third-order premises, **265**–70
　──の変化 change of, 270
サールス, H. F., Searles, Harold F., 213脚注
サイバネティクス cybernetics, 11, 118
サズ, T. S., Szasz, Thomas S., 65
サドマゾヒズム sadomasochism, 96, 157脚注, **288**
サルトル, J. P., Sartre, Jean-Paul, 198脚注, **212**脚注
サンソン, G. B., Sansom, G. B., 200
ザックス, H., Sachs, Hans, 247
シーメル, J. L., Schimel, John L., 146
幸せなつばめの門（書名） Gate of Happy Sparrows, The, 85
シェフリン, A. E., Scheflen, Albert E., 20脚注, 96, 122脚注, 242
シェリング, T. C., Schelling, Thomas C., 122脚注, 228脚注
識別実験 discrimination experiments, 216
刺激－反応心理学 stimulus–response psychology, 38–39
刺激－反応－強化の3項随伴性 stimulus–response–reinforcement triads, 38–39, 149
試行錯誤 trial and error, 14
指示的分析 direct analysis, 242
システム system, **111**–2, 145–7
　一般──理論 General System Theory, 110–39, 262
　開放── open, 112–3, 147
　　──の特性 properties of, 115–21, 148–52
　家族のシステム familial, 125–39
　形成的──の不完全さ formal, incompleteness of, 273–4
　サブ── subsystems, 14, 112–5, **113**, 147
　心理療法における拡大された── enlarged, in psychotherapy, 237, 244
　──における階梯 hierarchy in, 113–4, 147
　──における変化 change in, 127–8, 137–9, 170–3, 234–8
　──の環境 environment of, **112**–4
　──の観察可能性 observability of, 7
　閉鎖── closed, **113**–4
失格 disqualification, 61–2, 147, 170
疾病利得 secondary gain, 10, **288**
質問紙法 questionnaire technique, 18

遮断　deprivation
　感覚―――　sensory, 9
　社会的刺激の―――　social stimulus, 32 脚注
シャノン，C. E.,　Shannon, Claude E., 16
囚人のジレンマ　Prisoners' Dilemma, 226–9, *227*
シュペングラー，O.,　Spengler, Oswald, 5
症状　symptom, 26, 27, 28
　コミュニケーションとしての―――　as communication, 64–6
　自発的行動としての―――　as spontaneous behavior, 239–4
　―――的行動　symptomatic behavior, 128–30, 169
　―――の処方　prescription of, 160, 238–42, **239–40**
　―――の治癒　treatment of, 240–1
　パラドックスとしての―――　as paradox, 239
　ヒステリー―――の形成　hysterical, formation, 92–3
症状の処方　prescribing the symptom, 160, 238–42, **239–40**
象徴　symbol, *91, 93*
証明理論　proof theory, 271–3, 274
初期条件（システムの）　initial conditions, of systems, 119, 151
食思不振症　anorexia, *240* **288**
心因性　psychogenic, **288**
　―――疼痛　pain, 250–1
神経系システム　neural system, *44*
心的外傷　trauma, 119, 212, 288
振動　oscillation, *124*, 217
神秘化　mystification, 211 脚注

神秘さ　mystical, 274–6
シンメトリー　symmetry, *51–4*, **53–4**, *124, 125, 150, 153–81*, 248
　―――の病理　pathologies of, *97–102*
　―――的エスカレーション　symmetrical escalation, *53–4, 67*, **94–5**, *153–62, 175–8*
　シンメトリー的およびコンプリメンタリー的相互作用も参照
シンメトリー的およびコンプリメンタリー的相互作用　symmetrical and complementary interaction, *51–5, 69*, 248
　―――の交替　alternation between, *104*
　―――のパラドックス　paradox of, *54, 104* 脚注, *150, 160–2, 197–8*
　―――の病理　pathologies of, *94–107, 198*
　コンプリメンタリー，シンメトリーも参照
信頼（または信用）　trust, 90, 223–9
真理関数　truth functions, 49–50, 92
心理学　psychology, 3
　ゲシュタルト―――　Gestalt, *116–7*, **288**
　刺激－反応　stimulus–response, *38–9*
　実験―――　experimental, *7, 8*
　社会―――　social, **144–5**
　―――の自己再帰性　self-reflexiveness of, 25
　分析―――　analytical, 12
心理療法　psychotherapy, 231–56, 271
　大きなコミュニケーションシステムとしての―――　as an enlarged communicational system, 238–44
　家族療法　family, 27, 208, 253, **288**
　行動療法　behavior, 240–1, **288**

合同家族療法　conjoint, 27, 41-2, 208, 253, **288**

　個人（個別的）　individual, 127, 228, 238

　――におけるデジタル化　digitalization in, 87

　――における猶予期間　"grace period" in, 238 脚注

　夫婦療法　marital, 127, 228, 237, 255, **289**

心理療法におけるデジタル化　digitalization in psychotherapy, 87

ジェームズ，W.，James, William, 72

自己　self

　――疎隔　―estrangement, 96

　――認識　―awareness, 9, 18

　――認定　confirmation of, 71, 95, 165-6, 263

　――の概念　―concept, 70 脚注

　――の喪失　loss of, 73

　――の定義　definition of, 71, 95, 197, 263-4

　――の定義の拒否　rejection of definition of, 72-9, 95

　――の否認　disconfirmation of, 95, 263

自己再帰性　self-reflexiveness, 190, 201, 262, 272

　心理学と精神医学の――　of psychology and psychiatry, 25

　ルールの――　of rules, 173-8

自己集合帰属　self-membership, 187-8

自己と他者の定義　definition of self and other, 69-80, **76-77**, 207-8

自殺　suicide, 263

実験神経症　neurosis, experimental, 216

実存主義　existentialism, 261-271

この世に存在する　being-in-the-world, 266-8

実存主義的意味　existential meaning, 262, 265, 266

実存主義的絶望　existential despair, 270

実存主義的選択　existential choice, 266

ジャクソン，D. D.，Jackson, Don D., 38-40, 46, 64 脚注, 65, 92-3, 119, 125, 126, 137, 139, 149, 209, 232-3, 242, 245, 247

ジュネ，J.，Genet, Jean, 198

循環性　circularity, 28, 83-5, 117, 118, 149, 213, 219

自由　freedom, 198 脚注

ジョージ，F. H.，George, F. H., 3

ジョード, C. E. M.，Joad, C. E. M., 42, 83

冗長性　redundancy, 14-21, **16**, 54, 109, 125-6

　制限，パターンも参照

情報　information, 10-4, 15, 36, 118, 262

ジョンソン，A. M.，Johnson, Adelaide M., 211 脚注

ジルボーグ，G.，Zilboorg, Gregory, 263

数学　mathematics, 4

数の理論　number theory, 5-6

スキズモジェネシス　schismogenesis, **51**-2

スターン，D. J.，Stern, David J., 6 脚注

スタイロン，W.，Styron, William, 198

スタイン，L.，Stein, L., 232

ステグミュラー，W.，Stegmüller, Wolfgang, 185

ステップ・ファンクション　step function, 137-**8**, 173, 181

ストカスティックな過程　stochastic process, **16**

スラツキ, C. E., Sluzki, Carlos E., *212* 脚注
随伴性のない報酬 non-contingent rewards, *267-8*
生気論 vitalism, *12*
制限（コミュニケーションにおける） limitation, in communication, *123-5*, *152*, *178-9*, *217*
制限 constraint, *14-21*, **16**, *109* 脚注, *180* 脚注
　パターン，冗長性も参照
精神内界 intrapsychic, *10*, *26*, *28*, *210*
精神病 psychosis, *138*
精神病症状の再行動化 reductio ad absurdum, *242*
精神分析 psychoanalysis, *10-1*, *96*, *240*
　——におけるダブルバインド double binds in, *247-8*
精神分裂病 schizophrenia, *29*, *34*, *57-9*, *73-6*, *120-1*, *197*, *222-3*, *233*, **289**
　——患者のいる家族 family of schizophrenic, *13*, *73-6*, *83-4*, *119*, *197*, *207-9*
　緊張型—— catatonic, *65*, *218*
　単純な—— simple, *223*
　——とダブルバインド and double bind, **214**, *217-9*
　——におけるコミュニケーション communication in, *73-6*, *131-6*, *200*, *214*, *224*
　——の病因 etiology, *119*
　破瓜型—— hebephrenic, *218*
　妄想型（パラノイア）—— paranoid, *218*, *242*, *245-6*
精神分裂病の理論に向けて（論文） "Toward a Theory of Schizophrenia," *209-19*
精神分裂病因となる母親 schizophrenogenic mother, *119*, *213* 脚注
精神力動 psychodynamics, *10-1*, *26*
正常と異常 normal and abnormal, *27*
成長 growth, *11*, *137*
責任転嫁 scapegoating, *125*
1984（書名） Nineteen Eighty-Four, *204-5*
選択 choice
　実存主義の—— existential, *266*
　——の拒否 rejection of, *232*
　——の精神分裂的ジレンマ schizophrenic dilemma of, *233*
　パラドックス的命令における—— in paradoxical injunction, *216-7*
洗脳 brainwashing, *59*, *61*, *195* 脚注
ゼノンのパラドックス Zeno's paradox, *184*
禅 Zen, *232* 脚注, *247*, *255-6*
全体性（システムの） wholeness, of systems, *115-7*, *127*, *148-50*
前提（サード・オーダーの） premises, third-order, *265-270*
相互作用 interaction, **33**
　現実との—— with reality, *263-6*
　システムとしての—— as a system, *110-4*, *144-8*
　生物−環境間の—— organism-environment, *2*, *10*
　チェスの推論 chess analogy of, *19-20*
　文化の—— cultural, *200-5*
洞察 insight, *82* 脚注, *240*
創造活動の理論（書名） Act of Creation, The, *258-9*
創発性 emergent quality, *116*, *148*

索 引

総和性　summativity, *115, 151* 脚注, *157* 脚注
創造性　creativity, *258-9*
疎外　alienation, *73*

た行

対人認知　interpersonal perception, *76-80*
対人認知　perception, interpersonal, *76-9*
タウブマン，H.，Taubman, Howard, *166*
楽しみと日々（書名）Plaisirs et les Jours, Les, *206-7*
タルスキー，A.，Tarski, Alfred, *189*
ダイアッド（二者関係）　dyad, **289**
　変化する──　shifting dyads, ***147-8***, *159*
第2次学習　deutero-learning, *267*
ダブルバインド　double bind, ***210-1***
　精神分析の中の──　in psychoanalysis, *247-8*
　治療的──　therapeutic, *242-4*
　　治療的──の例　examples of, *245-56*
　──と精神分裂病　and schizophrenia, *214, 218-9*
　──と矛盾　vs. contradiction, *214-217, 233*
　──に対する可能な反応　possible reactions to, *217-8*
　──の相互関係　mutuality of, *212, 219*
　──の病因論　pathogenicity of, *212, 232-3*
　──の要素　ingredients of, ***210-1***, *214*
　──の理論　theory, *209-19*
　──の例　examples of, *192-209*
ダレル，L.，Durrell, Lawrence, *147*
ダンロップ，K.，Dunlap, Knight, *241*

チェス　chess, *8, 19-20*, **24**
チェリー，C.，Cherry, Colin, *37*
知覚的防衛　perceptual defense, *65, 218*
地下生活者の手記（書名）Notes from Underground, *222*
知識の階梯　knowledge, levels of, *264-5*
チョーサー，G.，Chaucer, Geoffrey, *231*
ティンバーゲン，N.，Tinbergen, Nicolas, *47*
定常状態　steady state, *119, 121*, **136**, *262*
　平衡状態，ホメオスタシス，安定性も参照
適応様式（の保存）　adapation, conservatin of, *15*
出会い　encounter, *71*
デイビス，R. C.，Davis, R. C., *136*
デカルト，R.，Descartes, René, *5*
デジタル・コミュニケーション　digital communication, ***44-51***, *85-93*
デジタル・コミュニケーションとアナログ・コミュニケーション間の翻訳　translation between digital and analogic communication, *51, 85-93*
等結果性　equifinality, *118-9, 151-2*
統語論　syntactics, ***3-4***, *16-7*
　──的パラドックス　paradoxes, *186*
到着と出発（書名）Arrival and Departure, *88-9*
トック，H. H.，とハストーフ，A. H.，Toch, H. H., and Hastorf, A. H., *136*
トランス状態　trance induction, *242*
動機　motivation, *26, 27, 60* 脚注, *61, 117*
同性愛　homosexuality, *151*
ドストエフスキー，F.，Dostoevsky, Feodor, *198* 脚注, *222, 269*

な行

ナーゲル, E., とニューマン, J. R., Nagel, Ernst, and Newman, James R., *22-4*, *266* 脚注, *273* 脚注

ナーベン（書名） Naven, *51-2*

内容と関係 content and relationship, *35-8*, *66-80*, *98*, *106-7*, *112*, *152*, *211* 脚注

ナチス Nazis, *205-6*

──の囚人 prisoners of, *268* 脚注

ナッシュ, O., Nash, Ogden, *159*

ニーチェ, F., Nietzsche, Friedrich, *268-9*

二者択一の幻想 illusion of alternatives, *231-4*, *232-4*, *245*

二次過程 secondary process, *50*

二重支配 "dual control," *129-30*

日本のキリスト教徒（迫害を受けた） Japanese Christains, persecution of, *200-4*

入出力関係 input–output, relations, *26*

二律背反 antinomy, ***185-6***

意味論的── semantical, *185-6*, *188-9*

パラドックスも参照

認識 awareness, 自己認識を参照

認定（自己および他者の） confirmation of self and other, *69-72*, *122*

ネーリッヒ, G. C., Nerlich, G. C., *219* 脚注, *224*, *273* 脚注

ノースロップ, E., Northrop, Eugene P., *184* 脚注

ノンゼロサムゲーム nonzero-sum game, *122* 脚注, ***289***

は行

ハーロー Harlow, H. F., *267*

発生論上の誤り genetic fallacy, *119* 脚

ハル, C. L., Hull, C. L., *267*

バースの女房の物語（書名） Wife of Bath's Tale, The, *231-2*

バードホイッスル, R. L., Birdwhistell, Ray L., *54-5*

バー・ヒレル, Y., Bar-Hillel, Y., *16*

バーン, E., Berne, Eric, *72*

バヴェラス, A., Bavelas, Alex, *21* 脚注, *267*

バディエク, N., Berdyaev, *Nicholas*, *198* 脚注

バルコニー（書名） Balcony, The, *198*

バレ, D., Varé, Daniele, *85*

パーキンソン, C. N., Parkinson, C. Northcote, *121* 脚注

パターン pattern, *14-21*

制限，冗長性も参照

パブロフ, I. P., Pavlov, Ivan Petrovich, *216*, *264*

パラドックス paradox, *22*, *37-8*, *76* 脚注, *124*, *178*, *183-229*, ***184***

遊びにおける── in play, *256-7*

意味論的── semantical, *185-6*, *188-90*

嘘つきの── Liar(Epimenides), ***189***, *195-6*

校長先生の── of the headmaster, *219-23*

語用論的── pragmatic, ***186***, *192-229*

例 examples of, *193-209*, *219-20*, *224-9*, *245-56*

自発的であれ "Be spontaneous!" ***197-8***, *204-5*, *239-40*, *247-8*

──の分類 classification of, *186* 脚注

──対矛盾 vs. contradiction, *185*, *214*

―7, 233
シンメトリー，コンプリメンタリーな―― of symmetry and complementarity, 54, 104 脚注, 150, 160–2, 198
心理療法における in psychotherapy, 231–56
ゼノンの―― Zeno's, 184
創造性における―― in creativity, 256–7, 258–60
存在の―― of existence, 274–5
――の理論的基盤 logical basis of, 183
床屋の―― Barber, 192–3
にせものの―― "false," 184
宿屋の主人の―― of the innkeeper, 184 脚注
ユーモアにおける―― in humor, 256–8
ラッセル型―― Russellian, of classes, 187–9, 270
論理・数学的―― logico–mathematical, 187–8
パラドックス的指向 paradoxical intention, 242
パラドックス的定義 paradoxical definitions, 185–6, 188–90
パラドックス的命令 paradoxical injunctions, 186, 192–209, 244
パラドックス的予言 paradoxical predictions, 186, 219–29, 221, 273
ヒステリー hysteria, 93, 289
非総和性 non–summativity, 116–7, 128–31
総和性，全体性も参照
否定 negation
アナログ言語における―― in analogic language, 49–50, 88–92
イドにおける―― in the id, 50 脚注
否認 disconfirmation, 72–7
ヒルベルト，D., Hilbert, David, 22, 272
微積分 calculus
コミュニケーションの―― of communication, 21–25, 31
論理―― logical, 48–51
病因性 pathogenicity, 289
ダブルバインドの病因性 of double bind, 212–7, 232
不安症 anxiety syndrome, 128–31
フィードバック feedback, 10–4, 12, 28, 118, 131–9, 150–1
ネガティブ・―― negative, 12, 136, 150, 181
ポジティブ・―― positive, 12, 136, 150
フィリップソン，H., Phillipson, H., 77–9
フィンドレイ，J., Findlay, J., 273 脚注
不一致 disagreement, 67–9
夫婦 marriage, marital couples, 13, 27–8, 40–1, 51, 94, 121, 127–31, 225, 228–9, 237, 253–4, 255
夫婦療法 marital therapy, 127, 228, 237–8, 255, 289
フェレイラ，A. J., Ferreira, Antonio J., 167–9, 172–3, 181
不思議の国のアリス（書名） Alice in Wonderland, 62, 69, 203 脚注
二人精神病 folie á deux, 96–7, 114 脚注, 166, 289
フライ，W. F.,Jr., Fry, William F.,Jr, 128–31, 169, 258
フランク，L. K., Frank, Lawrence K., 111

フランクル, V. E., Frankl, Victor E., 242
フレーゲ, G., Frege, *Gottlob*, 193 脚注
フロイト, S., Freud, Sigmund, 10, 18, 50 脚注, 120, 180, 205–6
フロム・ライヒマン, F., Fromm-Reichmann, Frieda, 65
ブーバー, M., Buber, Martin, 71–2
ブール, G., Boole, George, 21
ブラックボックス Black Box, 25–6
分裂病の諸症状 "schizophrenese," 58–9
文脈 context, 2, 4, 46, 64, 124, 210
プランと行動の序論 Plans and the Structure of Behavior, 267
プリブラム, K. H., Pribram, Karl H., 13, 137 脚注, 267
プリンキピア・マテマティカ (書名) Principia Mathematica, 273
プルースト, M., Proust, Marcel, 206–7
平衡状態 equilibrium, 119, 136
　ホメオスタシス，安定性，定常状態も参照
ヘイリー, J., Haley, Jay, 51, 59, 64 脚注, 72, 122 脚注, 209–10, 242, 247, 251
変化 change, 12
　コンピュータ・プログラムの—— of computer program, 272
　サード・オーダーの前提における—— of third-order premises, 270
　漸進的—— progressive, 52
　システムの—— systemic, 126–8, 133–9, 170–2, **234–8**
　治療的—— therapeutic, 231–56, 271
変数 variable, 6
ベイトソン, G., Bateson, Gregory, 8, *19*, 35, 38–40, 43, 46, 47, 51–2, 88, 92, 122 脚注, 144–5, 148, 209–10, 242, **257**, 267

ベルグマン, I., Bergman, Ingmar, 145–6
ベルタランフィ, L. フォン Bertalanffy, Ludwig von, 44 脚注, 110, 119
ベルナール, C., Bernard, Claude, 13, 136
ホーラ, T., Hora, Thomas, 18
ホール, A. D., とファーゲン, R. E., Hall, A. D., and Fagen, R. E., 111–3, 121
ホットライン "hot line," 93 脚注
ホメオスタシス homeostasis, 12, **136–7**, 154
　家族の—— family, *126*, 131–9
　平衡状態，安定性，定常状態も参照
ホメオスタット homeostat, 14–5, 45
ホメオスタティックなメカニズム homeostatic mechanism, 97, **126**, 137 脚注, 139, 151, 168–73
ホルモンのシステム humoral system, 44–5
ホワイトヘッド, A. N., Whitehead, Alfred North, 273
ボーニン, G. von Bonin, *Gerhardt von*, 44 脚注
暴走 runaway, 94, 125, 150, 172–3
ボヘンスキー, I. M., Bocheński, I. M., 186 脚注
ボルザノ, B., Bolzano, Bernard, 42–3
ポーター, S., Potter, *Stephen*, 69 脚注
ポトラッチ potlatch, 181

ま行

マグリッジ, M., Muggeridge, Malcolm, 166
マゾヒズム masochism, 92
　サドマゾヒズムも参照
マッカロッチ, W. S., とピッツ, W., McCulloch, Warren S., and Pitts, Walter, 49

マックギニー　McGinnies, Elliott, 65
マッハ, E.,　Mach, Ernst, 126
真昼の暗闇（書名）　Darkness at Noon, 199
マルセル, G.,　Marcel, Gabriel, 270
マルヤマ, M.,　Maruyama, *Magoroh*, 149 脚注
ミード, M.,　Mead, Margaret, 64-5
ミラー, G. A. , ガランター, E. , とプリグラム, K. H.,　Miller, George A.,Galanter Eugene, and Pribram, Karl H., 267
ミラー, J. G.,　Miller, James G., *110* 脚注
無意識　unconscious, 248
　意識と——　consciousness and unconsciousness, 26-7
無限のパラドックス（書名）　Paradoxes of the Infinite, 42
矛盾　contradiction, 185, 187
　——対パラドックス　vs. paradox, 185, 214-7, 233
メタ・コミュニケーション　metacommunication, 18, 21-5, **22**, 36-8, 73, 76-7, 81-2, 93, 150, 173-8, 192, 194, 211, 223, 236
メタ・コンプリメンタリー　metacomplementarity, 53-4
メタ情報　metainformation, 36
メタ数学　metamathematics, **22-4**, 272
メタ知識　metaknowledge, **264-5**
メタ・ルール　metarules, **174-8**
　心理療法における——の導入　introduction of, in psychotherapy, 238-44
メッセージ　message, *33*
メルルー　Meerloo, Joost A. M., *212* 脚注
モアレ斑紋　Moiré pattern, *117*

目的　purpose, *11-2*
目的論　teleology, *12, 118, 123*
モナド　monad, *2, 4,* **210**
モリス, C. W.,　Morris, Charles W., *3*

や行

ユークリッド幾何学　Euclidean geometry, *266* 脚注
ユーモア　humor, *256-8*
歪み（結婚の）　skew, marital, *96*
ユング, C. G.,　Jung, Carl Gustav, *12, 94*
抑うつ　depression, *102, 228,* **290**
予言可能性　predictability, *219-229*
弱い立場　untenable position, *192, 200*

ら行

ライヘンバッハ, H.,　Reichenbach, Hans, *192*
ラザルス, A. A.,　Lazarus, Arnold A., *240*
ラッセル, B.,　Russell, Bertrand, *188, 189, 257, 264, 273*
ラパポート, A.,　Rapoport, *Anatol*, *228* 脚注
ラムゼイ, F. P.,　Ramsey, *Frank Plumpton*, *186* 脚注
ランガー, S. K.,　Langer, S. K., *70* 脚注, *119* 脚注, *264*
ランダム性　randomness, *15*
　制限, パターン, 冗長性も参照
リー, A. R.,　Lee, A. Russell, *77-80*
リオッホ, D. K.,　Rioch, David McK., *87*
理解の欠如　imperviousness, *77-80, 125*
離婚　divorce, *51* 脚注
離人症　depersonalization, *96,* **290**
リチャードソン, L. F.,　Richardson, Lewis Fry, *52, 83*

リッズ，T., Lidz, Theodore, 96
量（の概念） magnitude, notion of, 5–7
リルケ，R. M., Rilke, Rainer Maria, 90
理論 theory
　学習―― learning, 267–8
　ゲームの―― of games, 28 脚注, **287**
　言語のレベルの―― of levels of language, 189–90
　証明―― proof, 272, 374
　数の―― number, 5–6
　論理階梯の―― of logical types, **188**
　ダブルバインド理論も参照
理論哲学論考（書名） Tractatus Logicus–Philosophicus, 189, 274–6
ルール rules
　家族の―― family, 125–39
　関係の―― relationship, 125–6, **125**, 146, 153–81
　心理療法における――の導入 introduction of, in psychotherapy, 238–44
　メタ・―― metarules, 173–8
ルバショフ Rubashov, 199
ルフト，J., Luft, Joseph, 32–3 脚注
レイン，R. D., Laing, Ronald D., 72, 73, 77, 80, 84, 96, 131–4, 137, 138, 211 脚注, 213 脚注
レナード，H., とバーンスタイン，A., Lennard, Henry, and Bernstein, Arnold, 111
レナウド，H., とエステス，F., Renauld, Harold, and Estess, Floyd, 120 脚注
連合 coalition, 159, 168
連続した事象の分節化 punctuation of the sequence of events, 38–**43**, 117, 124, 147, 149, 153
　――における不一致 discrepancies in, 80–5, 175–8
ローゼン，J. N., Rosen, John N., 242
ローゼンタール，R., Rosenthal, Robert, 66
ローレンツ，K. Z., Lorenz, Konrad Z., 2, 47
論理 logic, 274–5
　数学的―― mathematical, 274
　――の真理関数 logical truth functions, 48–51
　　選言（排他的でない or） alternation (nonexclusive or), 92
　（イドの）――の法則 laws of, *in id*, 50 脚注
論理階梯 logical types
　――の混同 confusion of, 189
　――の理論 theory of, 189
　――標式 markers, 93, 189, 193

わ行

ワイス，P., Weiss, Paul, 117
ワイスバーグ，A., Weissberg, A., 212 脚注
ワツラヴィック，P., Watzlawick, Paul, 57 脚注
ワンアップ，ワンダウン・ポジション one-up, one-down positions, **53**, 91–2, 102–3, 153, 177, 192, 207, 225, 248, 249

監訳者あとがき

　この本に出会ったのは、1969年1月にハワイ東西センター社会科学研究所にいる時、ハワイ大学の生協の書籍部の書棚であった。まだMRIの存在どころか、短期心理療法や家族療法についても知らなかったころである。人間コミュニケーションについてその相互作用の効果について論じているのを見てとって、これは面白いと思って早速手に入れその晩一気に読んだことを記憶している。1981年4月から慶応義塾大学に赴任することになり、その2年後に大学院生も集まりだし臨床心理の教育も始まった。そのころ大学院の授業でこの本をとりあげた。ところが大学院生の中にはこの本の魅力にとりつかれ、その中で尾川丈一君はとくにこの本の考え方にひかれ、Paul WatzlazickやJohn WeeklandのいるPalo AltoのMental Research Instituteにまででかけて訓練をうけてきた。この本を訳すきっかけになったのもこうしたいきさつがあったからである。

　「人間のコミュニケーションの相互作用のパターンそのものを見いだしそれを分析し、その相互作用のパターンを変えることに心理療法の基本がある」というのが本書の問題提起である。この考え方は、従来の考えは「クライエントが示したり訴えたりするものは、何かほかのものの症状にすぎないとみなされ、その症状はなんらかの底に潜む問題の結果である。だから問題の解決は、その底に潜む問題を洞察することでなされるのである」というのとは違って、「我々は隠されたものに関わっているのではない。我々が欲するものは、今や洞察することではなく展望することである(#122)。たしかに、ある意味では『隠されたもの』は存在するけれども、それが隠されているのは表面の下にあるからではなく、まさにちゃんと表面上に見えているからにほかならない(#129)」とヴィトゲンシュタインが「哲学探究」の中で述べているようなポスト構造主義的視点を備えている。

　この本はまさに、Palo AltoのMRIで始められたコミュニケーション派の短期心理療法の原点を提供している。それだけではなくフロイト的構造主義

とは別な発想に立つポスト構造主義の視点で展開する Steve de Shazer や Michael White の短期心理療法、「逆説と対抗逆説」を持ち込んだミラノ派の Mara Selvini Palazzoli、そしてシステミック・アプローチを備えた家族心理療法に大きな影響をあたえている。

訳者が初め興味をもったのが、このフロイトよさらばであった。がそれだけでなく、現代アメリカの知のリーダーである Gregory Bateson の理論が使われ、Alfred North Whitehead and Bernard Russell の論理階梯論、Ludwig von Bertalanffy の一般システム論などさまざまな知の枠組みが提供され、それを駆使してコミュニケーションの語用論が論じられている点であった。

Paul Watzlawick には 1987 年に来日され講演をされた時、お目にかかっている。講演の内容はこの「語用論」と「変化の原理」で語られていた内容でありすでに目を通していた院生などは非常によく理解ができたようである。パラドックスの話で禅の公案の話をされたのが印象に残った。博識な理論家という印象を持った。それに対して序文を寄せてくれ、尾川君の先生になってくれた John Weekland は、農夫のような朴訥なお人柄の方であった。「Etiology of Schizophrenia」中で彼が書いた分裂病の家族についての論文に感銘したことを伝えると、素直に喜んでくれたのが印象に残った。

本書が訳出されるまで 30 年かかったことは良かったと思っている。本書が出版されたころは、まだ Bateson は日本では知られていなかった。その後翻訳が次々にだされ訳者も学生のゼミでも採用し Bateson の理論をかなり理解したところである。また Paul Watzlawick の「How real is real？」や「変化の原理」などもゼミ生と読んだりして現実構成主義の考え方とコミュニケーション派の醍醐味を味わっている。Jay Haley の展開する戦略的心理療法なども理解できていたし、ヴィトゲンシュタインの研究も進み翻訳書や研究書もだされ勉強しやすくなってきており、この本で引用している本を一通り目を通しその考え方を理解するのに 30 年は必要であったと考える。

この本は 1967 年の出版である。ある出版社では 60 年代でだされたもので価値ある本はすべて日本語で訳出されているといって翻訳出版を断わられたことがある。だがこの本は価値ある本であることは読者自身が判断されるだ

ろう。とくにこの本は、哲学、論理学、数学、言語学、文学、文化人類学、システム論、精神医学、行動科学、臨床心理学等の文献がちりばめられ、翻訳にあたっては広い分野の知識が要求され、また訳出に当たってはそれぞれの分野の術語を的確に用いることに苦慮した。多分さまざまな分野の方が読者になられると思うが、訳語についてご不満がでるかもしれないが、ご容赦願いたい。極めて学際的な本書の翻訳を手掛けることができたのも、慶應義塾大学文学部人間科学専攻で、「知の枠組み」について考え、さまざまの領域に文献に目を通す機会が得られたことにある。訳者の人間科学分野の仕事のひとつとして本書の翻訳を提供したい。

　最後に二瓶社の編集者吉田三郎氏にはこの本の翻訳にあたり、本当にゆっくり時間をかけさせて頂き、何度も校正し直したりで、暖かく見守ってくださったことに大変感謝いたします。

　　平成9年10月1日

　　　　　　　　　　　　　　　　　　　　　訳者代表　山本和郎

付録（訳者あとがきに代えて）

ダブルバインド理論の成立とその歴史

尾川丈一

G. ベイトソンの影響

　最初にダブルバインド理論と関わったのはグレゴリー・ベイトソン、D. D. ジャクソン、ミルトン・エリクソンである。

　ベイトソンの父親、D. W. ベイトソンは"メンデルの法則"の再発見者としてその名が知られた生物学者で、強固なダーウィニストとしてケンブリッジでの勢力を有していた。ベイトソン自身も、幼少の頃からこの父親から生物学者になることを義務付けられていたが、あまりの権威主義的・教条主義的な教育方針に反発し、大学院修士課程のときから文化人類学を専攻するようになった。ベイトソンの究極の目的は"反ダーウィニズム"の生物学の確立であり、ダブルバインド理論はその過程でできた、ベイトソンにとってのほんの"綾"でしかなかった。しかし、肝腎の生物学の方では評価を得ることはなく、ダブルバインド理論の生みの親としてその名を歴史に残した。

　獲得形質遺伝（ラマルキアン）を握りつぶした父、即ちダーウィニズムへの反発として文化人類学・生態学に関心が移っていったことは、納得のいくことである。マーガレット・ミードと結婚後、第2次大戦以前学問的流行にあった未開文明の調査のため、夫婦でバリ島に行き、数多くの映像を残している。それらは、UCサンタ・クルーズ（あるいはNYの国立自然科学博物館の）のベイトソン公文書館で見ることができる。このバリ島の研究をまとめた本が1958年発行の有名な『ナーベン *Naben*』である。

　この本の中で"スキズモジェネシス理論（ストキャスティック過程）"を展開した。この概念は、周知のごとく、一つの学の枠を越える探索的な価値を持ったものであり、『ナーベン』のなかでベイトソンによって以下のごとくに推敲されている。

——我々の原理を、他の個人の反応に対する個人の反応と定義するとき、二人の関係は、外部からの影響なくしても時々刻々変化しそうなものであるということを認めなければならないということが直ちに明白になる。Bの行動に対するAの反応だけでなく、Aの反応がBの行動にどんな影響を及ぼし、そしてBの反応がAにどんな反応を引き起こさせるか？を考え続ける必要がある。

個人の間、集団の間の関係のシステムは、漸進的変化の傾向を持つということも直ちに明白になる。例えば、A個人にとって適当と考えられた文化的行動の一つのパターンは、文化的に支配型と分類される。一方、Bは文化的に服従型と見なされる行動でもって、これに応えることが期待される。この服従はますます支配を促し、また、この支配が一層の服従を要求するであろうことは想像に難くない。だから、他の要因が支配型と服従型の行動の生起を制限することを考慮しなければ、Aは必然的にますます支配的になり、Bもより服従的になる。そして、この漸進的変化は、AとBが分離するか、あるいは双方がコンプリメンタリー的集団のメンバーになるということを引き起こすだろう。

この種の漸進的変化を、我々はコンプリメンタリー・スキズモジェネシス（コンプリメンタリー型分裂生成）と記述することにしよう。しかし、個人間ないしは集団間には、同等な漸進的変化の起源を内包するもう一つの関係のパターンが存在する。例えば、一つのグループの中の文化的行動のパターンとして自慢を発見、もう一つのグループも自慢でもってこれに答えることを発見したとすれば、競合的状況は、自慢が益々自慢を助長していく中で進展していくだろう。この種の漸進的変化を我々はシンメトリー・スキズモジェネシス（シンメトリー型分裂生成）と呼ぼう。——

これは、イアトムル族の調査・研究より発見したものである。ベイトソンは、白人文化の流入によりそれに飲み込まれてしまったり、逆にそれを拒否して滅亡してしまう部族と、うまく白人文明と折り合いをつけて生き延びた部族とがあることに気づいた。どうしてこのような違いが生まれるのか？ベイトソンはまずこの点を解明しようとした。

生き延びることのできた部族では、自分たちの文明以外にも文明が存在することを認めて、2つの文明を統合した新しい見地に立ってメタな視点に立

つことができた。これは心理学でいう一次学習（単純な暗記作業など）から二次学習（ものの仕組みの理解など）が文化全体に起こると、その文明は生き残ることができるということである。一次学習でとどまる、つまり、新しい文明に吸収されるか自分たちのものだけに固執する場合には、その部族は滅びる。ベイトソンはこの仕組みを発見した。

　新しい事物が流入して、それを拒絶したり飲み込まれたりしないためには、ある種のハイブリダイゼーション（交雑形成）が必要である。その時に新旧との間に対決の互酬性、搾取されたら搾取しかえす、抑圧されたら抑圧し返すといった関係がうまく働くと、その文明は新しいものへ移行することができる。しかし、どちらかの一方的な支配（コンプリメンタリーな状況）や両方が張り合って譲るところがない（シンメトリーな状況）と、一方が滅亡するか、離れ離れになるしかない。

　このスキズモジェネシス理論も、レヴィ・ストロースが広く互酬性の概念を研究しているためか、文化人類学の中ではあまり高い評価は受けていない。ただ、ベイトソンが偉大であったのは、イムアトル族の祭事の場面でトランス状態に入る多くの様相や、スキズモジェネシスセオリーが起こり、部族の中に危機的場面が発生し、トランス状態におちいる人が数多くでることを観察する中で、それをとりまく全体の雰囲気と、トランス状態への入り方やその時の行動が、精神分裂病患者とその家族やスタッフのものに近い、と感じたことである。そして、スキズモジェネシス理論（トランス）と精神分裂病に深い関係がある、と推測しながらバリ島から帰国した。

　彼が、スキズモジェネシス理論を『ナーベン』にまとめた直後、1954年ヴァーモント州立大学で、ベイトソンは「ファミリー・ホメオスタシス」という、D・D・ジャクソンの講義を受けた。今日フィードバックやサイバネティクスとして知られるようになる本発想の家族病理への応用は、ジャクソンとベイトソンという衝撃的な出会いへとつながり、MRIの創設の端緒となった。これらの運動は、米国東海岸を中心としたアッカーマン研究所の家族療法への動きとは別に、カリフォルニア州パロ・アルトでベイトソンとジャクソンを中心に5人の有能な実践家たちが家族療法の幕開けに関わり出した。

彼らはヘイリー、ウィークランド、フライ、リスキン、サティアで、通称パロ・アルト・グループと呼ばれている。

　さて、それでは特にダブルバインド理論を中心に、MRIの歴史をさらに詳細にみてみよう。

　ベイトソンは、人類学者としての社会システムの研究と、哲学者としての一般システム理論に関してスタンフォード大学の教授となり、分裂病者のメッセージ（のちの逆説的メッセージ）の研究に関心をもち、ロックフェラー財団の助成金を得て、ヘイリーとウィークランドとともにコミュニケーションの研究を開始した。ヘイリーはコミュニケーションの専門家として、ウィークランドは中国人の家族に関心を持つ人類学者として、ベイトソンのプロジェクトに加わったが、彼らの初期の仕事は、ベイトソンがイアトムル族の観察で感じた、トランスと分裂病の関係をさらに研究するために、フェニックスでミルトン・エリクソンの催眠を学ぶことであった。後にヘイリーは、M. エリクソンの考え方を広める第一人者となり、またエリクソンの考えは、パロアルトグループのトレードマークとなった家族への逆説的接近法（ブリーフ・セラピー）の基礎を提供した。

　ベイトソン・グループは、後に財政難で研究テーマを縮小せざる得なくなり、分裂病の研究に焦点を絞り、臨床上のコンサルタントとして先にヴァージニアで知遇を得たジャクソンに参加を要請した。ジャクソンは、1959年米国立精神衛生研究所の助成金をもとにサティアとリスモンを助手として、MRIに加わり、精神病の人間関係的側面を協調していたサリヴァンの影響を受け、家族のホメオスタシスのメカニズムの重要性を説いている。

　パロ・アルトには軍人精神病院があり、そこで当時開発されたばかりのテープレコーダーに精神分裂病患者の記録をとり（『*Parcibal Narrative*』に残されている）、分析した。そして、精神分裂病患者が常にその症状を発症しているわけではなく、家族との接触の後に発症しやすいことに気づくに至った。当時の臨床データの中から、ダブルバインド理論に気づくに至った最初の特徴的な例証を見てみよう。

――ダブルバインド状況を浮彫りにする出来事が、分裂症患者とその母親との間で観察されている。分裂症の強度の発作からかなり回復した若者のところへ、母親が見舞いにきた。喜んだ若者が衝動的に母の肩を抱くと、母親は身体をこわばらせた。彼が手を引っ込めると、彼女は「もうわたしのことが好きじゃないの？」と尋ね、息子が顔を赤らめるのを見て「そんなにまごついちゃいけないわ。自分の気持ちを恐れることなんかないのよ」と言いきかせた。患者はその後ほんの数分しか母親と一緒にいることができず、彼女が帰ったあと病院の清掃夫に襲いかかり、ショック治療室に連れていかれた。――

精神分裂病に生理因、心理因、社会因があり、その中で社会的関係を重視して研究を始めた。そんな中でジャクソンは、人間のコミュニケーションを、内容と、それとは関係のない文脈（関係）とに分ける考え方の方が、精神分裂病を理解するためには良いのではないかと考えるようになった。ベイトソンはジャクソンとの会話の中で、「一般システム理論的考え方（家族はシステムであり、そのシステムが悪い――N.Y.のアッカーマン研究所の考え方）だけでは不十分で、ラッセルとホワイトヘッドが『Principia Mathematica』の中で述べているように論理階梯・階層性を考え合わせたほうが良いのでは」と言及するようになる。

　　――もしこの青年が「ぼくが腕を回すとお母さんはきまって落ち着かなくなるんですね。お母さんはぼくからの愛情表現を受け入れられない人なんだ」と言葉にしていることができたなら、破滅的な結果は避けられたに違いない。しかし分裂症の患者にとって、そのような可能性は開かれていない。彼は母親からの強度の束縛の中で、母親のコミュニケーション行動について論評することが不可能な人間に育ってしまっているのだ。その一方で母は息子の行動に論評を加えつづけ、自分の解釈を息子が受け入れ、その錯綜したシークェンスと息子が折り合いをつけていくことを強要する。この患者がおちいっている錯綜の因子を挙げてみよう。――

そこでこの患者がおちいっている錯綜の因子を、論理階梯を考慮しつつ２つに分けて考えるようになる。

すなわち、内容と一つ上の論理階梯の文脈（関係）を分けて考える。人間

は、内容を表わす単語と文脈（関係）を表わすメタな単語との識別を、自然に行なっているのであるが、精神分裂病患者——特に妄想型の患者——の会話を分析するうちに、論理階梯の錯綜に気づくのである。文脈と言語が一致していないことと、論理階梯の錯綜とを結び付けていくと、精神分裂病の理解につながるのではないか。このようなことをベイトソンは『精神と自然』及び『精神の生態学』の中で考えているのである。

　1956年に、4人のチームは精神医学の歴史の中で最も論議を巻き起こした論文『Toward a theory of schizophrenia』を発表。かの有名なダブルバインドの仮説（double-bind hypothesis）を紹介した。と同時に、分裂病の家族治療を実施し、ビデオによる分析を行なった。それは、1957年のジャクソンによりアメリカ精神医学会で報告された。そこでジャクソンはウィン、ボーエン、リズ、アッカーマンなどの東部の家族療法の先駆者たちと出会うことになった。1959年、ジャクソンは家族療法を中心に行なう研究所としてMRI（Mental Research Institute）を設立、シカゴよりサティアを呼び寄せた。サティアは家族療法に関心を持つソーシャルワーカーであったが、ボーエンに相談してジャクソンを紹介されたのだった。彼女は以前、ソレンソンを助手として1963年までセラピートレーニング分野（合同家族療法）を担当しマジックミラールームやビデオやインターコムを使用して、以後のブリーフセラピーの基礎を形成した。これは、1967年より参加して精神科医リチャード・フィッシュによってブリーフセラピー・センター（BTC）として現在に至っている。

　このようにして、1961年にはアッカーマン研究所とMRIが共同して『Family Process』を発刊することになる。以後、この専門誌は家族療法の運動と学問の発展に一貫して影響を与え続け、現在に至っている。

　こうした動きをまとめるものとして、1961年よりオーストリアからMRIを訪れた、ユング派分析家の資格を持つP. ワツラヴィックは先の「Parcibal Narrative」のテープをジャネット・ヴェブン・バヴェラスにプロトコール分析をさせ、1962年に『人間コミュニケーションの語用論 Pragmatics of Human Communication』を著しその中で、精神分裂病に対する新しい統一見解を与

えることとなった。またリスキンは、家族相互作用尺度など心理測定分野を担当した。

1) 強力なコンプリメンタリー関係
2) この関係の枠内では、守らなくてはならないが、守るためにはそれに背かなくてはならない命令が出されている
3) この関係において1ランク低い階級にあるものは、枠の外へ出て命令に関してあれこれいう（つまりメタ・コミュニケーションする）ことによってパラドックスを解決することができない

という世にいう治療的二重拘束、すなわち"ダブルバインド理論"で、ジャクソンやワツラヴィック（パロ・アルトグループ）等はフロム・ライヒマン賞を受賞した。

こうした研究を通じて、精神分裂病に社会因的な説明を加えられることとなり、大きな学問的進歩につながった。そして、精神分裂病の治療に家族療法が不可欠なものであり、ドーパミンの代謝異常に焦点をあわせた生理因的アプローチだけではなく、薬物投与の後に家族療法を心理教育的に加味することで、再発率の大幅な低下につながったのである。生理因的アプローチ同様、家族療法だけで良いとはいえないが、現代でも精神分裂病に対する有力な治療手段である。

家族療法以前の心理療法には、精神分析と行動療法があるが、両者共に環境の中の一個体だけに注目し、精神分析では「人間は実存的にしか生きることはできない（絶対的主観主義）」とし、行動主義では「人間は人間を操作できる（絶対的客観主義）」といったパラダイムの基に理論を展開していた。家族療法では、環境の中の2つ以上の個体の関係の錯綜から、様々な精神病理が現われてくるといった（間主観主義の）考え方に立っている。以上の事実に哲学的な考察を導入してみると、ヴィトゲンシュタインの言語論が基盤であることがわかる。つまり、構造主義的かつ人間関係論（対象関係論）的である。フロム・ライヒマンやサリヴァンを発展させて、構造主義的な心理療法をつくったのである。

このあたりからベイトソンは研究から離れていくようになった。言葉のこ

と自体しかわからないことを一次学習とすると、(言葉と言葉、対象と対象との間の) 関係の学習である二次学習ができるようになって、人間は関係の病理を理解し、本人の治療へとつながる。さてここで、関係を統御しているもの、メタ・コミュニケーションを統御しているものは何であるのか。ベイトソンの興味はこの分野に移っていった。彼は、三次学習として、隣死体験などの"劇的体験"に遭遇して初めて、メタ・メタ・コミュニケーションの理解につながるのでは、などと『Angels Fear (天使のおそれ)』の中で考えていたが、サンフランシスコのユング研究所で最終講義をした後ハワイでイルカとの実験中に溺死してしまった。

その後サティアは、1964年に『Conjoint Family Therapy (合同家族療法)』を著し、より広い人間成長運動の方へ傾倒しNLP (神経言語プログラミング) の方へ移っていく。一方、ベイトソン・グループの研究は、1962年に終了し、ヘイリーとウィークランドはMRIに参加、1967年には、ヘイリーはミニューチンと仕事をすべくフィラデルフィア・チャイルド・ガイダンス・クリニック (Philadelphia Child Guidance Clinic) へ去った。1968年にジャクソンが不慮の死を遂げるに至り、MRIはフィッシュ (BTC所長) ベル (2代MRI所長、ノーマ・ディビスと共にブリーフセラピーをスタンフォード大学に普及させる)、デイヴィス、リスキン (3代MRI所長、健康な家族へと研究を発展、フライ、カミングスらとユーモアなどの研究を行なう)、カミングス、スルズキ (構成主義など認識論担当)、ソレンソン (ウィークランドのもとでアルツハイマーにブリーフセラピーを応用) らにより支えられ、設立以来20年間に30,000人以上もの医師、心理療法家を育てる教育・訓練センターへなっていく (この中には若き日のマラ・セルヴィーニ・パラゾーリ (後のミラノ派創始者)、サルバドール・ミニューケン (構造主義家族療法) スティーブ・ドゥ・シェイザーらが含まれている)。

ベイトソンの理論をまとめると図1のようになろう。

ミルトン・エリクソンの貢献

また、ベイトソンは催眠も精神分裂症をとらえる上で重要な手法としてと

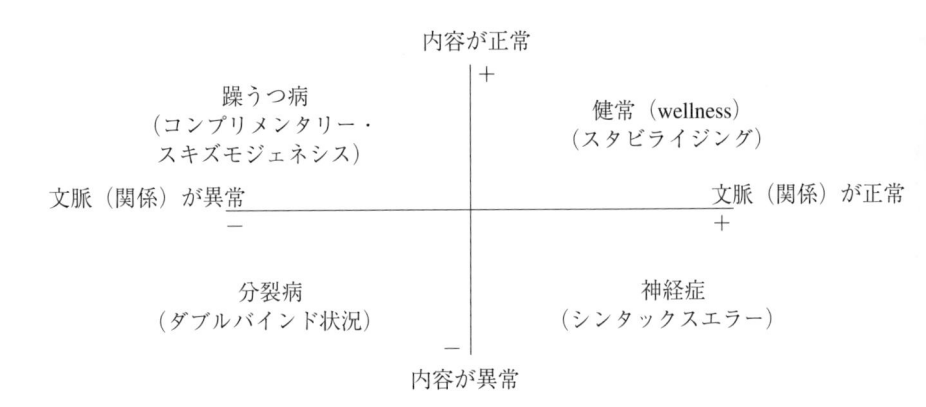

```
                    内容が正常
                       │ ＋
    躁うつ病            │       健常（wellness）
 （コンプリメンタリー・   │      （スタビライジング）
  スキズモジェネシス）    │
文脈（関係）が異常        │         文脈（関係）が正常
─────────────────────┼─────────────────────
        －              │            ＋
                        │
    分裂病              │        神経症
 （ダブルバインド状況）   │     （シンタックスエラー）
                       │ －
                   内容が異常
```

図1　ベイトソン理論の概念図

　らえていて、ミルトン・エリクソンの下にウィークランドとヘイリーを修行に出したことはすでに言及したが（このあたりの経緯はミルトン・エリクソン全集の第1巻に詳しいもともとコロンビア大学でM・ミードと共に中国人社会のコミュニケーションの文化人類学的研究をしていてウィークランドと精神病者のコミュニケーションにジャーナリスト的興味をもっていたベイトソンは、ベイトソンならエリクソンの催眠誘導が分裂病の生成と関連のあることを聞かされていた）、二人のMRIへの帰還は、その後の治療的ダブルバインド完成にとって大きな力となった。そこでミルトン・エリクソンについては、ヘイリーが「An Commom Therapy」（この本は、「変化の原理 Change」と並んで後に家族療法が発展する際の、広報的役割を果たすベストセラーとなる）の中で詳述しているが、少し言及してみよう。

　ミルトン・エリクソンは、17歳まで小児麻痺のために歩くこともできなかったが、赤ん坊が自分で歩くことを学ぶことをみるうちに、自分でも同じようにすれば歩けるようになるのではないかと考え、本当に歩けるようになった。21歳で医学を学び始め、自分で心理療法を行なった、ユニークな経歴の持ち主である。精神分析やロジャース派が全盛のころの当時にあって彼

の心理療法は2つの傑出していた部分を有していた。一つは、治療回数を限定し、催眠をかけたこと、もう一つは、積極的に患者を批判したことである。

これは、治療とは無制限であり、催眠は効果がなく、必ず患者を受容しなければならないとする当時の常識とは、全くかけ離れたものであった。従来の手法では抵抗の強い患者ほど、逆説的介入を施してやると、全く簡単に催眠におちいり、治癒してしまった。誰もこの事実を否定することができなかったため、敢えて無視され続けていたのである。

ベイトソンの残りの2人の弟子がこのミルトン・エリクソンから持ち帰った（このようにエリクソンのワークショップは、ザイクの「ミルトン・エリクソンの心理療法」に示されるように、彼のポリオにも関わらず続けられ、その出席者からは、あたかも洗礼盤のようにグリンダーやバンドラー（NCPの創始者）、J・ザイク（M・エリクソン財団の創始者）、E・ロッシー、W・オハンロン、S・ギリガンら現在のエリクソン財団の中核を形成し、家族療法のもう一つの源流となっている）ものを分析する中で、ワツラヴィックは、催眠それ自体が決定的な役割を果たすわけではなく、患者に対してパラドキシカルな命令を使ったり、メタファーを用いてやることで、上述の論理階梯の考え方を応用することが可能であり、患者をとりまく関係自体を操作することができ、治癒につながる変化を惹起し得るのではないかと思うようになった。そこで、ベイトソンの理論とミルトン・エリクソンが実践していることをミックスさせて、ごく短期間（約8回）で治療を完成させるように理論を発展させた。こうしたムーブメントは、今までの、過去の対象関係に絞り、長期的治療を施し、精神力動などの構成概念を利用する心理療法をやめ、現在の問題に関心を集めた"短期療法"へとつながるのである。

これがいわゆるMRIのブリーフセラピーである。（いわゆる構造主義的家族療法）すなわち、ブリーフセラピーは、パロ・アルトのMRI（Mental Research Institute）において、ベイトソンの後継者であるワツラヴィック、ミルトン・エリクソンの後継者であるウィークランド、ヘイリーそして（ジャクソンが自殺したために）フィッシュを中心としたプロジェクトチームにより、1968年に始められた心理療法である。これはベイトソンによりもたらされた関係

のメッセージすなわち、現在の観察可能な相互作用的行動（文脈）に焦点を当てること、現行システムを変化させるために行なう熟考の上の介入に基づいた3人の初期研究から発達し『変化の原理 Change』として結実した。

「問題とは、患者または患者と相互作用するグループメンバーの現在進行中の行動によって維持される場合にかぎり存続するものであり、そのような問題維持行動（Attempted Solution）が適当に変化したり除去されるならば、問題は、その性質、原因、罹病期間に関わらず、解決あるいは消失するであろう」という問題志向（Problem oriented）症状処方的な基本的前提を掲げる。しかも、初期の家族療法とは異なり、システムの非機能をそのシステムを組織する上で必要であるとか、非機能に相当する抜本的な変化が必要であるとは見なさずに、明らかな行動や言語的ラベリングの僅かな変化が、引き続く変化を促すのに多くの場合充分であると考える。つまり、機能的関係や家族構造は、もはや問題の原因や変化の障害として重要視されていない。

こうした視点（システムに関する階層性）にもとづくとき、第一義的に、プロセスに対するセラピストのメタな立場からの"介入"が明確化される。家族認識の経験主義的な構造機能主義的立場から、構造主義的立場へ転換が可能になる。第二義的に、認知システムのゲシュタルト的ハイブリダイゼーション（交雑形成）ができることが一般システム理論と論理階梯を活用したMRIグループの最大の特徴であり、もはや構成概念たる力動論的仮定を必要としなくなり、現在への介入で十分であるということになる。このようなダブルバインド理論に代表される認識論はコミュニケーション理論といわれる。

そして、逆にコミュニケーション学派からの影響としてミルトン・エリクソンは、自分がパラドキシカルなダブルバインドを患者に対してかけていることに気づき、ベイトソンから名前をもらい、「治療的ダブルバインド」と自分の方法を呼ぶようにさえなった。このような流れの中で、問題志向ブリーフセラピー（Problem Oriented Brief Therapy)ができあがりつつあった。

そんな中、1980年にベイトソンとミルトン・エリクソンが相次いで死亡し、家族療法の流れはNLP、MRI、ミルトン・エリクソン財団の3つに分

```
                        非催眠
                         │
  構成主義              │    MRI
  (マイケル・ホワイト)   │    戦略的家族療法
                         │    (コミュニケーション学派)
                         │
 認知 ────────────────┼──────────────── 行動
                         │
                         │    ネオ・エリクソニアン
    NLP                 │    (米国エリクソン財団)
                         │
                         │
                        催眠
```

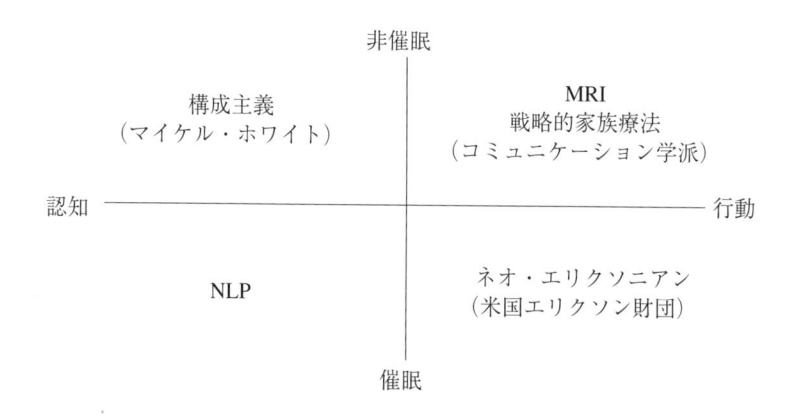

図2　催眠誘導の概念図

かれることとなった。

　ミルトン・エリクソンの業績は、非常に多岐にわたっているので、その業績を正統的に継承することは、大変困難である。そこで必然的に、それぞれの党派は、エリクソンの一部を強調することになる。今仮に、彼らを分類するとしたら、図2のようになる。

　まず、催眠と行動処方を強調しつつあるのが、ザイク、ランクトンらのミルトン・エリクソン財団のメンバー(ネオ・エリクソニアン)で、次に、特に催眠を用いずともリフレイミングを惹起しうるとするのがヘイリー及びMRIのウィークランドらのコミュニケーション学派である。

　また、認知的な催眠によるリフレイミングとミルトン・エリクソンの(意味論的)文法を強調したNLP(神経言語プログラミング)を、亜種として、図の第3象限に位置させてみよう。ここにサティアが加入したことにより、MRIブリーフセラピーは、その語法論的側面が補強されたと考えることができるが、NLPはリフレイミング・二次学習時の認知転換ばかりを研究し、ほとんど行動処方というところには手が届いていない。

　直接の流れではないが、後に述べるマイケル・ホワイトはこの図の第2象限を占める人かもしれない。ホワイトを自己組織化や構成主義社会学の立場

（second order cybernetics）から説明することもできるが、とりわけ彼の言う問題の外在化（externalization）とユニーク・アウトカム（unique outcome）の技法は、ここでいう第2象限の色彩が強い。

　MRIブリーフ・セラピーとエリクソン派の違いは、パワーを認めるかどうかという点にあるともいえる。ミルトン・エリクソンは「ごった煮」的な人で、「無意識」という言葉を使ったり、「パワーが大切だ。パワーというものを信じていれば、人間はどこかに生まれてくる」などと述べている。「離婚をしてはいけない。人間には"縁"というものがあり、一度始めたことはやめてはならない」といった信念も持っていた。関係という概念においてはとても曖昧な面があった。ユングなどにも近いところがあり、論理的には曖昧模糊としていた。とりわけロッシ（ユング派とエリクソンの統合を目指している）の活動を考慮すれば、図に意識－無意識という軸を持ち込むこともできる。

　いずれにせよ、エリクソンがした仕事の内容の豊富さと複雑さが改めて思い起こされる。

　MRIのブリーフ・セラピーは、催眠・リフレイミングを融合し、後には催眠の不必要性までに進歩することになり、3つの中では最も完成度が高い。ベイトソンのダブルバインド理論を使い、患者がおちいっている状況と全く逆の介入を操作的に行なう逆転処方で、ミルトン・エリクソンの技法をうまく標準化し、1982年の『変化の技法 *Tactics of Change*』で集大成をみることとなった。

　最後にダブルバインドについて、これを演繹的に導いたベイトソンと経験的に治療的ダブルバインドをすでに活用していたエリクソンとの間で、どちらに発案者として先駆けの権利があるかの議論があったが、エリクソンはベイトソンに「どっちでもいいんじゃない」と答えたとのことである。「Change 変化の原理」の序文も、実はウィークランドが書いたものをFAXでエリクソンに送ったところ、一見もせず「いいんじゃない」と許可したとの逸話がある。

　さて、以上がミルトン・エリクソンのひとつのフォーミュレイトといえる

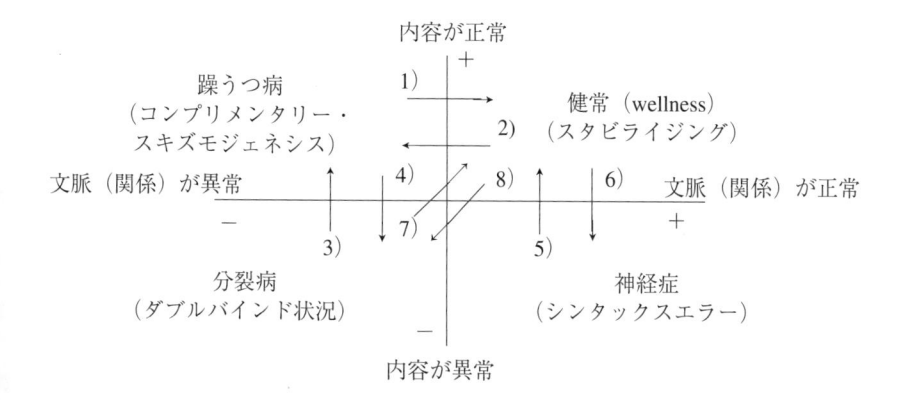

```
                    内容が正常
                        +
        躁うつ病      1)
    （コンプリメンタリー・        健常（wellness）
     スキズモジェネシス）  2)   （スタビライジング）
                    ←
 文脈（関係）が異常   ↑  4)  8) ↑  6)  文脈（関係）が正常
 ─────────────┼─────────────
          3) ↓  7)    5) ↓        +
        分裂病                神経症
    （ダブルバインド状況）      （シンタックスエラー）
                        −
                    内容が異常
```

図3　エリクソンの概念図

1) シンメトリー　2) コンプリメンタリー　3) カウンターパラドキシカルな依頼　4) パラドキシカルな命令　5) リフレイミング　6) 適切でないパンクチュエイション（文節化）　7) 治療的ダブルバインド　8) ダブルバインド

し、中でも、最も優れたもの（MRIブリーフ・セラピー）といわれる所以である。

　以上をまとめベイトソンの認識（図1）へミルトン・エリクソンの技法（貢献）を重ねるならば図3のようになるであろう。

　すなわち、図1のベイトソンの概念図が精神病理における静態的視点であるとすれば、図3の矢印の上を自由自在に動き回るムーブメントをミルトン・エリクソンとするならば、それを動態的に「変わる」（位相転換）視点から読んでいるということもできる。

　これを第二次変化とも、メタ的学習ともいうことができる。従来の精神病理の方向は安定的な治療と患者の発達促進を追い求めるあまり、患者やその家族が本来的にもっている変化への指向と適応能力を無視している。今後はそうした精神医学的視点を離れて、患者や家族に健全な自己組織性を回復させるために創造的混乱（クリエイティブコンフュージョン）を惹起し、各症状間の移送転換を起こすコンパワーメントと呼ぶべき活動が必要である。ま

た、これこそがミルトン・エリクソンにより始められ、ジャクソン、ヘイリー、ウィークランドによって継承された逆説的心理療法といえよう。

一般システム理論から散逸構造理論へ

ところが、1982年にリン・ホフマンにより『Second Order Sybanetics』が出され、猛烈なブリーフ・セラピーに対する反論が始まる。一つに、「自己組織化」という家族に内在する自己治癒的能力を無視し、すべてを操作的介入により解決しようとしている。これらは開放系非平衡状態（散逸構造）を考慮に入れていない。二つめには、システム論的認知が扱われておらず、フーコーのいうエピステーメやネーゲントロピー（Negentropy）の原理について考えていない。三つめに、プロセスに対する介入が行なわれていない、患者の将来に対する示唆（Feedword principle・未来指向）が全くない、教育的配慮があってもよいのではないか、という指摘がなされている。これが構成主義というものである。

構成主義的家族療法は、アメリカ家族療法界における認識論の変化により登場したモデルである。これは『Family Process誌』1982年3月号に端を発し、80年代中頃には構成主義（Constructivism）の興隆と重なり、フーコーらの構成主義社会学（Social Constructionist）理論からも大きな影響を受けたもので、客観的真理の存在を疑問視し、現実と呼ばれているものは全て各自の構成した産物にすぎないという考え方（相対的主観主義）を基調としている。ホワイトとエプストンによる本療法（物語モデル）は、認知システム療法といえるものであり、MRIでは扱われなかった言語学における意味論をシステム的に取り扱うものといえる。

これは客観的現実を想定せずにクライアントにアプローチするために、テクスト・アナロジーが採用され、人々の相互作用は、あるテクストを読んだ読者の相互作用と見なされている（テクストからはどのような読みも可能であり、唯一の真実の読みが存在するわけではない）。人々は自分の経験を独自の物語に綴ること（Storying）によって、自分の人生や人間関係に新しい意味付けをしていく。物語とは、各自の世界観（治療場面では、"問題感"

と考えるとわかりやすく、認知の領域に存在する。各自の経験を綴った物語や他者が自分に対して綴っている物語が、自分の実際の経験を充分に表現していない場合に問題が生まれると考えられている。こうしたフーコーらによる構築主義的視点を引用することで、集団力動論的仮定に立たなくても認知システムを考えることができるようになった。また、第二次サイバネティクス（自己組織化）の仮定を取り入れ、肯定的介入（Solution oriented）による物語のプロセス変化を認知している点が、コミュニケーション理論と異なる。

　構成主義的家族療法における治療とは、現実にそぐわない現在のドミナント（優勢な）ストーリー（Dominant Story）――家族個々人の家族神話ともいうべき言説の集成――が、聴衆がセラピストの参加によりオルタナティブ（代わりの）ストーリー（Alternative Story）に交代できるように援助することになる。治療は、まず問題の外在化から始められる。これは、セラピストが、家族に対する問題の影響と問題に対するメンバーの影響を別個に明らかにするための質問（外在化）をすることにより、クライアント自身から問題を引き離し、家族全体のもつ物語（言説）を明らかにすることである。次に、今まで認知され難かった問題解決の具体例であるユニークな結果（Unique Outcome）を明らかにし、それに意味を与え、さらにそれらの重要性が生きた経験として認識されるような質問を重ね、オルタナティブ・ストーリーがドミナント・ストーリーに変化するのを助ける。ここでは、治療者のコメントはメンバーひとりひとりのコメント以上の意味は持たず、質問により変化を促進し、家族全体の言説を取り扱いつつも個々人の認知は取り扱わない。基本的には物語の交代というシステミックな認知領域の変化が行動の変化を引き起こすと考えられている。

　最も、ベイトソンを詳細に検証してみると、システム論的認知の問題に関しては二重記述として、ベイトソンも三次学習ということを述べているわけであるし、構成主義者たちがいう「エピステーメの転換」と三次学習をホワイト自身もつなげて考えている。プロセス・オリエンテッドに関しても、ベイトソンは"自己成就予言"という概念で、未来に対してパラドックスをかけることにも言及している。またMRIブリーフ・セラピーを問題志向的

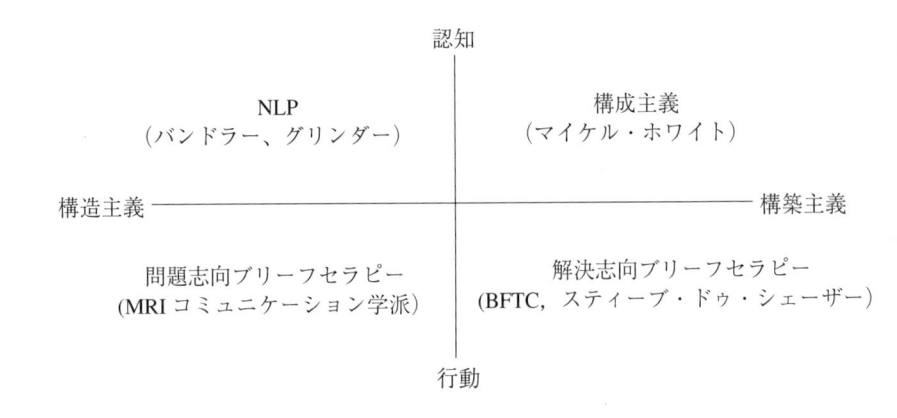

```
                        認知
                         │
    NLP                  │    構成主義
(バンドラー、グリンダー)  │  (マイケル・ホワイト)
                         │
構造主義 ─────────────────┼───────────────── 構築主義
                         │
  問題志向ブリーフセラピー │  解決志向ブリーフセラピー
(MRIコミュニケーション学派)│(BFTC, スティーブ・ドゥ・シェーザー)
                         │
                        行動
```

図4 自己組織性による新しいブリーフセラピーの展開

（Problem-Oriented）、構成主義を解決志向的（Solution-Oriented）とするならば、構成主義とMRIブリーフ・セラピーの折衷がスティーグ・ドゥ・シェイザーであり、構成主義とミルトン・エリクソン派の折衷がオハンロンのポシビリティー・セラピーということができる（図4）。すなわち、ブリーフ・セラピーにも構成主義的視点を加味した「Solution Oriented Brief Therapy」という新たな方向性もドゥ・シェイザーにより提唱されているわけで、従って現在でも、様々な批判を織り込みながらベイトソンの研究はさらに進歩を続けている。

参考文献

Ackerman, N. W. : The Psychodynamics of Family Life. ; Basic Books,1958.
　「家族生活の精神力動上／下」小此木啓吾他訳, 岩崎学術出版, 1965.
Bandler, R. and Grinder, J. : The Structure of Magic Vol.1 & 2. ; Science and Behavior Books,1975.
　「人間コミュニケーションの意味論上／下」尾川丈一訳, ナカニシヤ出版, 1993.
Bandler, R. and Grinder, J. : Reframing. Neuro-Linguistic Programming and the Transformation of Meaning. ; Real People Press 1982.
　「リフレーミング」吉本武史他訳, 星和書店, 1988.
Bateson, G. : Percival Narrative. A Patterns Account of His Psychosis. ; Stanford Univ.

Press, 1967.

Bateson, G.: Naben.; Stanford Univ.Press,1967.

Bateson, G.: Mind and Nature.; John Brockman Associates,Inc.,1972.
「精神と自然」佐藤良明訳, 思索社, 1982.

Bateson, G.: Steps to An Ecology of Mind.; Ballantine Books,1972.
「精神の生態学」佐藤良明訳, 思索社, 1990.

Bateson, G. and Bateson, M. C.: Angels Fear. Towards an epistemology of the sacred.; John Brockman Associates Inc.,1987.
「天使のおそれ」星川　淳他訳, 青土社, 1988.

Bateson, G., Jackson, D. D., Haley, J., and Weakland, J.H.: Toward a Theory of Schizophrenia.; Behavioral Science, 1956, 1, 251-242

Bertaranffy, l. von: General System Theory.; Braziller, 1968.
「一般システム理論」長野　敬訳, みすず書房, 1973.

Bowen, M.: Family Therapy in Clinical Practice.; Arouson, 1978.

Fish, R.: The Broader Implication of Ericksonian Therapy.: Ericksonian Monographs #7.: Lankton, S.R. (Ed.); Brunner/ Mazel, 1990.

Fish, R., Wealkand, J. H. and Seagal, L: The Tactics of Change, Doing Therapy Briefly.; Jossey-Bass Publishers, 1982.
「変化の技法」鈴木浩二他訳, 金剛出版, 1986.

Foucault, M.: Histoire de la folie a l'age classique.; editions Gallimard, 1972.
「狂気の歴史」田村　俶訳, 新潮社, 1975.

Goffman, E.: Asylums; Essays in the Social Situation of Mental Patients and Other Inmates.; Doubleday, 1961.
「アサイラム」石黒　毅訳, 誠信書房, 1983.

Haley, J.: Uncommon Therapy. The Psychiatric Techniques of Milton H. Erickson, M. D..; W. W. Norton,1986.

Haley, J.: Strategics of Psychotherapy.; Grune & Stratton Inc.,1963.
「戦略的心理療法」高石　昇訳, 黎明書房, 1986.

Haley, J.: Problem-Solving Therapy.; Jossey-Bass, 1976
「家族療法」佐藤悦子訳, 川島書店, 1985.

Haley, J.: Ordeal Therapy.; Jossey-Bass, 1984.
「苦行療法」高石　昇訳, 星和書店, 1988.

Hoffman, L.: Foundation of Family Therapy.; Basic Books Inc., 1981.
「システムと進化」亀口憲治訳, 朝日出版, 1986.

今田高俊：自己組織性創文社 1986

宮田敬一編：ブリーフセラピー入門金剛出版 1994.

尾川丈一・Laura del Citeruna： MRIブリーフセラピー(Problem Foucused Brief Therapy)ブリーフサイコセラピー研究2号 105-130 1993.

O'Hanlon, W. H.: Taproots. Underlying Principles of Milton Erickson's Therapy and

Hypnosis.；W. W. Norton, 1987.
　　「ミルトン・エリクソン入門」森　俊夫他訳，金剛出版，1995.
O'Hanlon, W. H. and Hexum, A. L.：An Uncommon Casebook. The Complete Clinical Work of Milton H. Erickson, M. D.；W. W. Norton, 1990.
　　「ハイパーカードで検索するミルトン・エリクソン症例集」尾川丈一訳，亀田ブックサービス，近刊
Palazzoli, M. S.：Pradox and Counterparadox. A New Model in the Therapy of the Family Schizophrenic Transaction.；Gianciacomo Feltrinelli Editore, 1975.
　　「逆説と対抗逆説」鈴木浩二他訳，星和書店，1989.
Prigogine, I., and Nicolis, G.：Self–Organization in Noneqoilibrium systems.；Wiley, 1977.
　　「散逸構造」小畠陽之助他訳，岩波書店，1980.
Satir, V.：Conjoint Family Therapy.；Science and Behavior Books, 1964.
　　「合同家族療法」鈴木浩二訳，岩崎学術出版，1970.
Shazer, S. de：Key to Solution in Brief Thrapy.；W. W. Norton, 1985.
　　「短期療法解決の鍵」小野直広訳，誠信書房，1994.
Shazer, S. de：Putting Difference to Work.；W. W. Norton, 1991.
　　「ブリーフセラピーを読む」小森康永訳，金剛出版，1994.
Rossi, E. L., Ed.,：The Collected papers of Milton H. Erickson on Hypnosis, 1–4 vols.；Irvinton Publishers, 1980.
　　「ミルトン・エリクソン全集1-4巻」　中野善行／尾川丈一／森　俊夫／宮田敬一監訳，二瓶社，近刊
Ruesch, J. and Bateson, G.：Communication. The Social Matrix of Psychiatry.；W. W. Norton, 1987.
　　「コミュニケーション」佐藤悦子他訳，思索社，1989.
Watzlawick, P.：The Situation is Hopeless, but not serious. The Part of Unhappiness.；W. W. Norton, 1983.
　　「希望の心理学」長谷川啓三訳，法政大学出版局，1987.
Watzlawick, P.：The Language of Change, Elements of Therapeutic Communication.；Basic Books 1978.
　　「変化の言語」築島謙三訳，法政大学出版局，1989.
Watzlawick, P.：MRI 短期集中療法(Brief Therapy)の理論と実際（1）（鈴木浩二他抄訳）家族療法研究，4巻1号42–64, 1987.
Watzlawick, P.：MRI 短期集中療法(Brief Therapy)の理論と実際（2）（鈴木浩二他抄訳）家族療法研究，5巻1号30–48, 1988.
Watzlawick, P.：The Invented Reality.；W. W. Norton, 1984.
Watzlawick, P., Beavin, J. H. and Jackson, D. D.：Pragmatics of Human Communication. A Study of Interactinal Patterns, Pathology, and Paradox.；W. W. Norton, 1967.
　　「人間コミュニケーションの語用論」山本和郎他訳，二瓶社，1998.

Watzlawick, P., Weakland, J. H. and Fish, R.: Change. Principle of Problem Formation and Problem Resolution.; W. W. Norton, 1974.
　「変化の原理」長谷川啓三訳, 法政大学出版, 1992.
Weakland, J. H.: Erickson's Contribution to the Double Bind. In: Ericksonian Approaches to Hypnosis and Psychotherapy. J. K. Zaig (Ed.), Brunner/ Mazel, 1981.
Weakland, J. H. ：二重拘束理論の意義と展開（佐藤悦子他訳）家族心理学研究, 7巻1号1-14, 1993.
Weakland, J. H., Fish, R., Watzlawick, P., and Bodin, A.M.: Brief Therapy: Focused Problem Resolution.; Family Process, 1974, 2, 141-168.
White, M.: Selected Papers.; Dulwich Centre Publications, 1989.
　「マイケル・ホワイト論文撰集」尾川丈一他訳, 亀田ブックサービス, 1998.
White, M. and Epston, D.: Narative Means to Therapeutic Ends.; W. W. Norton, 1990.
　「物語としての家族療法」小森康永訳, 金剛出版, 1992.
Whitehead, A. N. and Russel, B.: Principia Mathematica, 3 vol., 2 nd ed.; Cambridge Univ. press, 1910-13.
　「プリンキピアマティマティカ序論」岡本賢吾他訳, 哲学書房, 1988.
遊佐安一郎：家族療法入門星和書店1984
Zaig, J. K., Ed.: The Evolution of Psychotherapy.; Brunner/ Mazel, 1987.
　「21世紀の心理療法 I／II」成瀬悟策監訳, 誠信書房, 1989.
Zaig, J. K.: Teaching Seminar with Milton H. Erickson.; Brunner/ Mazel, 1980.
　「ミルトン・エリクソンの心理療法セミナー」宮田敬一訳, 星和書店, 1984.
Zaig, J. K.: Experiencing Erickson. An Introduction to the Man & His Work.; Brunner/ Mazel, 1985.
　「ミルトン・エリクソンの心理療法―出会いの三日間」中野善行他訳, 二瓶社, 1993.

著者・訳者紹介

ポール・ワツラヴィック　Paul Watzlawck, Ph.D.

1921年（大正10年）ウィーン生まれ
1949年　ベニス、サ・フォスカリ大学文学研究科博士課程修了（哲学博士）
1954年　C. G. ユング研究所（チューリッヒ）にてユング派分析家の資格取得
1957年　エルサルバドル大学医学部専任講師（異常心理学）
1960年　フィラデルフィア州テンプル大学医学部準教授およびMRI主任研究員
1967年　スタンフォード大学医学研究科臨床教授
1969年　カリフォルニア州臨床心理士(CP)取得
1991年　スイス、ティシネセ・ルガリ中央大学正教授
専攻　ブリーフ・セラピー
1981年にブリーフ・セラピー研究の功績によりアメリカ家族療法学会賞を受賞。他に13の学会賞を受賞。
主要著書　「Change（変化の原理）」W. W. Norton, 1974. 長谷川啓三訳，法政大学出版，1992.

ジャネット・ベヴン・バヴェラス　Janet Beavin Bavelas, Ph.D.

1940年（昭和15年）アテネ生まれ
1961年　スタンフォード大学文学部卒業（心理学士）
1968年　同大学教育学研究科修士課程コミュニケーション論専攻修了
1970年　同大学文学研究科博士課程心理学専攻修了
　　　　この間MRIにて調査助手、本書を共同執筆
現在　カナダ、ブリティッシュ・コロンビア州ビクトリア大学心理学部正教授(1995年より英国王立英連邦カナダ国学術院会員)

ドン・D・ジャクソン　Don D. Jackson, M.D.

1920年（大正9年）北カリフォルニア生まれ
1948年　スタンフォード大学医学部卒業（精神科医）
1954年　スタンフォード大学医学研究科臨床準教授
1956年　パロアルト医療クリニック精神科医長（～'59)

1959 年　MRI 創設（初代所長）

1968 年　副腎皮質代謝機能障害で逝去

1961・62 年に本書の中心をなすパロ・アルト（ベイトソン）グループの精神分裂病病因論研究に対してフロム・ライヒマン賞受賞。1964 に年エドワード・A・ストレッカー賞受賞。1967 年米国精神医学会ならびにニューヨーク薬学会サーモン賞受賞。

主要著書　「Human Communication Vol.1, 2」Science & Behavior Books. 1968.　その他

山本和郎 （やまもとかずお）

1935 年（昭和 10 年）　新潟市生まれ

1958 年　東京大学文学部心理学科卒業

1963 年　東京大学大学院人文科学研究科心理学専攻博士課程修了

1963 年　国立精神衛生研究所研究課心理研究室室長（～'81）を経て

1981 年　慶応義塾大学文学部人間関係学科教授人間科学専攻

2000 年　大妻女子大学人間関係学部教授

専攻　人間科学、臨床心理学、コミュニティー心理学

主要著書　編著「生活環境とストレス」垣内出版，1985.「コミュニティー心理学入門」東京大学出版会，1986.「ＴＡＴかかわり分析」東京大学出版会，1992. 共編著「スクールカウンセラー」ミネルヴァ書房，1995. 共編著「臨床・コミュニティ心理学」ミネルヴァ書房，1995.　その他

尾川丈一 （おがわじょういち）

1958 年（昭和 33 年）　東京生まれ

1976 年　慶應義塾大学経済学部卒業

1991 年　MRI 留学（～'92）

1993 年　慶應義塾大学社会学研究科博士課程社会学専攻（所定単位取得退学）

1993 年　福岡県立大学人間社会学部専任講師を経て

現在　モントリオール大学経営学研究科博士課程

著訳書　訳「人間コミュニケーションの意味論」ナカニシヤ出版，1993. 共著「ブリーフセラピー入門」金剛出版，1994. 監訳「ミルトン・エリクソン全集第 2 巻」二瓶社，近刊.　その他

人間コミュニケーションの語用論
相互作用パターン、病理とパラドックスの研究

1998年2月20日	第1版	第1刷
2007年9月30日	第2版	第1刷
2020年10月31日		第2刷

著　者　　ポール・ワツラヴィック
　　　　　ジャネット・ベヴン・バヴェラス
　　　　　ドン・D・ジャクソン
監訳者　　山本和郎
訳　者　　尾川丈一
発行所　　有限会社二瓶社
　　　　　TEL 03-4531-9766
　　　　　FAX 03-6745-8066
　　　　　郵便振替 00990-6-110314
　　　　　e-mail: info@niheisha.co.jp
印刷所　　亜細亜印刷株式会社

万一、乱丁・落丁のある場合は購入された書店名を明記のうえ小社までお送りください。送料小社負担にてお取り替え致します。但し、古書店で購入したものについてはお取り替えできません。なお、本書の一部あるいは全部を無断で複写複製することは、法律で認められた場合を除き、著作権の侵害となります。
定価はカバーに表示してあります。

ISBN 978-4-86108-044-9　C3011
Printed in Japan